ESCENAS DE PUDOR
Y LIVIANDAD

ESCENAS DE PUDOR Y LIVIANDAD

CARLOS MONSIVÁIS

colección narrativa

grijalbo

MÉXICO BARCELONA BUENOS AIRES

ESCENAS DE PUDOR Y LIVIANDAD

© 1981, Carlos Monsiváis

D.R. © 1988 por EDITORIAL GRIJALBO, S.A.
Calz. San Bartolo Naucalpan núm. 282
Argentina Poniente 11230
Miguel Hidalgo, México, D.F.

TERCERA EDICIÓN

ISBN 968-419-739-X

IMPRESO EN MÉXICO

Indice

II

III

14

VII

A Elena Poniatowska

Nota introductoria

Escenas de pudor y liviandad recopila crónicas escritas entre 1977 y 1987, publicadas (en primeras versiones) en *La Cultura en México* de *Siempre!*, *Proceso*, *Fem*, *Revista de Bellas Artes*, *Su Otro Yo* y *Diva*. El tema común es el espectáculo y sus figuras, y son temas complementarios la liviandad promovida por la diligencia, el pudor a que incita la ausencia de público, la mudanza de costumbres a que obligan la época y la demografía, y la cultura popular urbana, o como quiera llamarse a eso que es a la vez realidad viva para millones de personas, nostalgia inducida, efectos de las personalidades únicas sobre los modos de vida, industria cultural y respuestas colectivas al proceso de modernización. *Pudor y liviandad*, la dualidad feliz y funesta del espectáculo, las indicaciones escénicas en el campo de la moral y la diversión.

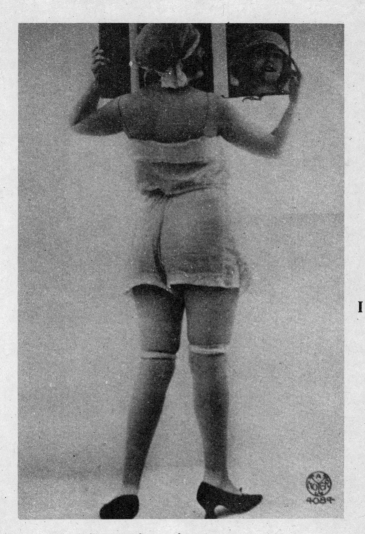

I

*... y en mis locos y ardientes desvaríos
bendigo tus desdenes, adoro tus desvíos...*

Manuel Acuña

Instituciones: Celia Montalván. ✔
"Te brindas, voluptuosa e impudente"

A Margo Su
A Iván Restrepo

COMO MUY POCAS mujeres mexicanas, Celia Montalván, la gran vedette de los años veinte y treinta, mereció la masificación de su imagen. Sus fotos, grandes o reducidas al rectángulo de las tarjetas postales, se editaron múltiplemente, punto de encuentro de las clases, lujo de pobres, manía de coleccionistas, satisfacción de voyeurs, distracción de estetas instantáneos, acicate de la fantasía de modistas y decoradores. Pregonadas a la salida de los teatros, vendidas en mercerías y misceláneas, las fotos de Celia Montalván, y las de sus rivales más distinguidas, fueron materia prima de una pequeña industria de la admiración, que expresó, a su fascinado modo, un amplio vuelco de la sensibilidad.

Los gustos públicos y los gustos íntimos

Fotos de las vedettes en varios tamaños, en sepia, coloreadas, en blanco y negro. Las más accesibles, las del tamaño de tarjeta postal, son oportunidad democrática, extensión de facilidades a un público sin acceso a libros y deseoso de imágenes que le reaviven aficiones y predilecciones. Las fotos, nuevo comercio del siglo XX, lo son todo a la vez: recuerdos de lugares, incitaciones al viaje, estallidos de morbos y fascinaciones, testimonios antropológicos que ignoran tal condición, apoyos masturbatorios, apogeos del alma enamorada. De fines de siglo a los años cincuenta, son varias las insistencias fundamentales:

— Los envíos exaltados, los novios tomándose de la mano, la pareja encerrada en un corazón, las frases dulcíferas que preceden al noviazgo santificado o al matrimonio.

— Las canciones de moda.

— Las divas o vedettes célebres de México y el mundo.

— Las fotos "audaces" o "pornográficas" de mujeres semi-desnudas con pechos naturalmente abundantes.

— Los paisajes, edificios y monumentos notorios.

— Los héroes y los políticos en el poder.

— Los fenómenos (seres mutilados, campaneros, idiotas) y un desfile de tipos populares: mendigos, peones, ladrilleros, indígenas en invariable expresión asustadiza, vendedores de rebozos, petates, velas, pan, matracas. Conviene, por vía de contraste, detenerse en este último punto.

Las posturas de la gleba

Como recurso clasista, la fotografía aprovecha figuras del pueblo para encerrarlas en las tarjetas postales, "pequeñas vitrinas" que le dan a lo captado aire de feria de horrores o de museo de seres cuyo rostro nunca es "individual". ¿A quién le interesa esta imaginería de la "grotecidad" y el desamparo del pueblo? En primer lugar, a las *buenas familias,* intrigadas por el aspecto de esa plebe que ha pasado a su lado tantas veces y a la que nunca ha contemplado con detenimiento, individualizándola o percibiendo de ella algo más que su condición genérica. Gracias a las fotos, aprehenden (creen capturar) una realidad fugaz, aquella que nada más se acepta si deviene producto cultural (en la calle, un peón ladrillero es un estorbo casi inadvertido, una amenaza a los sentidos o un recordatorio de los pesos muertos de la nación; en la tarjeta postal, es un detalle peregrino de la gran ciudad). El burgués examina la foto, se cerciora de cuán inofensiva es la miseria, comenta, se regocija un segundo por las oportunidades que ha tenido en la vida, atisba una moraleja que ni siquiera se ocupa de fijar en palabras.

La fotografía, también, es devoción de gente cuyo punto de vista sobre su propia existencia se ayuda con estampas que la reflejan o la aluden. Allí están ellos o sus vecinos o sus semejantes en la repartición del ingreso, paralizados en un escenario que, al fingir mármoles y yedras, induce a una templanza clásica que disminuye las fatigas de camisas y pantalones remendados, de las horas invertidas en copiar el semblante de los pudientes. Desde la tarjeta, alguien se sorprende de que se le pueda mirar con tanta insistencia, y nacionales y extranjeros alaban el poder de la fotografía que extrae de la oscuridad social (que es niebla visual) a seres tan sólidamente *pintorescos* (*pintoresco* es, por lo común, adjetivo paternalista que convierte la vida popular en color local y determina clasistamente la evocación). En la tarjeta postal se petrifican quienes, al pertenecer al fondo de la pirámide, sólo obtienen visibilidad en el retrato.

¿Cómo interpretar ahora estas fotos? No es fácil acercarse desprejuiciadamente a estos semblantes y atavíos, de ellos casi siempre sabemos lo que supusieron quienes entonces les contemplaban. ¿Cómo distinguir entre indiferencia y desconcierto, cómo averiguar qué opinaban del secuestro de sus semblantes y vestimentas? Desde nuestra perspectiva, los "monstruos" humanos o los vendedores no posan por gusto, el suyo no es el miedo complacido de la familia de Guanajuato o Juchitán que se pasó una semana discutiendo sobre las ropas apropiadas para el retrato. Pero si no se entusiasman, tampoco se irritan ante el halago de la foto. *Este señor quiere saber a qué nos parecemos.* El fotógrafo es paciente y no requiere demasiada perspicacia. Sólo debe extraer del panorama a su disposición actitudes y modos de ganarse penosamente unos centavos (literalmente). Ya los compradores leerán el ocio o la actividad insignificante, compadecerán o se reirán entrañablemente ante esta lentitud personal e histórica. Eso les da igual a los vendedores de sombreros y canastas o al acarreador de pulque. A ellos no les incumbe lo eterno, lo ajeno a su religión, su trabajo y su familia. Una foto en todo caso es como una nueva acta de nacimiento, la prueba de que —por motivos extraños— su condición es digna de la tarjeta postal.

"*Te brindas, voluptuosa e impudente*"

A la fotografía masificada, las mujeres llegan como objeto de devoción o consumo. Serán las madres abnegadas, las novias prístinas, las divas reverenciables, las mujeres anónimas cuya desnudez trastorna, las vedettes de belleza a la disposición de las frustraciones (no hay en las tarjetas postales o en las fotos grandes, mujeres de pueblo; una vendedora humilde no conmueve o electriza).

En las fotos se consuma lo propuesto por el teatro y el cine, la imagen femenina como algo independiente de las mujeres reales, la abstracción que confirma la calidad de objeto tasable cuya misión es agradar y causar esa plusvalía del placer que es la excitación. En las postales francesas y alemanas que inundan México en las últimas décadas del Porfiriato, los decorados de bosques y edificios clásicos, de falsos arroyuelos y velos flotantes, de cisnes de yeso y cojines orientales, aseguran que esas mujeres desnudas, seleccionadas con esmero, se solazan en las ventajas dobles de la civilización y la naturaleza, y se abandonan a la cámara no tanto por perturbar, sino por dejar constancia de cuán amable (por fantasmagórico) es lo alejado de la virtud y el decoro. En su boudoir, la modelo aprueba ante el espejo la redondez de un seno suavemente aferrado; en su cama, ventajosamente desarreglada, *ella* mira a la cámara protegida tan sólo por sus medias y un libro entreabierto; con apoyo de unas rosas blancas, *ella* toca un instrumento suavemente fálico.

El deseo es plural, la mujer es única. Los caballeros porfirianos o los licenciados constitucionalistas compran las tarjetas, las guardan en sus libros de filosofía e historia, las revisan en el ardor del tedio. Lo que hoy es la inocencia recuperada, fue durante una larga etapa la falta de respeto al hogar, la indecencia que afrenta el recato. En la tarjeta postal, *el vicio* ofrece sus encantos y la seguridad de su lejanía. Ningún comprador se acercará jamás a esas modelos remotas. Cualquiera, a medianoche, las atrapará en las seguridades mnemotécnicas de su lecho.

El árbol del bien y del mal

Recapitula Aurelio de los Reyes en *Cine y sociedad en México 1896-1930*:

> Por el aislamiento de la ciudad de México (en los años de la lucha revolucionaria) a las mujeres les fue impedido conocer los adelantos de la moda europea que poco a poco se transformaba. Dejaron de llegar periódicos y revistas extranjeras que en sus páginas incluían los figurines que dictaban el 'buen vestir'; en cambio, las películas llegaban con mayor frecuencia, entre ellas, las había de actrices italianas que pronto ganaron la admiración de la gente. Las damas contemplaron en los filmes de Lyda Borelli, la Bertini, la Menichelli, la Manzzani, la Quaranta, Hesperia y la Jacobini la elegancia de sus trajes, y comenzó a generalizarse la imitación. Hasta los gestos estudiados de las actrices fueron copiados. Lo ini-

ciado por la Borelli en 1914, llegó a su apogeo entre 1916 y 1920. En el huertismo las 'señoras de sociedad' comenzaron a copiar a la Borelli, y para 1916 la imitación abarcó sectores sociales más amplios, de tal manera que el atuendo 'a la italiana' era lugar común en las mujeres de la ciudad. Las películas italianas impactaron a una sociedad hambrienta y soñadora.

¿Qué le proponen las divas a su público femenino? Lo que su nombre indica: la sacralización del papel de la mujer, la resignación activa que quiere trascender acudiendo a gestos de agonía, vestidos sueltos o escotados, ojos que se fugan hacia la tragedia, el idioma ampuloso y mortífero de los letreros de sus películas: ''Desde la cumbre de la loca pasión, las dos víctimas caen en el abismo de la voluptuosidad felina.'' Sin lugar en el mundo hecho por y para los hombres, las divas lo obtienen mediante el uso simultáneo del frenesí y la inmovilidad, del cuerpo estatuario en trance de histeria, y el rostro que iguala *adulterio* y *pérdida de la razón*. Ellas exteriorizan, para conocer su alcance y su autenticidad, las pasiones ignoradas o suprimidas. Y al surgir el cine en México, abundarán las espectadoras que se sueñan amas de la pantalla, las Giovanna Terribili González o Francesca Bertini del Anáhuac, quienes ''nacionalizan'' desde las butacas estilos de actuación y argumentos. Y este público hallará pronto adalides nacionales, que en la escena encumbran el dolor y la arrogancia interpretando historias donde el adulterio y la orfandad culminan en palacios desbordantes de condes y duques. Una diva mexicana es la oportunidad de ser paternal con las semidiosas, como en los versos de Alfonso Camín:

Mimí Derba, Mimí Derba,
con tres partes de Afrodita
y otra parte de Minerva.

Sociológicamente, el esfuerzo es interesante. De los Reyes cita una crítica de *Revista de Revistas*, de septiembre de 1917, a propósito de *La obsesión*, escrita y actuada por María Luisa Ross, que trata de artistas bohemios, suicidios y obras maestras que apenas requieren el holocausto de una vida. Dice el periodista:

Confieso que me pongo de buen humor al ver esa invasión de tigresas en este país de costumbres patriarcales y de puchero español [. . .] aquí, donde la mayoría de nuestras mujeres rezan el rosario junto a la rueca familiar, y viven amuralladas en sus habitaciones como en los tiempos en que se perfilaba sobre los tapices del palacio de los virreyes, la sombra austera de un Revillagigedo[. . .]

En su afán de ser objeto de culto, unas actrices convierten —por requisito del cine mudo y el agregado de la soberana voluntad— todos sus actos en hazañas del comportamiento. Mujeres pérfidas, damas que se extinguen en recámaras sin luz, madres que agonizan en la oscuridad para no perturbar al hijo triunfante, los personajes de las divas son novedosos al reclamar para sí toda la atención en el universo masculino.

Al mismo tiempo, va ganando terreno otro producto del cine, la *vamp*, la hembra que vampiriza con su hermosura excéntrica. Es, de entrada, más muscular y consciente de sus límites paródicos que las divas italianas. Theda Bara o Nita Naldi, en un extremo, y Gloria Swanson y Constance Talmadge en otro (las "vamps virtuosas"), magnifican y aíslan los principios sexuales. Y la modernización que se desata al cabo de la Gran Guerra produce esa orgía de nuevas conductas y liberaciones parciales llamada legendariamente *los veintes*, con su cauda de "mujeres emancipadas", las sufragistas que exigen igualdades jurídicas y políticas, y las *flappers*, que demandan autonomía social y sexual. Y en el baile frenético participan Scott Fitzgerald, Freud, las vanguardias europeas, Hollywood, y la incorporación de la mujer a la industria.

Si el cine no admite audacias temáticas, sí derrocha "figuras contemporáneas", jóvenes atléticas contentísimas por vivir *ahora*, que desde el movimiento corporal pregonan la ruptura con lo victoriano. Así, los rumores sobre las licencias de las estrellas de Hollywood son también matices ideológicos. (El libertinaje es la libertad regañada por la moral tradicional.) Y cada película celebra el estreno de virtudes: sensualidad y energía, sentido del humor y desenfado. La nueva mujer que el cine norteamericano impone a escala mundial, carece de la sofisticación o languidez de la *femme fatale* europea, y de la virginidad gestual de su propia tradición, que en las películas de Griffith, Lilian Gish llevó a su esplendor prerrafaelista. En México, la sociedad se estremece y las jóvenes se entusiasman al punto de la copia tierna y desesperada.

"Mujeres fire-proof a la pasión inertes"

La vedette que anima la capital de México en los años veinte (y cuyo arquetipo es Celia Montalván) es el resultado de muchas experiencias: la sucesión de rupturas sociales a que da origen la Revolución Mexicana, el contagio internacional de los *roaring twenties* en Norteamérica, la vitalidad artística y cultural de los muralistas y los escritores en torno a José Vasconcelos, la necesidad de romper estentóreamente con la herencia porfiriana, la autosacralización de la mujer consumada por las divas, la novedad de jóvenes deportivas y desprejuiciadas. Al tiempo que Celia Montalván, Chela Padilla y Lupe Vélez causan aglomeraciones en torno a la pasarela del Teatro Lírico (y que Dolores del Río triunfa en Hollywood), afloran individualidades pronto reducidas a personajes, pero que expresan hasta el límite el avance social.

Lupe Marín, Tina Modotti, Frida Kahlo, Antonieta Rivas Mercado, María Izquierdo, Lola Alvarez Bravo quiebran convenciones y prohibiciones y le consiguen sitio a conductas antes impensables, al amparo de las dos fuerzas determinantes, la política y el arte.

En una ciudad relativamente pequeña (un millón de habitantes), los comportamientos de sus élites tienen el valor de confirmaciones, admoniciones o espectáculos. Por fin, en una sociedad que entronizó vacuidades emblemáticas como doña Carmelita Romero Rubio, la esposa de don Porfirio Díaz, admitió condescendiente el heroísmo anónimo de las soldaderas y sólo permitió la singularidad femenina en las zonas proscritas (la extraordinaria agitadora Juana Gutiérrez de Mendoza, ejemplo culminante), hay quienes se oponen al fatalismo patriarcal. Lupe Marín, esposa de Diego Rivera y posteriormente del escritor Jorge Cuesta, es bellísima, agresiva, una fuerza-de-la-naturaleza como la fija Diego en cuadros y murales, y como se describe ella misma en sus novelas *La única* y *Un día patrio*. Frida Kahlo, la radical y la enamorada, le da a su tragedia personal dimensiones épicas. La italiana Tina Modotti llega a México con el fotógrafo Edward Weston, se torna militante comunista y fotógrafa, es la compañera del líder cubano Julio Antonio Mella y es expulsada del país luego de una campaña de vilezas en su contra. María Izquierdo, inmune a la tiranía del muralismo, intenta una pintura distinta, más cotidiana y terrestre. Antonieta Rivas Mercado, de familia de la alta burguesía, patrocina la música, es actriz y productora de teatro experimental, compra y atiende el cabaret El Pirata, se enamora del pintor homosexual Manuel Rodríguez Lozano y de José Vasconcelos, candidato a la Presidencia de la República en 1929, acompaña a Vasconcelos por todo el país escribiendo crónicas, se exilia al ocurrir la derrota y, a los treinta años, se suicida de un tiro en la catedral de Notre Dame. Lola Alvarez Bravo es una gran fotógrafa y animadora cultural.

A la distancia, estas conductas parecen fruto de un impulso único, la gran transposición del papel de la mujer en un medio onerosamente machista. Entonces no se ve así, es demasiado alto el precio de la independencia, la singularidad y la relación igualitaria; excesiva la personalidad de Vasconcelos y Diego Rivera; abrumadora la presión de una sociedad en donde la ley es la frase de Virginia Woolf: "Las mujeres han servido a lo largo de estos siglos como espejos cuyo mágico y delicioso poder es duplicar el tamaño natural de la figura del hombre." Por eso, es en el "intrascendente" teatro frívolo donde se intuyen o se vislumbran las potencialidades recién adquiridas de la mujer.

"Si tú eres oda, seré soneto; si eres costilla, seré bistec"

El teatro frívolo o de género chico, continúa en los veintes una tradición múltiple, los teatros malólientes y rijosos del Porfiriato, cuyo hedor vencía la curiosidad de los cronistas; los teatros de los años de la lucha armada, saturados de nuevos personajes y llenos de la vulgaridad afirmativa de los revolucionarios; la zarzuela, con sus imitaciones hispánicas y su picardía detenida al borde del respeto a las (ausentes) "buenas familias". Si se revisan los indispensables *El teatro de género chico en la Revolución mexicana* de Armando de Maria y Campos (1956), y *Se levanta el telón* de Pablo Prida, se comprenderá por qué el teatro frívolo fue medio masivo de difusión en una ciudad dominada todavía por la cultura oral, y sujeta al rito semanal de chistes políticos, canciones y vedettes de moda. A las "tandas" van los intelectuales y los gobernantes, la gleba y la élite. Allí, más que en ningún otro lugar, se forman políticamente los "hijos del paraíso", allí se educan, en la saludable falta de respeto a caudillos y proclamas, en la irreverencia y la parodia (coreadas en luneta y galería):

Si Carranza se casa con Zapata,
Pancho Villa con Alvaro Obregón,

Adelita se casa conmigo
y termina la Revolución.

En los teatros Principal, Colón, Lírico y María Guerrero, en las
carpas de barriada, un público asimila entre canciones la violencia de los acontecimientos. En el Lírico, un soldado zapatista
amenaza con su revólver al villano de una obra que insiste en se-
parar a los amantes: "Ora, vale, o los deja quererse o lo
quebro." En el Fábregas, Alvaro Obregón inspira letras de
cuplés para vilipendiar a sus enemigos y a sí mismo de paso:

> Una noche —cuenta el libretista Carlos Ortega a María y
> Campos— le comunicamos al general Obregón que pensábamos
> estrenar una revista titulada *Verde, blanco y colorado*, y le expli-
> cábamos que cada color de nuestra bandera representaría a uno
> de los tres candidatos: González el verde, Bonillas el blanco, y
> Obregón el colorado. Y cómo inmediatamente el general Obre-
> gón les había dicho: 'Pongan ustedes que el candidato que más
> conviene al pueblo es el General Obregón, porque como nada
> más tiene un brazo, será el que robe menos [. . .]

En el teatro frívolo, la cercanía lo es todo. Cercanía con la escena,
con la historia inmediata allí ridiculizada, con el anticlericalismo
y el antimilitarismo. Cercanía de satirizadores y satirizados. Los
generales jóvenes festejan las bromas sobre el desconocido "olor
de la pólvora" y los políticos ríen al aludirse a su oportunismo o
su corrupción. A lo largo de los veintes, abundan las parodias
salvajes sobre los gobernantes, sus familias, sus defectos físicos y
morales, sus crímenes y latrocinios, sus rebeliones y caídas. No se
ha sacralizado todavía la institución presidencial y no es infrecuente oír en la escena letanías injuriosas. Recita un "bolchevi-
que" en la revista *La bandera rojinegra*:

> Va a principiar la alabanza
> Vaya al demonio Carranza;
> Kyrie Eleissón
> Vaya al demonio Obregón. . .

Las vedettes le añaden la alegría y el vigor de sus temperamentos
a letras ofensivas e inocuas. Las parodias democratizan y le dan
un tono irrelevante a la crítica. En pocas ocasiones los gobernantes
reaccionan censurando. Sus consejeros les advierten de la inutili-

dad de hacerlo. Además, todavía falta para la pátina de respetabilidad de las instituciones, que forzará a los Perfiles Dignísimos y a la mutilación inclemente de la sátira. Apenas transcurridos varios hechos trágicos y estando otros en pleno desarrollo, es mejor reírse, asombrarse ante el feroz atractivo de las bailarinas y celebrar el talento de cómicos y vedettes.

Una sociedad reducida y que apenas se da cuenta de sus posibilidades, es accesible y transparente. Al día siguiente de un estreno de revista, en toda la ciudad se comenta la eficacia de los chistes, el azoro o el regocijo de los políticos y generales presentes, el romance proclamado de la diosa-en-turno. Las vedettes famosas anticipan a las *superstars*: hipnotizan, desatan modas y estilos en el vestir y el caminar. Son idolatradas y codiciadas, son juzgadas con santo temor en los hogares cristianos. Y le resultan esenciales a la nueva sociedad de generales, políticos, intelectuales, hacendados, exporfiristas arruinados, aventureros, artistas, idealistas amargos, oportunistas, compositores de origen prostibulario, radicales enriquecidos. Si las idas al teatro son, para casi todos, un deslumbramiento, conocer a una vedette o saber de ella es revitalizarse informándose de los beneficios de la época. En provincia se las execra y la Iglesia se altera belicosamente a cada anuncio de sus presentaciones. Pero en la capital las vedettes son testimonio concluyente de que la Revolución no fue en vano.

"Piernas: alborozos y lutos/y parodias de los atributos"

En mi jardín crecía una estatua bella
La juzgué mármol y era carne viva...

Rubén Darío

En la recepción de las vedettes interviene considerablemente la sensibilidad literaria del momento, la bienvenida a cualquier *Belle dame sans merci*, el amor por la cursilería y la búsqueda de un canon sentimental reacio a los Valores Espirituales. En los veintes, los bestsellers son Blasco Ibáñez, Vargas Vila, Guido da Verona (*La vida comienza mañana*), Ibo Alfaro (*Malditas sean las mujeres, Malditos sean los hombres, Malditas sean las suegras*). En poesía dominan Nervo, González Martínez, Díaz

Mirón, Darío y Santos Chocano, y no resultan punibles libros de títulos atemorizadores: *Anémonas en lapizlázuli* o *Alabastros* de Alfonso Camín:

> Dicen que es viejo su estilo
> y a mí me rejuvenece,
> y es que la Venus de Milo
> no envejece.

Las vanguardias transcurren sin mayor registro público, los estridentistas le cantan a la máquina sin provocar conmoción fuera de los círculos literarios, y Tablada, Pellicer y Novo son apenas advertidos. Se produce un fenómeno contradictorio a primera vista, una sensibilidad hormada por el romanticismo y afinada por los modernistas le da la bienvenida a lo contemporáneo, y con frases altisonantes exalta los apetitos soterrados y los lleva a la superficie prestigiándolos con un lenguaje que hoy nos parece todo menos sensual. Una cultura corteja a la mujer, la considera símbolo dual de lo inaccesible y lo fértil, la venera en la disipación y la consumación sexual. *Fue* —delira José Juan Tablada— *mi alma esa flapper que va como danzando por el frívolo sendero / y danzará en el cabaret toda la noche / buscando de su vida en el sensual derroche / los espasmos sin amor / la vanidad de las alhajas y el dinero.* La alta retórica declara ya, sin miedo a la censura, su avidez y su amor por los espacios redescubiertos: el cabaret, el exceso sexual, las desveladas dionisiacas, la femenización del alma poética.

Mujer divina / tienes el veneno que fascina en tu mirada. La contemplación mórbida de la mujer, Virgen transfigurada en cada acercamiento a la pasarela o en cada coito, es religión que halla en las vedettes la oportunidad de popularizar su vocabulario, y enseñar lo aprendido en Nervo (*¡Qué ritmo en el porte, / qué innata realeza de formas bajo el fino tul!*) o en Efrén Rebolledo:

> Ebúrneos brazos, nuca transparente,
> aromático busto, beso ufano,
> de tu breve y satinada mano
> escurren las caricias lentamente.
> Tu seno se hincha como láctea ola,
> el albo armiño de mullida estola
> no iguala de tus muslos la blancura...

El idioma frenético que persigue con nombres de diosas y adjetivos insólitos a la mujer inmemorial y a la vedette del momento es un puente entre la reverencia y la promiscuidad sin sentimiento de culpa. ¿Cómo aproximarse a la sexualidad en ámbitos regidos por los códigos intransitables de la honra y la decencia? A través de la retórica, del trastocamiento metafórico: "Y aquel que de tus labios la miel quiera/ que pague con brillantes tu pecado." ¿Cómo, si no, entender la incomprensión ante esa descripción del orgasmo: "yo que tuve tus ojos, y tus manos, y tu boca, y la blanca tibieza que derramaste en mí"? Maquillado, reducido a símiles indescifrables de tan obvios, el impulso sexual va desplazando a los silencios de la hipocresía y a la represión anterior al lenguaje.

"Ay, ay, ay, mi querido capitán"

Celia Montalván, la vedette de los veintes. De papeles insignificantes apenas superiores a la segunda tiple, en estrenos semanarios donde la imaginación intenta suplir a la producción casi inexistente, ella se convierte en *La Montalván*, la mujer que provoca revueltas y estragos al recorrer la pasarela del Lírico cantando el cuplé "Mi querido capitán", cuya letra terminará por incluirla:

> Todas las chicas guapas
> como María Conesa,
> la Rivas Cacho y la Montalván.

Era —dicen testigos presenciales— de un atractivo escalofriante para la época, lo que quiere decir que las fotos nunca le harán justicia, ni darán idea de su presencia. La Montalván, belleza de tipo popular, no muy fina, de sensualidad estatuaria, a punto siempre de desbordarse en carnes, pero disciplinadamente mantenida en la orilla. De su historia personal poco se recuerda. Nació en 1900 en la ciudad de México, y estudió danza clásica junto con sus hermanas Marina, Issa y Tessy (nombre artístico: las hermanitas Marcué). Pese a la oposición de su padrastro se dedica desde muy joven al teatro, con éxito inmediato. Viaja por diversos países latinoamericanos y forma su propia compañía, que llega a Estados Unidos y Europa. En los años de su apogeo, se atiene a la costumbre prevaleciente: una gran vedette debe relacionarse con un político encumbrado, Chela Padilla se casa con Luis León, el amigo de Calles; Delia Magaña se deja ver con el general Francisco Serrano y, rememora María y Campos, "en el mismo Teatro Lírico, era frecuente ver en el camerino de la tiple Celia Montalván al general Enrique Estrada, secretario de Guerra con Alvaro Obregón, y era más fácil tratar con él en ese cubículo asuntos militares que en su propio despacho de secretario de Estado". Estrada se rebela contra Obregón, se exilia, y la Montalván entabla una célebre (y álgida) relación con el torero Juan Silvetti (o Juan sin Miedo). En los treintas, al ver su fama en declive, se instala en Hollywood, donde participa, sin mayores resultados, en dos películas hispanas: *El proceso de Mary Dugan* (1931, de Marcel De Sano) y *Don Juan diplomático* (1931). En su campaña de lanzamiento, Celia toma parte en un espectáculo benéfico en el Luna Park, cantando y encerrándose en una jaula con tigres y leones.

En 1935, Celia filma en Francia, dirigida por Jean Renoir. En *Toni*, la Montalván deslumbra. Es la joven española que provoca celos mortales, es la coqueta fulgurante, es la verificación de lo naïf: alegre, impetuosa, arrepentida. En 1944 participa en su única (y malísima) película mexicana, *Club verde (El recuerdo de un vals)* dirigida por Rolando Aguilar, donde interpreta a una vedette traicionera en tiempos de la Revolución. Su última actividad: un corto donde se introduce en la jaula de un tigre. Retirada, se convierte en la dama rica que no auspicia conversaciones sobre su pasado. Muere en 1957.

Sin el apoyo de discos y películas, el personaje Celia Montalván se confina al infrecuente y decreciente testimonio de sus contemporáneos, al examen de sus fotos y a la revisión de la terminología que le corresponde. No fue un "símbolo erótico" porque entonces ni el concepto ni su fundamentación psicológica existían. Sólo se daban *muchachas guapas* o *hembras de buen ver*, clasificaciones que no establecen intermediación cultural alguna, que sólo fabrican símbolos a posteriori. Eso fue la Montalván, la mujer guapísima que sojuzgaba el foro mientras los engominados de luneta y los desposeídos de galería rugían asimilando la Revolución a través de la zarzuela y del audaz travesti de las armas que distribuían vedettes y vicetiples. *Soy capitán primero, el más valiente del batallón.*

"Pero cuando enamoro, soy general y de división"

¿De qué informan las numerosas fotos de Celia Montalván? De una pequeña industria de fotógrafos, impresores, maquillistas, decoradores; de un auditorio ávido de recuerdos coleccionables de su ídolo; del gusto iconográfico y sexual de una época. En el desparpajo y la frescura se acumulan combates ganados y por librarse; la batalla por una coquetería sin consecuencias infamantes ni sinónimos instantáneos ("Toda coqueta es una liviana"); las escaramuzas contra el corte de pelo femenino que llevó a los estudiantes a cazar "pelonas" en las calles, ultrajándolas verbalmente y cantándoles:

Se acabaron las pelonas,
se acabó la diversión.
La que quiera ser pelona
pagará contribución.

La lucha por una apariencia diversificada, lejos de la homogeneidad de la Mujer Decente; el fin del despotismo del corsé y la falda bajada-hasta-el-huesito; la emancipación de las siluetas y rostros del romanticismo, con su desmadejamiento mortuorio y su convicción de que la palidez es un don estético; el miedo a innovar la moda por cuenta propia, apartándose de los moldes inflexibles: feminidad sumisa, sencillez disponible, rechazo del exotismo. Para hacer posible o concebible a Celia Montalván hubo que trascender las amonestaciones circulares de curas y padres de familia, ignorar miradas irónicas y murmuraciones, trasladarse del rancho o la pequeña ciudad a la gran urbe. Tanta desenvoltura se adquiere programando la amnesia: hoy me olvidaré de las lecciones de urbanidad de mi madrina, mañana borraré de mi memoria el enfado de mi padre cada vez que me veía salir con un vestido entallado, dentro de diez días no quedará en mí recuerdo alguno de las reacciones de mi familia cuando les informe en donde trabajo.

¿Quién observa o registra el esfuerzo de las mujeres por incorporarse a la sociedad que fomenta la revolución institucional? El avance se nota cuando una señorita de clase media deviene la tiple Celia Montalván, cuando una dependienta de almacén resulta ser la vedette Lupe Vélez. Gracias a ellas obtienen mínimos y significativos desquites las dependientas enamoradas de los astros de la pantalla; las obreras "fabriqueñas" que al cabo de una larga jornada se divierten (y ganan un poquito más de dinero) en los dancings; las señoritas quedadas que padecen envíos de lástima y murmullos de filantropía por no haber conocido varón ni bendición matrimonial; las madres solteras y las amas de casa inundadas de hijos y desprecios. Detrás de cada diva conspira revanchistamente, lo reconozcan o no, una legión de sufridas mujeres.

La vedette, entidad teatral y sociológica. No se exagera demasiado si se considera a Celia Montalván una de las mujeres significativas de esa primera generación posrevolucionaria. ¿Cómo seguir en ese medio todavía bárbaro sin manejar la femineidad como trampa, provocación, parodia, arma defensiva y ofensiva? Lo que Mae West llevará a su gloria estética —"No son los hombres en mi vida lo que cuenta, sino mi vida en los hombres"— lo comprenden con habilidad extrema las tiples y las vicetiples que se ofrecen, se muestran esquivas, se entregan, tasan y negocian su *buen ver*, se enfurecen para demostrar amor, y actúan en todo tiempo el personaje de la mujer sometible, la inminente Fierecilla Domada.

Sólo así, siendo a la vez la mujer a quien se conquista y su administrador, se entiende el éxito de la Conesa o la Montalván, en ese cerco de militarotes, abogados corruptos, funcionarios y empresarios habituados a desahogarse sin pedir permiso. Eso, por lo menos, desprendo de las fotos: la eficacia sonriente de la vedette acostumbrada a proteger su independencia con las sumisiones que hagan falta, confiada en la astucia que toda mujer, deseable o no, requiere en un medio sojuzgado por el hombre, poderoso o no. Ceder sin conceder, coquetear sin prometer amor, asegurándose primero de la indiscreción colectiva. A disposición de las vedettes una escuela de costumbres: el cine de Hollywood, ya en los veintes fábrica de sueños y universidad de la vida moderna.

"Abriendo los ojos la dejé pasar"

¿Por qué resucitar el pavoroso lugar común del éxito individual que es, de alguna manera, el cumplimiento de una ilusión colectiva? Porque en los veintes, al asomarse la mujer por primera vez a una libertad relativa (vivida con furia de absoluto), las escasas figuras concentran un enorme poder de representación; son la minoría que adelanta la voz, los deseos y los talentos aplazados de la mayoría. Ellas están seguras a su manera: nada nos habría pasado de nacer unos cuantos años antes, hubiésemos amenizado las tertulias familiares, hubiésemos escapado con el primer desconocido, hubiésemos cantado o pintado a beneficio de ninguno.

Guerras mundiales y revolución nacional, resquebrajamiento de la vida feudal y ocaso paulatino de la moral tradicional, necesidad industrial de mano de obra y exiguo presupuesto familiar que demanda la aportación de todos. Estas razones confluyen y atenúan el semiesclavismo de la mujer (burguesa o pequeñoburguesa), autorizada por fin a abandonar su casa, a salir del triángulo de la cocina, la recámara y el confesionario. Y al añadirse la mujer a las relaciones de producción y la vida social muchas "cualidades femeninas" conocerán su primera crisis. Así por ejemplo la ternura, el recato, la paciencia sin límites, la dulzura a varios niveles, la intuición como única lógica intelectual, la abnegación como sustituto de la comprensión racional, la resistencia al dolor como extensión de los méritos que acaso disculpen la condición femenina, la inercia, la frivolidad como incapacidad de avenirse con la Historia (con mayúscula), la decisión de sólo entrever la realidad a través del chisme.

La rendición por el Espíritu. La mujer tal y como la entrega el Porfiriato, previa irrupción armada, a la década de los veintes, es distante, hierática, vaporosa, admirable, serena. Este mínimo y máximo espejismo se divide en etapas. *Capital inicial*: la pasividad. *Meta universal*: el matrimonio. *Expulsión del paraíso*: el adulterio. *Exterminio moral y físico*: la promiscuidad. De modo ritual, esta Eva degradada, representa dos extremos de una teología a la medida del patriarcado: es la Caída o es la Gracia. Si es la Caída, tenderá a confundirse con la gran ciudad, una asechanza sospechosamente similar a los accidentes de trabajo. Si es la Gracia, devolverá con su sola presencia la pureza a quien la contempla (su hijo, su esposo, su asesino). En torno suyo, hay el propósito de no consentirle sensualidad alguna. No existe el cuerpo femenino, salvo en la exaltación de algunos poetas, y sobre todo, no existe su cuerpo para la mujer misma. La mojigatería es sistema de agresión y defensa. Prohibidas para las féminas las lecturas inconvenientes, los ejercicios excesivos, las siluetas finas, las conversaciones que aludan al sexo, las visiones de la desnudez. La mujer, hecha para gloria de Dios, de su padre y de su cónyuge, será espectadora de su existencia y de las ajenas, alguien actuado reiterativamente por sus propias acciones, un designio de la naturaleza masculina.

¿Qué hacer con este fardo de imposiciones y clausuras en un ámbito —doscientas o trescientas mil personas que hacen las veces de la ciudad y de la nación— obsesionado con el culto a lo actual? Acatarlo allí donde no hay más remedio, rendirle tributo verbal, negarlo ardorosamente en la práctica: cocottes, vedettes, viceteples, mujeres liberadas, sufragistas, flappers y monjas canceladas, se liberan de tal herencia hasta donde es posible. Tienen a su favor el crecimiento urbano, el contagio universal de las nuevas costumbres, las persuasiones del cinematógrafo y, especialmente, las lecciones del pasado inmediato, la relativización de los sentidos de la vida y de la honra que corre a cargo de la violencia extrema. *Si me han de matar mañana, qué me importan la decencia y la virtud*.

Celia Montalván, para ejemplificar con apoyos visuales, es, desde la adjetivación circundante, una mujer nueva. Sigue siendo objeto de posesión y conquista, pero es —y quiere ser— audaz, tímida y casta, anhelante, desafiante, provocadora, extrovertida, pueril, mundana, lúbricamente nacionalista, dinámica e inerte. Para los productores y distribuidores de las fotografías, estas cualidades inesperadas no tienen mucho que ver, no son parte de la venta de un rostro atractivo, de poses y vestuarios asombrosos. Pero de contrabando, o así lo observo ahora, Celia Montalván transmite un complicado y arriesgado código de señales, no dirigido al comprador ni a un público específico sino a su desempeño de vedette.

La ironía advertible en estas fotos es un juego múltiple, burla de prejuicios y de juicios, de rondas de seductores y seducidas. No hay agresión ni hallazgo, no hay desafío ni sometimiento. Desde sus interpretaciones y su usurpación de personajes, la Montalván se aprovecha de un recurso de esos años: no tomar en serio nada, ni siquiera la broma, ir de un extremo a otro de la metamorfosis, ser todas las mujeres y ninguna. Sólo esta respuesta proteica está a la altura de su responsabilidad. Una vedette es, por donde se le vea, una *mujer pública*, y para detener las connotaciones degradantes de la expresión, hay que asumirla al extremo, vivir fotográfica y escénicamente las fantasías del público, invitarlo a que acompañe a la tiple en su travesía de insinuaciones y gestos.

Alguien, célebremente, ya aclaró la estrategia: ''Porque una persona sigue interesando, no tanto por dejar algo detrás, sino en la medida en que actúa y goza, e incita a otros a la acción y al regocijo.''

''Si eres mochila, seré soldado / si tú eres cuero, seré tambor''

¿Cómo evocar al público del teatro frívolo en los años veinte? El modo más fiable: examinar a la luz de los materiales preservados la índole de sus inclinaciones, la reiteración de preferencias y caprichos que se tornaron ley de la taquilla. Lo primero que se halla es la disposición política. A los espectadores, muchos de ellos participantes en distintos niveles, la política les resulta el teatro por excelencia, el escenario infalsificable donde se revela el valer de los hombres. La experiencia es inaugural: reelaborados por la parodia, gobernantes, caudillos y oposicionistas acreditados, son lo mismo y son otra cosa, ya no más el perfil inaccesible en los balcones del poder, sino los comediantes que disparatan, cuelan albures y exaltan relajientamente sus defectos en revistas teatrales intituladas *La huerta de don Adolfo*, *La Señora Presidente*, *Exploración presidencial*, *Se acabaron los de Portes*, *Seis candidatos buscando la Silla*, *El desmoronamiento de Morones*, *El Copete de Palacio*, *No más caudillos*. A los políticos caricaturizados se les llama por su nombre y, de acuerdo al testimonio de los libretos, las invectivas son portentosas. El inevitable María y Campos refiere el argumento de *La Concha Madre*, de Carlos C. Villenave, estrenada en el Teatro Lírico pocos días después de ocurrido el asesinato del general Alvaro Obregón:

La escena representaba una taberna en la que se encontraban muchos matones que habían sido 'dorados' de Pancho Villa, asaltantes de trenes, todos presumiendo de muy valientes y atravesados. El pobre cantinero intervenía a cada rato para ponerlos en paz, hasta que uno de ellos tomaba a una de las mujeres y decía: 'El que se sienta valiente que toque a esta mujer.' Nadie se acercaba al fanfarrón armado. En esos momentos entraba un pobre viejo mandadero, con su canasta, e iba a platicar con esa señora, tomándola del brazo. El matachín gritaba: '¡Dije que el que se acercara a esta mujer se moría!', y dirigiéndose al pobre viejo: '¡Rece su última oración! ¿Cómo se llama usted?' 'José de León Toral', contestaba serenamente aquel infeliz. El fanfarrón, todos los valientes 'dorados' y la parroquia en general que llenaba la taberna, salían corriendo, dejando la escena vacía y provocando las carcajadas del público. El mandadero sacaba de su canasta dos huevos de gallina, los colocaba en el mostrador y se preguntaba con sencillez: '¿Por qué se habrán escapado?...' El telón caía en medio de una ovación clamorosa.

A tamaña libertad expresiva, le corresponde una liberación de costumbres sin la cual desaparece la fórmula esencial del teatro frívolo, la combinación de sexo y política. Para compensar el predominio del segundo elemento, realidad mudable y oscilación despótica, se concede a las vedettes los números fuertes, los cuplés osados, las líneas que al día siguiente se repetirán vueltas escarnio y contentamiento. En boca de las tiples, cantadas por María Conesa o Celia Montalván, acusaciones y befas son, de inmediato, algo más, lo que el auditorio aplaude festejando la sexualización de la crítica. Tal es la índole del teatro frívolo: entreverar y fundir las dos excitaciones, la del espectador divertido por la "humanización" despiadada de sus dirigentes, y la del espectador contrariado por la lejanía física de sus ídolos femeninos. Espectáculo *sólo para hombres*, que excluye por principio a las mujeres (si quieren vengan, pero a ustedes, legas en asuntos de gobierno, sólo les toca encelarse de las muchachas guapas, a las que imitarán), el teatro frívolo se alimenta de la repartición de estímulos entre sexo y política: la crítica, si bien representada, dos veces deleitosa.

Sin el reflejo condicionado de la censura, que hace del temor de los espectadores el sustento psicológico de las veladas, el teatro frívolo de los veintes es centro de la vida capitalina. Es populista, consiente el diálogo, es un genuino "teatro pobre" con scripts de excelente factura, no solicita esfuerzo intelectual, expresa una visión personalizada al extremo de los vuelcos del poder, de las relaciones entre el Estado y la sociedad. En vez de fuerzas o tendencias, surgen nombres y cuerpos y rostros satirizables; supliendo con hiriente eficacia al análisis, brotan apodos, hipótesis escenificadas, comparaciones, chistes. Y, de modo complementario, las canciones y los números de magia enmarcan el apogeo de las vedettes en su festín de plumas, lentejuelas, fortísimos de la orquesta, ascenso y descenso de telones pintados, trajes típicos de tisú de plata y adornos dorados, disfraces de flores, atavíos de indias o de huríes. Aparece una especie diferente, ya no la Madre, ni la Virgen, ni la Prostituta, sino la mujer inaccesible para quienes carecen de poder y dinero, a quien le encomiendan interpretar a la Mujer Accesible y Deslumbrante.

La estética del teatro frívolo se inicia en la aceptación de sus limitaciones: no es arte ni es asamblea, no es inocencia ni pornografía, no es autoritarismo ni democracia. En una etapa de confusión y entusiasmo anárquico, es el territorio privilegiado que hace las veces de Cámara de Diputados sin responsabilidades legislativas, de casa de citas sin compromiso de orgasmo, de humor sin gratuidad. Lo bello es lo que se nos apetece, lo sublime es lo que se da por omisión. Y las vedettes son el clímax ambulante y constante, la compensación por la ausencia de Josephine Baker y la Mistinguette, las esculturas felizmente imperfectas, el anticipo de las estrellas de cine, el delirio que se resuelve en la promesa de volver al día siguiente.

La tiple agradece. Está sinceramente emocionada. No todos los días se juntan para admirarla un Presidente de la República, varios ministros, las cabezas reconocidas de la oposición, dos hacendados porfirianos, el grupo de poetas jóvenes, los cronistas legendarios. No le salen las palabras y lo mejor es bailar de nuevo, arrobar con su movimiento giratorio y la picardía ensayadísima y siempre fresca de sus ademanes. Vuelve a cantar y los gritos placenteros y la red de gemidos histriónicos y los ojos que la persiguen y la encumbran, le confirman en la sabiduría de su elección. *A estas horas, estaría cuidando niños*. Pero no fue así y en este instante disfruta con plenitud su logro: es la *marginada de la marginación*, Salomé sin cabeza a su disposición, Dalila que engaña vindicativamente a los hombres, la contrafigura de la Madonna. "La ondina, la desalmada ondina —exclama el misógino Otto Weininger— es la imagen platónica de la mujer", y la vedette agradece los vítores y la codicia en las miradas.

"Tan cerca de mis ojos, tan lejos de mi vida"

Las fotos de Celia Montalván, previsibles en su momento, hoy resultan una galería de arquetipos de la mujer, según las ideas prevalecientes en los años veinte. Niña con el dedo en la boca, indita modosa, vamp, cocotte, pájaro de fuego, mexicana de trenzas y sombrero, capitana queridísima, ingenua que usa su candor como cebo, hermosura lánguida, china poblana, diosa de una religión que nadie se tomará la molestia de inventar, *demimondaine* de sombrero de plumas que fuma retadoramente, vedette travestida en gentleman, danzarina folclórica, colombina perfumera, manola en espera de chulo que castiga, boxeadora orgullosa de la debilidad de su enemigo, bailarina del coro, salvaje circundada de la luz de los faros, joven moderna cuidadosamente despeinada, belleza sorprendida en pose insensata, personaje de comedia de bulevar en el acto de contar al amante número mil. *Item más*: la deslumbrante princesa prehispánica, la patria encarnada, la modelo de sus propias emociones, la intérprete de una película basada en alguna novela moderna como el adulterio a horas fijas.

Esta galería incorpora, con la mercadotecnia de la época, diversos elementos dominantes: el cine de Hollywood, el teatro francés, la ubicuidad de la zarzuela, la mitología de la alta sociedad, la estetización de los atavíos indígenas, las imágenes de la mujer moderna, los usos nacionalistas. La primera de estas apoteosis concentradas: la belleza es, como casi todo, una convención y la entonces mujer-sin-alma y Medusa, hoy quizá recibiría el trato de matrona alivianadísima. A diferencia de las estrellas de Hollywood que incitan a la redención universal desde el lujo y la insolencia, una vedette, alguien en la procesión de vírgenes laicas, se apoya poderosamente en la gracia, en la *humanidad* de su rostro y en la voluptuosidad que, hasta donde uno logra inferir, no convoca a los métodos fijos del desahogo a domicilio. ¡Qué rodeo tan intrincado para decir que masturbarse ante estas fotos sería más que un sacrilegio, un error! De acuerdo, licenciado, todos quisiéramos poseer a la vedette, pero nadie se atreve a confundir una ambición social con un desquite onírico. (En tal orden de cosas, nada más opuesto al señorío, a la picardía de divas o vedettes, que las fotos de indígenas con el torso desnudo. En éstas, la ausencia de malicia revela otro sentido del cuerpo.)

Según Novo, *los mexicanos las prefieren gordas*. Quizá la más o menos notoria vocación-de-abundancia de las vedettes, se debe a una noción social del cuerpo, donde la resistencia de las familias a las prácticas deportivas de sus hijas, conduce a la respetabilidad de proporciones redondas y senos frondosos. (Será Lupe Vélez quien rompa, a fines de los veintes, los esquemas rotundos con su aspecto fino, menudo, muy contemporáneo.) Pero trátese de un gusto natural o de una imposición de la época anterior a la

43

dieta, el culto por las vedettes informa sobre un "darwinismo sentimental", la selección de las especies anecdóticas sin las cuales se entiende a una época pero no a sus pobladores El estudiante compra la foto, el padre de familia adquiere la foto, el solterón empedernido manda enmarcar la foto. ¿Es otra fase del fenómeno de la secularización de las madonnas, que lleva a los cuartos cuajados con *stills* de Greta Garbo y Marlene Dietrich en los treintas, a los soldados que consuelan su viudez bélica ante las *pin-up girls* en la Segunda Guerra Mundial, o a los actuales coleccionistas de fotos de la Mujer Perfecta o la actriz de telenovela que algún día emitirá una línea entera sin equivocarse? Aun si se posterga el debate sobre la calidad de los fieles, hay diferencias. De Eleonora Duse a Bo Derek, de Pola Negri a Nina Hagen, de Celia Montalván a Isela Vega, hay un camino donde la intensidad quizá no varíe pero en donde la *conciencia mítica* está cada vez más informada de sus mecanismos y procedimientos. De una latría inocente a una latría computarizada y fallida.

Hoy ya sabemos o ya hemos oído de la naturaleza consumista, de los arquetipos de Jung y de las heroínas de las mil caras (y eso no impide las sacralizaciones anuales o trimestrales). En los veintes, al iniciarse la conciencia súbita o paulatina de la existencia del cuerpo, no como algo opuesto al espíritu, sino como entidad gozable en sí, las vedettes usurpan el campo de una actividad doméstica apenas en embrión, son —para espectadores que lo toman o lo dejan— gracia, coreografía, provocación, ritmo, oportunidad sacramental. Ellos no están al tanto de esta operación múltiple y por eso disfrutan hasta el límite una cultura popular que no se sabe cultura popular, en un encumbramiento de la mujer en nada equiparable al verdadero sitio que el machismo le reserva.

La incorporación visual de la idea. Eso es para Mallarmé la bailarina de music-hall Loie Fuller. La Conesa o la Montalván o Lupe Vélez, en los Follies-Bergère a su disposición, incorporan ideas todavía inexpresadas de una ciudad algo flexibilizada por el relajo, algo dinamizada por la Revolución, algo estremecida por el desplazamiento previsible de las nociones de *pecado* y *honra*. ¿Qué ideas se incorporan a cuplés y guiños pícaros? La relatividad de la conducta, la relatividad de la culpa, la contraposición de lo urbano y lo parroquial.

La indiferencia y el requiebro

De pie la bayadera,
inicia los sensuales movimientos
del vientre y la cadera.

Carlos Pellicer

"Nosotras las estrellas —dice la vedette habanera personaje de *La canción de Rachel* de Miguel Barnet— sabemos ser indiferentes y hasta la timidez la transformamos en soslayos." Eso, a la distancia del recuerdo ante una grabadora. Pero el mayor elemento retentivo del teatro frívolo es la desaparición-profesional-de-los-soslayos, la inmediatez salvaje, el cambio de los jacalones sórdidos por esta ronda del poder y la carnalidad, de la política y el bataclán:

> [...] y el hecho —cuenta Novo en *Nueva grandeza mexicana*— de que el Bata-clán exhibiera por primera vez muchachas sanas, bonitas, desnudas, ágiles, cuya voz fuera lo de menos [...] permitió el luminoso descubrimiento [...] de aquella agresiva y linda, resuelta chica que enloquecía hasta el aullido a los adictos del Lírico cuando berreaba *Barba azul* y se instalaba en la pasarela, de espaldas al público, a imprimir a su región glútea un increíble acelerado, vertiginoso movimiento de rotación, que era su personal interpretación del hula-hula hawaiano.

Y esta idea genital "incorporada" se intuye, ya amainada y *belle-époque* y *camp*, en las fotos de Celia Montalván, en ese atractivo que se trocó "encanto de época", en la risa contenida ante su propio desfile proteico, ante su ir y venir entre el disfraz y la metamorfosis, ante la seguridad displicente que la cámara preservó. A ella le fue otorgado el don de ser en parte lujuriosa, estética en parte y esencialmente moderna.

(1980)

Dancing:
El Salón México

—VÉALO NOMÁS, ése no baila danzón, nada, nadita. Se mueve mucho, más bien interpreta una cumbia, si tiene tanta prisa a qué vino.

El danzón debe ejecutarse despacito; en el ladrillo de la leyenda, o recorriendo el salón, pero siempre suavecito. ¿Para qué acelerarse si el danzón es el tiempo del mundo a disposición de una pareja? Lea usted, murmura el experto, estos versos de Paco Píldora, el poeta veracruzano. Son una gran clase de danzón:

> Bailando en un ladrillo con soltura
> llevando en el tacón la contradanza
> y apretarle el revuelo a la cintura
> cuando el compás en el timbal descansa:
> ¡Eso era darle en la merita yema!
> Para luego, en vaivén acompasado,
> salir en paso falso y asentado
> y entrar en el descanso sin problema;
> Luego flauta y violín en ritmo suave
> El dueto del pistón y el bombardino,
> y el 'Tres y Dos' sonoro de la clave
> Dando a punta y talón el giro fino;
> Pasar con el final a contratiempo
> En el paso de rumba que arrebata
> y salir del enganche siempre a tiempo
> Cuando el timbal en 'pra-ca-tán' remata.

—Así es, añade el director de orquesta, mientras contempla a nadie en el café cercano al salón de baile, mi amigo el Babuco me lo contó cientos de veces, o a lo mejor lo conté yo primero creyendo haberlo oído antes. El, Tiburcio Hernández, el Babuco, timbalero como yo, se trajo a su danzonera desde Veracruz, que entonces quedaba muy lejos, a inaugurar el nuevo sitio, el Salón México, en las calles de El Pensador Mexicano. Eso fue el 20 de abril de 1920, la única fecha que recuerdo, no me sé la de mi cumpleaños, figúrese.

Acontecimiento histórico, aunque los asistentes no lo sepan. La capital de la República se normaliza pese a los forcejeos por el poder, y la concurrencia suda porque no se acongoja, estos gañanes ya son "fruto de la Revolución" así ahorita no la mencionen, se vive solamente una vez y es suficiente civismo olvidarse de los generales fusilados la semana pasada, de las apuestas sobre el pleito Carranza-Obregón, hace unos días Obregón se fugó de la capital. . .

—El Babuco nació en Cuba como yo, era sastre y se largó a Veracruz. Allí convivió con los maestros del irse despacio, porque para sacarle de veras provecho al danzón, hay que hacerlo en cámara lenta, entre más suave el movimiento, más dominio del ritmo. Lo otro es acabarse la pieza a pura gimnasia.

Según los enterados, la falta de apresuramiento distingue al danzón "abierto" del "cerrado", y la morosidad le regala a los movimientos la elegancia, el señorío de las esculturas que se desplazan paulatinamente. En 1879, en Matanzas, Miguel Faylde inaugura el danzón, genuino vals de los pobres, imitación de la corte desde los ingenios azucareros. Hay que extraer de la contradanza descansos que aminoren el calor, y aprovechar el ritmo para obtener algo de refinamiento, no la palabra sino la actitud, ya es posible aunque no se acepte, ser pobre y fino, negro y fino, ignorado y fino, la mano no aferra sino se desliza, el cuerpo no salta, se enreda lentamente en los recovecos de la melodía, qué chévere esta vibración en un espacio diminuto.

En Veracruz, el Babuco aprendió el famoso pregón "¡Ey familia! Danzón dedicado a. . . y amigos que lo acompañan", se lo trajo a la capital y lo puso de moda.

Imagínate. El cliente se le acerca, y el Babuco, sonriente, apunta algo en su libretita y recibe unos centavos. Minutos después, y a voz en cuello, el Babuco cumple lo prometido y el cliente, contentísimo ante la resonancia de su nombre, besa a su pareja, bromea con los amigos, se siente reconocido aunque no lo conozcan, acepta las palmadas en el hombro, y atiende con más ganas este danzón que ya es su himno personal. El Babuco complace las peticiones, el danzón es una interminable presentación en sociedad, y sociedad es cualquier reunión en donde a uno lo admitan.

"Ellas conmigo, y yo con ellas"

Ya entonces alguien lo sabe y no lo dice, o no lo dice ni lo sabe, pero da igual: desde siempre, toda colectividad, aun la más hipócrita, le ha encargado al baile la provisión de respiraderos sexuales. El 31 de octubre de 1776, recuerda Gabriel Saldívar en *Historia de la música en México*, se prohíbe el *chuchumbé* ''por sus coplas en sumo grado escandalosas, obscenas y ofensivas de castos oídos'', que se acompañaban ''de baile no menos escandaloso y obsceno por sus acciones, demostraciones y meneos deshonestos, provocativos a la lascivia, con manifiesta contravención a los mandatos del Santo Oficio, Reglas del Expurgatorio y grave ruina de las almas del pueblo cristiano''. El chuchumbé, de origen africano, traído de La Habana vía Veracruz, es afición ''del pueblo bajo, en arrabales y casas de mala nota, entre gentes deshonestas, de mal vivir y de baja ralea''. Además es anticlerical:

> Qué te puede dar un fraile
> por mucho amor que te tenga:
> un polvito de tabaco
> y un responso cuando mueras. . .
> Al chuchumbé
> de las doncellas
> ellas conmigo
> y yo con ellas.

¿Cómo admitir el chuchumbé? El inquisidor se llama a escándalo ante un baile compuesto de

> ademanes, meneos, zarandeos, contrarios todos a la honestidad y mal ejemplo de los que lo ven como asistentes, por mezclarse en él manoseos de tramo en tramo, abrazos, y dar barriga con barriga; bien que también me informan que esto se baila en casas ordinarias, de mulatos y gente de color quebrado, no en gente seria, ni entre hombres circunspectos y sí entre soldados, marineros y broza.

En el principio —inadvertido— de la música afroantillana en

México, negros y mulatos se ocupan de variar de ritmos sin perturbar el ajetreo. En 1802, en el expediente en torno al baile obsceno llamado el "Jarabe gatuno" (otro son africano) se le describe con sonrojo:

> tan indecente, disoluto, torpe y provocativo, que faltan expresiones para significar su malignidad y desenvoltura, y beben en él las coplas, acciones, gestos y movimientos el veneno mortal de la lascivia por los ojos, oídos y demás sentidos, cuantos lo bailan y presencian. Parece que el mismo Asmodeo le ha inspirado y le preside para derrocar hasta los fundamentos la honestidad, no sólo cristiana, sino civil y natural, y es tal el desenfreno y manifiesta la obscenidad en un grado que se avergonzarían los mismos Sibaritas.

El trópico y sus danzas que son pecados. Lo prohibido que se antoja. Los "epitalamios rústicos" que indignan. A mitad del siglo XVIII, los clérigos califican a las pulquerías de "tugurios demoníacos", idea viva del "infierno", alerta hijos míos, el baile de sones es luciferino, llamas y tridentes se agazapan tras un ritmo que las autoridades civiles y eclesiásticas contrastan con el jarabe, bailado por parejas, "pudorosamente separadas". La condena se extiende a lo largo del siglo XIX, y decir entonces *pulquería* es vislumbrar meneos que preceden por minutos a la cópula, es alucinar cópulas cuyo hervor intensifican las semejanzas con el baileteo.

"Las manos buscan algo y algo encuentran"

En el Porfiriato, los salones de baile son lugares controvertidos: el gobierno de la capital los cierra y reglamenta (y si los dueños los abren, el gobierno se hace el desentendido). En los teatros, se fiscaliza a las parejas y se vigila que no entren jovenzuelos. Ya aclarado el tipo de clientela, se autorizan los antros: ¿qué moral se extravió en sitios de parias? En *Santa* (1903), Federico Gamboa se estremece:

> De abajo, sube el polvo; se eleva un pronunciado olor a perfume, a alcohol, a sudor, se remontan risas, juramentos, besos; asciende el deseo múltiple, potente, desenfrenado [. . .] La apartada masa humana se agita al compás de la música; las bocas se juntan; las

manos buscan algo y algo encuentran; los bustos se entrelazan como para no soltarse nunca, un malsano regocijo se apodera de ellos y ellas; míranse las manifestaciones iniciales de locura que el alcohol genera; los duelos espantosos, de duración de relámpago, de los amores que agonizan, se acusan en las caras trágicas[. . .]

¡Qué horror! Una lujuria que nos excluye, el mal en forma de locura irresistible. En 1900, inaugurar perversamente el siglo es acudir al Tívoli Central (''Señoras solas, gratis; caballeros, un peso''). Compungido y salaz, Gamboa refiere el acontecimiento:

> Del testero de la sala cuelgan un anuncio: '¡Danzón!' y al filo de la una y media —el local ya demasiado concurrido— el danzón estalla con estrépito de tropical tempestad, los timbales y el pistón haciendo retemblar los vidrios de las ventanas, pugnando por romperlos e ir a enardecer a los transeúntes pacíficos que se detienen y tuercen el rostro, dilatan la nariz y sonríen, conquistados por lo que prometen esas armonías, errabundas y lúbricas.

No te me despegues, porque me excito

Por sus ''contoneos lascivos y rítmicos, una mezcla excitante de danza del vientre oriental y de habanera anticuada'', el danzón es la música por excelencia de los prostíbulos, acoplamiento vertical, vuelo erótico fijado al piso. La música legitima las predisposiciones cachondas y los que habitan la pista lo agradecen, en plena feria de dualidades: el acto de bailar y el sitio donde se ejerce, la exhibición de habilidades y las licencias eróticas, la celebración de la pareja y el placer por las multitudes, la vocación de encierro en escenografías indescriptibles y el anhelo del aire libre, la melancolía y el relajo, el deseo de ser contemplado y la urgencia de intimidad.

Al institucionalizarse la Revolución, modas ''f...reñas'' amenazan la dictadura del danzón. Sin embargo, pese al auge del tango que es show del asedio corporal, la gente se aferra al ritmo que permite y demanda exploraciones sensoriales, acicalamientos, portes erguidos y bustos desafiantes. ¿Cómo abandonar el apretón autorizado, la comprobación al minuto de los poderes de seducción? Al entreverar destilaciones aromáticas y olores orgánicos, el danzón es promesa: si me arrimo lo suficiente conseguiré lo bastante.

Los pilares de la sociedad no ceden en su desdén y anatematizan a la "música tropical", al aturdimiento propio del clima y del primitivismo de quienes sufren el clima, a la vulgaridad que es sensualidad sin reticencia, al desenfado que es la parte más morosa de la prisa sexual. Te ubiqué para expulsarte: quien cede —sin sentimientos de culpa— a tal vitalidad entrelazada, descenderá a "lo popular" (por antonomasia, lo carente de educación y control), se desintegrará en el morbo, en el tremedal de "los instintos". Las energías que desata el baile las conjura de inmediato la censura, que determina las Zonas de Tolerancia: el burdel (se es humano), el dancing (se es gregario) y el carnaval (se es ritual pero sólo una vez al año y cada vez en menos sitios).

En el dancing, *esto* se tolera, y da igual que *esto* (la impudicia y la afirmación genitales) se asuma con orgullo o inhibición. Gracias a la estética de la sexualidad, generaciones de reprimidos y desposeídos hacen del danzón su trámite versallesco y su música clásica y ven en el bailar cuerpo-a-cuerpo su primera orgía *permitida.*

Baile que baile, bebe que bebe

> *Habría que bailar ese danzón que*
> *tocan en el cabaret*
> *de abajo,*
> *dejar mi cuarto, encerrado*
> *y bajar a bailar entre borrachos.*
> *Uno es un tonto en una cama*
> *acostado,*
> *sin mujer, aburrido, pensando,*
> *sólo pensando.*
>
> Jaime Sabines: "A estas horas aquí"

¿Quién baila danzón en las horas inaugurales del México Institucional? Obreros, "empleadillos" y marginados, los primeros espectadores de una modernización que los modifica sin incluirlos. En los dancings, las multitudes y los solitarios lanzan sus cuerpos hacia los objetos vecinos, y aceptan su sex-appeal porque en el arrimadero les toca lo mismo a los recién avecindados en la capital, con su carga casi intacta de cultura campesina, y a quienes neutralizan siglos de hacinamiento capitalino en el infinito de un cuarto de vecindad. Emigrantes y nativos se relajan en sitios que son agujeros de la vitalidad, algo entonces sin "magia", ni "misterio", ni "aura popular": sólo desahogaderos de los pobres.

El danzón contrarresta las prisiones de la monotonía. En los veintes y treintas hay tantos salones de baile como microsociedades adjuntas, y allí acuden concubinas, prostitutas y —la siguiente palabra casi no tiene connotación moral— *fabriqueñas* (obreras recién inauguradas como tales). En casas o en locales estas jóvenes beben, consienten trituraciones a modo de caricias, se ríen sin diente de oro y completan sus "escasos haberes" lidiando con borrachos y "hombres malos". A ellas el danzón les resulta algo más que música, es la exigencia del Buen Aspecto y el Mejor Aroma: una vez a la semana al salón de belleza en pos del ondulado Marcel: peinados altos, encumbrados caireles hechos con tenaza; caireles chinos, redondos, "que le dan muy bonita vista a la cara". Perfume Tres Flores, tabaco rubio y negro. En las cantinas, las fabriqueñas toman, bailan y ven en la noche no un tiempo sino un espacio: el ámbito sin *demasiada* explotación, el espejismo de trabajar nomás repegándose, la temible fantasía de contabilizar diez idilios por noche. Al pasarla bien, creen que antes de ellas, nadie de su clase la pasó bien, su cansancio es de otra índole, son las primeras que les expropian a Los de Arriba un pedacito de su diversión.

Le entrega sus recuerdos Jesusa Palancares a Elena Poniatowska (en *Hasta no verte Jesús mío*):

> Seguía yo entonces en el Tercer Callejón de Netzahualcóyotl baile que baile, bebe que bebe. Bailaba yo pero no como ahora que se zarandea todo el cuerpo de un lado para otro. No se usaba brincar ni abrirse de piernas. Antes era baile de a deveras, no que ahora todo les cuelga de tanto que se sacuden. Se bailaba parejito y en un cuadrito; los pisos eran de cuadros y ninguno se había de salir de su cuadro. Yo bailaba danzones quieta, muy quietecita, poniendo atención. Nomás movía el cuadril, no como hoy esas cimbradas que se dan que parece que les dan un toque. Y tangos, valses y las corridas que se bailaban a todo lo largo del salón siguiendo la música. ¡Ahora ya no se usan los buenos bailes! Puras babosadas.

Jueves, sábados y domingos. Apasionados por las variedades de la experiencia dancística, antes sólo asunto de la élite, los jóvenes obreros se inscriben en los campeonatos anuales de tango, paso doble, polka y vals (este último ya casi baile de exhibición), y, si se sienten muy vitaminados, le entran a los bailes de resistencia, a rememorar las fotos de las revistas gringas, a dormirse en el hombro de la compañera, a caer rendidos minutos antes de obtener los inagotables mil pesos. *They Shoot Horses, Don't They*? En el Salón Unión, en el Azteca, en el Alhambra, en el Smyrna, el jazz es frenesí que el danzón contiene y vuelve estatuario. Estos obreros "rescatados del pulque a la cerveza, de la servidumbre al oficio, del huarache al calzado, del calzón blanco porfiriano al universal overol" (Salvador Novo) combinan cada tarde el músculo y la finura. *En esta esquina los Jazzer's Carson Orchestra. En esta otra, la danzonera ¡América! Caballeros cincuenta centavos y damas gratis.* Al bailar, viven, literalmente, toda la juventud a su disposición y agotan *su época* con avidez no intuida siquiera por sus coetáneos de mejores ingresos. (Al terminar esta pieza comenzarán el trabajo mecánico, los hijos, las peleas con la amante, las borracheras sin euforia, las enfermedades.)

"Que se revienta como un tiro, como un clavel"

En 1932 apunta José Gorostiza: "El salón de baile —el México, el Azteca, el Habana—, especie de santuario de la sensualidad sorda del pueblo, adonde acude todos los sábados a *reventarse* un danzón, sí, un danzón que se revienta como un tiro, como un clavel." A estas palabras las podría acompañar la portada excepcional de un disco. Allí el dibujo (de Audiffred) es descriptivo y esencial. Véanlos: la pareja se apresta y se eterniza en sus gestos. El, un *tarzán* o un *pachuco*, según la moda del Arrabal, la cintura breve y el torso anchísimo, la piel morena y los belfos rematados por un bigote exiguo, el cabello envaselinado y el copete alto, el pantalón de embudo al que rigen en su desafío unos tirantes amarillos, el pañuelo rojo en la bolsa trasera, los zapatos tenis, los calcetines que distribuyen en rombos los colores álgidos. Ella: blusa blanca de puntos rojos con exhibición ubérrima de ofrecimientos poscoreográficos, moño rojo, aretes amarillos y el aparatoso carmín en los labios. Ambos en actitud ceremonial.

Gracias al danzón, las parejas teatralizan su impulso sofisticado. El es un dandy, no mira a la pareja sino al público en lontananza, rinde tributo a los silencios musicales, se esfuerza en el giro, deposita la cantidad exacta de energía al ajustar la mano sobre su compañera. Ella muestra sus haberes: el peinado alto y el collar de imitación y el vestido negro y el ajustado pliegue que adelanta los secretos de su dote.

Por dos o tres décadas, un modo de ser —luego calificado de "cultural"— se solidifica en sitios cuyo resumen mitológico es el Salón México, precios al alcance de todos, voluntad de no discriminar, con sus tres salas —de la "mantequilla", de la "manteca" y del "sebo"—, para las respectivas clases sociales, en orden descendente o ascendente, según la ideología del espectador. Leyenda denigratoria de las reservaciones de castas: en la sala del "sebo" hay un letrerito: "Se prohíbe tirar las colillas de cigarro al suelo porque se queman los pies de las señoritas."

Al ampliarse las libertades sexuales, al dancing ya se va a bailar, aunque nunca dejen de zumbar los "canallas rumberos", y a los asistentes los exalte la pretensión (digámosle "sicalíptica") de no acabar solos la velada. Pero hay muchos lugares para el desfogue, y muy pocos para la elegancia, y no tiene caso vestirse y arreglarse el perfil la tarde entera, probar lecciones y pomadas, ensayar trajes y vestidos, sombreros y collares, para terminar en mero objeto sexual. Y si uno baila como artista, da igual que haga el amor como principiante.

En la capital la desinhibición se acrecienta, y del danzón se huye en pos de otros prestigios, por ejemplo las acrobacias de ghetto del bugui-bugui y el swing, con sus saltos casi mortales y su renuncia a los movimientos ceñidos y a la gloria del quiebre de cadera. Pero aunque el mambo modele ideas más estremecedoras, la mirada del hijo pródigo vuelve siempre a los paisajes sedentarios del danzón, y en el "trópico de cemento" del Altiplano se asimilan y retienen ritmos e intérpretes de las Antillas, y los expertos congelan el torso con tal de escenificar la maestría dancística. En el Salón México la gleba se queda muy acompañada. Atraídos por el pregón de las atmósferas divinamente infernales, y por la habilidad dancística de los plebeyos, cada noche acuden los voyeuristas sociales y en la excursión virgiliana de los nueve círculos, elogian lo pintoresco, y vuelven pintoresco lo genuino. Se inicia el turismo interno, y no prescinda por favor amigo extranjero de una desvelada en tan mítico ambiente. Empeñado en la obtención de esencias nacionales y musicales, el compositor norteamericano Aaron Copland asiste con frecuencia, y luego escribe la suite *Salón México*, que celebra el primitivismo cobrizo, el Harlem fuera de Harlem, sin *cake walk* ni Billie Holiday, pero con harto danzón.

Falta la consagración, dudosa o no, del cine, y en 1945 el director Emilio el Indio Fernández, el argumentista Mauricio Magdaleno, el fotógrafo Gabriel Figueroa y los actores Marga López, Miguel Inclán y Rodolfo Acosta filman *Salón México*, el melodrama que adula y distorsiona vidas marginales que la nostalgia volverá memorables, y nos permite vislumbrar a contracorriente el dancing mítico.

"Ya ni quien te mire, mi pachuco"

> *Cha-cha-cha: Bailemos. Hiervan*
> *los ruidos.*
> *Siga el vacilón. Bailemos*
> *diente con diente.*
> *Y el desharrapado enrosca la cola y*
> *su cacerola nueva, y atiza su*
> *lumbre. Bailemos.*
> *Y que todos alcen los necesarios*
> *palillos de dientes.*
> *Buena es la vida con baile, terror y sinfonolas.*
>
> Rubén Bonifaz Nuño, *Los demonios y los días*

En 1975 o 1983: se acabó el Arrabal. Se disipa la inocencia urbana, se evaporan las tradiciones de barrio, la explosión demográfica pulveriza el imperio de los salones, y anula en espejos trozados a los sobrevivientes, mientras también se encarecen las fiestas de vecindad y los cabarets de tercera. Pero en las zonas menesterosas, los rockers se sumergen en los hoyos fonquis como en el vientre materno, y estos dancings ambulantes, los *tíbiris*, se sustentan en cumbias y salsas mientras invaden calles de colonias populares, parques, escuelas, bodegas. Al abrigo de campañas parroquiales, los "sonideros" instalan equipos y bocinas magníficos o regulares, y despachan su selección ante el oído satisfecho de quienes le siguen en otra "cruzada de los niños", de un local ruinoso a un callejón, de una bodega a un atrio.

Con o sin "cuerpo idóneo", estos chavos y chavas adoran el exhibicionismo de salón y, al amparo de la oscuridad o de la benevolencia recíproca, posponen colectivamente su falta de porvenir. Explica un rocker su presencia en un hoyo fonqui: "Nel, pues ahorita así de chico cotorrearla acá chido, de grandes llegar a una posición, tener plata, monedas, ahora hay que cotorrearla acá, a la onda.'' Es decir, pásala bien mientras te llega la frustración, dinamiza tu cuerpo, muévete en espera de la posición y la plata que jamás obtendrás.

La pareja en el tíbiri fragmenta su destreza en piruetas y manoteos estudiadísimos. Como sus padres, identifican el baile con la teatralidad, hoy dilapidarán en unas horas lo que costó meses de preparación, repite el disco, afina los giros, y como no hay maestros, que se encargue de las rutinas el inconsciente colectivo. El ''estilacho'' se aprende observando a los expertos en el cine, en la tele, en las academias, en la imaginación. Y al esfuerzo ya no lo singulariza el calificativo *popular*, no hay —desde hace mucho— bailes aristocráticos a los que oponerse.

En esta colonia, el tiempo libre es actividad hurtada al trabajo y a la sujeción a los medios masivos. Y en el departamentito, la pareja se coordina una vez más. Observen la exactitud, el desprecio por cualquier gesto improvisado, si quisieran desenfrenarse se meterían a un ring, ellos aman la técnica y por eso, sin equivocarse, dan 28 vueltas seguidas o 66 vueltas seguidas o 136 vueltas seguidas.

Una pausa para el debate. El artista del danzón le exige a su pareja el acatamiento de una técnica estipulada nada menos que en Veracruz, en el barrio de La Huaca. ¡Pero eso fue hace mucho, y además, allá les sobra tiempo! ¿Qué más hacen? Aquí no podemos ensayar para siempre. Yo me muevo como se me ocurre, soy secretaria, no coreógrafa, y a la fregada quienes nos ven, quienes no nos ven, y quienes se hacen disimulados.

(1978)

acá, a la onda. Es decir, pásala bien mientras te llega la frustración, dinamiza tu cuerpo, muévete en espera de la posesión y la
plaza que jamás obtendrás.

La pareja en el djibil fragmenta su destreza en piruetas y manoteos estudiadísimos. Como sus padres, adultifican el baile con
la teatralidad, hoy dilapidarán en unas horas lo que costó meses
de preparación; repite el disco, afina los giros. Y como no hay
maestros, que se encargue de las rutinas el infonógrafo colectivo. El "cuitlacho", se aprende observando a los expertos en el ba-
ne, en la tele, en las academias, en la imaginación. Y si el esfuerzo
ya no le singulariza el calificativo popular, no hay —desde hace
mucho— bailes aristocráticos a los que oponerse.

En esta colonia, el tiempo libre es actividad honrada al trabajo y
a la sujeción a los medios masivos. Y en el depuramiento, la pareja se coordina una vez más. Observen la exactitud, el desprecio
por cualquier gesto improvisado, el quisieran desenfrenarse se
meterían a un ring, ellos aman la técnica y por eso, su equivocarse, dan 28 vueltas seguidas o 66 vueltas seguidas o 130 vueltas
seguidas.

Una pausa para el debate. El artista del danzón le exige a su
pareja el acatamiento de una técnica escrupulada nada menos que
en Veracruz, en el barrio de La Huaca. ¡Pero eso fue hace
mucho, y además, allá les sobra tiempo! ¡Qué más hacer! Aquí
no podemos ensayar para siempre. Yo me muevo como se me
ocurre, soy secretaria, no tortógrafa, y a la llegada quienes nos
ven, quienes no nos ven, y quienes se hacen disimulados.

(1978)

Mexicanerías:
La flor más bella del ejido

"Aunque nací en Xochimilco,
mi corazoncito también sabe amar"

¡CÓMO ANDAREMOS QUE lo que más orgullo causa es la posesión del orgullo! Sobre el templete en el zócalo atestado de Xochimilco, una pequeña multitud de cantantes, músicos, guardianes del orden, funcionarios y familiares observa a las decenas de concursantes prestas a hipnotizarse ante el micrófono, a pormenorizar sus vanidades localistas y turísticas. Prosigue el concurso "La flor más bella del ejido", que se inició en 1955, en plena euforia del país distinto, porción modesta y eficaz de la estrategia que nos modernizó saturándonos de nuevas tradiciones de apariencia ancestral.

Casi imaginamos la escena de hace 29 años. Un despacho del Departamento Central, un funcionario, abogado recibido, que no sin resentirse ante la corbata fulgurante y pluricroma de su interlocutor, discute con un publicista, abogado que se frustró, atisba sin comprender una sucesión de gráficas, y entiende a las primeras el razonamiento central, ya es hora de la fiestecita en la capillita de las jovencitas cobrizas, esas que, por pudor o autocrítica, nunca querrán ser Reinas de la Primavera o Reinas del Baile Blanco o Negro o Reinas del Country Club o. . . "De acuerdo, amigo, pero el concurso deberá ser digno y decente." Y el publicista resplandece: "¡Formidable! Sólo usted puede ser tan preciso, señor licenciado, y no estoy halagándolo. Exactamente. Nos urge levantarle el ánimo a las jóvenes que no frecuentan los buenos círculos, y necesitamos un concurso a la altura de nuestras costumbres, sin trajes de baño, ni desfiles que ofendan la moral de los padres de familia. Tendrá un nombre llamativo, desde luego. ¿Cómo ve *La rosa de la chinampa*? ¿O *Margaritas de los surcos*? No, ya sé. ¡Se llamará *La flor más bella*

59

del ejido! Es bonito, tiene un aire campirano, claro que sí, evoca pueblo, tierra sembrada, los escenarios de Dolores del Río en *María Candelaria*, por supuesto, qué buena memoria tiene usted, licenciado. Así será, con hijas de ejidatarios, y mariachis y paseos en trajineras y harta foto y un baile. Exactamente, como *Reina por un día*. De la choza al palacio. Del piso de lodo al mármol. Eso las hará sentirse distintas y luego se esforzarán por mejorar la imagen. Ya verá. Mejorarán todos.''

Por lo menos, el título fue un acierto, como lo prueban las incontables frases irónicas y las parodias y su inclusión perpetua en los apodos luminosos de la madrugada. *La flor más bella del ejido*, la elocuencia prensil de la frase todavía suscita curiosidad, aunque aclara la periodista Victoria Gallardo (*El Universal*, 7 de abril):

> no se trata de un concurso de belleza común y corriente, es más, la belleza nada tiene que ver en esto, debido a que los requisitos son ser hijas de ejidatarios o comuneros (sólo en diez delegaciones en el D.F. se poseen aún ejidos), rasgos étnicos de la raza mexicana (morenas, tipo aztecas) y portar el traje típico de su región.

¿Cuál es el *tipo azteca*? ¿Qué son los *trajes típicos*? Antes de interrogantes tan drásticos, recuérdense a los antecesores del genial publicista, por ejemplo aquel osado innovador que urdió a principios de los veintes el concurso de la India Bonita. (¿Cómo, se habrán preguntado entonces, una ''india bonita''? Dentro de poco hablarán de una ''divorciada decente''.) El éxito del certamen provocó, entre otras respuestas, una crónica en *El Universal* en 1923, donde el poeta Rafael López descubre que ''el cabello negro, la piel broncínea y el ojo del color de la mora continúan con sus prestigios vernáculos floreciendo como violetas silvestres en los maceteros de la patria''. Y previene:

> Podría ser que los jurados de este certamen fuesen hispanistas que acudiesen a la cuadrícula originaria del Cáucaso para medir la belleza indígena; al glorioso cartabón en que culmina la flor de Venus manca, con su carne de mármol, su frente combada y la amplitud majestuosa de su perfecto ángulo facial. Frente a tal modelo es de temerse que dejase algo que desear la belleza indígena, algunas de cuyas variedades en las ramas tarasca, zapoteca y mixteca presentan la frente deprimida, el pómulo saliente, los ojos sesgos y un logrado ensayo de pragmatismo, que a prime-

ra vista parece reñido con la compañía de los ósculos finos y ligeros. Decimos que a primera vista porque los veteranos en estos dulces contactos sustentan una opinión contraria. Allá ellos.

Según don Rafael, todavía en los restos de la raza azteca, quedaban "bocados apetitosos" que premiarían las hazañas de conquistadores retrasados. Y vislumbra el azoro del platillo ganador mientras amarra bien en su huipil el premio de tres mil pesos:

> Qué desconcierto el de María Bibiana, viéndose poseedora de obsequios sorprendentes entre el soplo de gloria que hoy le perfuma las sienes. La gloria es ciega, como la fortuna, y por eso mismo, no ha tenido reparo en agasajar a María Bibiana con las cosas más exquisitas. Le ha brindado un reloj de pulsera para que cuente los minutos de sus horas gratas, a ella, habituada a ver sus penas, su felicidad en el brillo de las Siete Cabrillas; le ofrece papel timbrado con su monograma, a ella que como el viejo Cadmo, ignora seguramente la invención de las vocales, y por último, el secretario de Relaciones da una fiesta en su honor, encogiéndose risueñamente de hombros ante el asustado asombro del protocolo.

El cine nacional aprovecha el viaje y Antonio Helú dirige en 1938 *La india bonita*, viaje de hora y media de digresiones en torno a un título, con una trama ferozmente insignificante, chistes y situaciones racistas y plétora de números musicales. A una raza se le salvaba del oprobio demostrándole su capacidad de producir excepciones: águilas que caen, indias bonitas.

"Soy virgencita, riego las flores/ Y con las flores, mi Identidad"

Algo hemos avanzado en estos años. Por lo menos, ya no se puede fingir ingenuidad ante los términos *clasismo, racismo* y *sexismo* y, en consecuencia, en el certamen de 1984 de "La flor más bella del ejido", el tema obsesivo es la Identidad y cada presentación es una ficha del diccionario turístico (con acotaciones toponímicas). "Soy originaria del pueblo de San Gregorio Tlapulco que significa Donde revolotea el agua. Su economía se basa en. . ." Y el locutor anota: "María quisiera ser ingeniera agrícola. . . Lilia es muy romántica, le gusta la música folclórica y quisiera ser modelo. . . Norma Leticia le gustaría ser periodista. . . Yolanda quisiera ser licenciada en derecho. Le gusta mucho bailar. . . A Ernestina le gusta la música instrumental y romántica, quisiera tocar el piano y ser licenciada en relaciones internacionales.'' ¿Qué se fizo el síndrome María Candelaria, qué se fizieron las memorizaciones de "mi cantón, magrecita del alma''? Estas doncellas ya no se interesan en verse sacrificadas en lo alto de la pirámide y prefieren metas francamente contemporáneas. . . Y sin embargo, y pese a la traición a los moldes de las inolvidables Xóchitl y Eréndira, y a la renuncia a la mirada baja, el andar a saltitos y el habla fracturada ("Como asté mande, patroncito"), estas jóvenes recurren al transformismo y se atavían de indígenas "clásicas'', tal y como las diseñaron los blancos y lampiños modistas y maquillistas de los estudios Churubusco o del ballet folklórico; tal y como las perpetúa la cámara de Gabriel Figueroa.

La exhumación de la moda es el espejo de la reconciliación con el pasado. En el escenario, abundan los quechquemetls y los huipiles y las blusas bordadas a mano con motivos patrióticos y los rebozos de (discreta) fantasía y la faldas largas de enredos muy anchos y las faldas de pretina y las fajas de color solferino. Para no defraudar a la memoria, portan trenzas con moños rojos y flores en el pelo y cántaros de flores, y una instaló un niño en el rebozo ratificando su condición autóctona, y otra es tan perfecta en su atavío que algo evoca, digamos la sala de honor en un museo, y con tal de borrar la amnesia ella misma aclara: "Esta blusa tiene un bordado a mano indígena. Este collar también representa algo. Soy digna de vestir esta vestimenta que nuestro gran artista Diego Rivera pintaba. . . Yo los invito a conservar y difundir lo que nos dejaron las tribus nahuatlacas.''

La sospecha arrastra su búsqueda de porcentajes: ¿cuánto hay aquí de gusto por la irrealidad y cuánto de operación ideológica? ¿Sustituye el chovinismo al malinchismo, y *lo idiosincrático* resultará una variante del plástico? Evoco ahora una cena en Palacio Nacional, en el sexenio de Luis Echeverría. Queriéndolo o no, las esposas de funcionarios grandes y medianos se ataviaron de istmeñas, yalaltecas, mazatecas, lacandonas, mixtecas, mazahuas, y obligaron a sus modistos a inventar al vapor modelitos prehispánicos que hiciesen juego con las joyas antiguas, y las mostrasen genuinas y *flashy*, ancestrales y al día. El resultado, no obstante el desvelo de cortadores y costureras, y los ensayos múltiples, fue lamentable, y el desánimo de estas mujeres sometidas al travesti de clase y enfadadas ante el peso de lo "precortesiano" era el juicio de la modernidad sobre el Traje Típico.

Pero eso fue antes de que las excavaciones del Templo Mayor pusiesen de moda a lo indígena, antes de que en templos de la conducta nueva como Aspen los shows del traje típico mexicano (cada modelo con su correspondiente "máscara de Posada") ratificasen la fascinación por "lo primitivo". Como sea, las 83 finalistas de "La flor más bella del ejido" defienden la elegancia recién descubierta del *vestido original* ante el indiferenciado, transnacional, inequívoco reino del *pret-a-porter*. Y por eso da igual saber cómo visten estas concursantes habitualmente, si ostentan "la vestimenta que es nuestro emblema" o si prefieren los estilos en serie que pregonan la pertenencia a la nación del consumo.

"Vea asté nomás la mañana, qué bonita"

—Buenas tardes querido público y estimados jueces. Xochimilco los invita a que conozcan las delegaciones. . . Xochimilco cuenta con un polo cultural. En su territorio se encuentra una serie de hermosísimos conventos. . . Xochimilco se fundó en 1184 por una de las siete tribus nahuatlacas. Es conocida a nivel mundial por sus famosos paseos y trajineras. . . Por eso la mezcla étnica es muy baja en esta región y la gente ha conservado su raza pura.

—Tláhuac significa "El señor que cuida el agua". Tláhuac los espera con los brazos abiertos en su feria regional.

—En 1884 nació en Xochimilco el poeta Fernando Celada, autor de "La caída de las hojas". . . En 1778 dio comienzo la Festividad de la Flor en la Venecia mexicana.

—Atlapulco significa "tierra sumergida en el agua". Atlapulco los invita a su feria anual.

De la propaganda de lugares a la publicidad del pasado.

—¿Por qué se hace la fiesta y para qué? En 1914 se llevaba a cabo esta ceremonia, pero no así, porque los aztecas honraban de otro modo a su diosa Xochiquetzali. En realidad, cada que se festeja a una muchacha con flores, reencarna la diosa a la que veneramos, la que le concede a nuestro pueblo la abundancia vegetal.

Hay quien se escuda tras la declamación:

Hoy mi tierra está de fiesta
y sé viste de colores,
porque aquí se elegirá
a la reina de las flores.

Sorpresivamente, en vez de enumerar glorias y paisajes de su región, una joven anuncia:

—Voy a cantar la primera estrofa del Himno Nacional en náhuatl. Espero que me acompañen.

¿Qué sucede? ¿Resucita la cultura prehispánica, Aztlán encabeza el nuevo ranking? Digamos, para no errarle, que presenciamos un excedente del nacionalismo cultural, a quien la continua (y justa) reconsideración del pasado indígena le facilita un espacio reminiscente. Así es esto de las acciones y reacciones con signo igual y contrario. La recuperación indigenista se justifica cálidamente luego de un sexenio de aspiraciones criollas, de lucha a tres caídas entre la mantilla y el rebozo, de las versiones de la "plena hispanidad" de José López Portillo, como aquel retrato inolvidable de Rafael Freyre, a imagen y semejanza de don Francisco de Goya y Lucientes "con la paleta, el pincel, los colores de un presente creador y un futuro próvido en la manos del presidente". ¿Quién no recobró el aprecio por caballeros tigres y caballeros leones ante el espectáculo de *la criollidad* profesional, el súbito talante ibérico de los gobernantes, las visitas guiadas al pueblito navarro de Caparroso, "solar nativo" de López Portillo, quien recibió el bastón y el pliego de alcalde mayor honorario, por haber salido de allí, hace apenas 400 años, el antepasado del que dimanaría tanta pureza castiza? ("Vea usted —le confió don José al reportero Tico Medina de *¡Hola!*— que aquella piedra que me trajo de Caparroso sigue en el lugar en que la dejamos (*en la chimenea, junto al retrato de cadete de su padre*), muy cerca de mí, junto a mis cosas más queridas.") De espaldas al habla ceceante en la Nueva España, a las manías heráldicas, y las tablas gimnásticas de la hidalguía, una joven canta el Himno Nacional en náhuatl.

Chocolate por la noticia: ni la burguesía es Caparroso (más bien, los alrededores de Disneyworld), ni esta multitud en Xochimilco es Aztlán, ni el orgullo indígena pasa a través de los concursos. Toda mitomanía perecerá. Exhausta ya la ambición de reconquistar con árboles genealógicos la tierra de indios, vemos dirigirse hacia su extinción una prédica nacionalista (oficial) aferrada al canto de la patria abstracta y de las etnias legendarias, desprendida de la industrialización —consciente o no— de la herencia prehispánica. Conmueve pero no persuade la joven iracunda: "Mi atuendo es una manifestación de nuestra cultura que al llegar el hombre blanco pisoteó y humilló. . . pero hoy nuestra cultura es libre en Xochimilco." Desde el punto de vista de la veracidad política, esta descarga racial equivale a la declaración ritual: "Como mujer espero representar dignamente a México."

Quién me lo iba a decir: tras el cuadro costumbrista, se agazapa la batalla de las sustituciones. A los mestizos que se juzgan criollos, los emplazan a juicio los mestizos que se declaran anteriores a la Conquista. Y en uno y otro caso, nadie es turista en su tierra.

Desfilan las quince finalistas. No obstante exaltaciones y reivindicaciones, éste es un concurso de belleza, con su repertorio inamovible: sonrisas de éxtasis, gestos sensuales ensayados hasta la languidez, modestia que se encumbra sobre el narcisismo, pasos como flotando (como en la cúspide de un plácido delirio donde el cacique elige a la doncella para llevársela a Hollywood), satisfacción de representar a Tulyehualco o Tlalpan con su tradicional hospitalidad, palabras donde a la emoción sólo la controla la memorización:

> Este certamen es un gran certamen de la mujer del Distrito Federal, ya que no sólo se toma en cuenta la belleza física, sino también la moral y la intelectual [. . .] Este es un gran evento de la belleza y la inteligencia de la mujer indígena [. . .] Le doy las gracias a México por toda la belleza espiritual que me dio.

Tláloc sueña temporales, pero Huitzilopochtli ya dirige una agencia de publicidad y Xochipilli instaló una cadena de florerías. Por sobre las contingencias, la modernidad de la mujer mexicana aún requiere de certámenes de belleza y simpatía. El culto de la realeza corrige nuestras exageraciones populistas. Hoy los concursos lo abarcan todo: gremios, profesiones, instituciones, y no extraño la noticia de *El Universal* (9 de marzo de 1984): en el Centro Femenil de Rehabilitación Social se efectuó el concurso "Señorita Primavera 1984", con cetro y corona. ¿Por qué no? También hay pasarela para quienes delinquen y los certámenes de gracia y hermosura son estrategia infalible del sexismo, no por lo que se afirma comúnmente (la conversión de la mujer en objeto sexual), porque esta tradición no necesita apoyos, sino por reanimar, con pretextos sensuales y en el ámbito de la modernidad, un código de valores hogareños. Simpatía, gratitud, referencias litúrgicas a lo intelectual, confianza en obtener belleza espiritual con el manejo adecuado de la cocina, pequeños dones que maquillan el deseo de no ser jamás afirmativa, esbeltez en el momento de equivocarse y esfuerzo ostensible. ¿Qué más requiere una moderna ama de casa? Aquí como antes, pasarla bien es asunto de la fuerza del cariño.

Desde el borde del escenario, las cinco finalistas envían señales de amor y, lo principal, de sinceridad. En el fondo, no aspiran a ser La flor más bella, sino la Reina del Ejido. Miss Flor-más-bella. Era nuestra herencia una red de cetros y coronas. Esa es la cultura prevaleciente y a ella se refieren al proclamar: "Muy satisfecha de portar este traje regional y ¡arriba Xochimilco!", y al ratificar: "Yo quiero en el exterior poder decir con mucho orgullo: soy mexicana y mi pueblo me apoya." Las madres de las cinco palidecen levemente, las semifinalistas se consuelan haciendo apuestas sobre el nombre de la vencedora, el jurado delibera.

La favorecida con el veredicto agradece, vibra con poco hierático alborozo, se deja ceñir la banda, sacrifica su modestia en aras del canibalismo fotográfico, simboliza con risas y lágrimas los recursos humanos de su pueblo. Mientras, es de suponerse, las derrotadas disfrutan el supremo consuelo: el acto no fue transmitido en cadena nacional.

(1984)

Crónica de sociales:
—¿Qué tanto sabes de lo que pasa en Albania?
—A ver, déjame pendeja

LA NOSTALGIA, sólo a quien la merece. No se le considera ya un amasijo de los desvanes de la memoria (donde desde Freud todo es tan fácil de hallar), sino el recinto histórico cuya clave hemos perdido. En rigor, la nostalgia es el homenaje que la vaguedad le tributa al pasado, a las anécdotas y a los gustos de los que casi siempre preferiríamos olvidarnos, los que desechamos al excavar en el guardarropa, al reencontrar las fotos que se contemplan rapidito, por miedo a reconocerse en tanta cursilería, en tanta inocencia desamueblada, no lo puedes creer pero esa sílfide arrobada (que de seguro oye *El Danubio azul*) y alzada en gasas, sitiada por sonrisas de orgullo, desdoblada en poses de terciopelo. . . soy yo; ese marinerito que sonríe enseñando los músculos. . . soy yo.

—¿Y te gustaba vestirte así?
—No me quedaba otro remedio.
—¿En serio, papá?
—Que se muera tu madre si miento.
—Oye viejo, ¿y yo qué te hice? Si yo ni me separo de la cocina. Ay hijo, si tiene razón Lacan, el inconsciente es un lenguaje. Mira nomás a tu papá.

La mayoría, de seguro, le teme a la nostalgia, pero hay quienes la aman, pese a sus campos sembrados de minas y sus baños de ácido. La aman desde las mecedoras, en espera del infortunado nieto que se deje apresar por el río de evocaciones detalladas; la aman desde la penumbra de cine-clubes o video-cassetteras, en cercanía adoratriz de los *close-ups* de Garbo o los diálogos exterminadores de Bette Davis; la aman desde las exhumaciones de la moda, ese genuino "espectro de la rosa". Una prueba al calce: la fiesta muy *forties*, muy cuarentas, muy swing y pachuquera, que cumplimenta los 40 años 40 de Manolo, uno de los Retratados Permanentes en las páginas de sociales, gobiernos van y gobiernos vienen, pero cuarenta o cincuenta socialités continúan viendo reproducida su vera efigie dos o tres veces a la semana, en grupo, en pareja, solos, con disfraces, de etiqueta (el disfraz desplazado). ¿Por qué aparecen siempre? Porque son luminarias. ¿Por qué son luminarias? Porque ningún país, y en especial ninguna página de sociales vive a oscuras.

Memorias del naufragio

—¡Qué padre! Esta vez sí vinieron casi todos en fachas. Nomás ve la cantidad de sacos robados de la casa de Resortes o del guardarropa de Pedro Armendáriz en *Distinto amanecer*. Llevo contados ocho vestidos a la Gloria Marín, seis a la Andrea Palma, dos a la Meche Barba, diecisiete a la Cindy Lauper. Y los maquillajes están maravillosos, como de señora de sociedad que por hablar de los ejercicios de Jane Fonda se descuidó y se siguió pintando. A esto lo llamo yo un *revival*.

—No, si los cuarentas tuvieron su chiste. Como estrenaban sociedad, todos se la creían sin condiciones. Por eso los símbolos de la década son don Miguel Alemán Valdés y don Germán Valdés Tin Tan.

—Lo que sea de cada quien, el país ha cambiado. Ya está cabrón que alguien haga un desfiguro. Fíjate en estas fachas y dime si ves un solo desfiguro.

—Los cuarentas tuvieron su chiste. Yo la defino como la ''época en que todos se vestían pensando en la sonrisa benévola de sus descendientes''.

—Tú siempre tan ingenioso. Por eso llevas diez años de subjefe de redacción de la revista de la mujer joven.

¡Pero qué cantidad de personas en el estacionamiento habilitado de cabaret! Son tantas que fomentan el sentido del humor y, acto seguido, las telenovelas del fin del mundo. Desecho la siembra de explosiones nucleares y elijo —flor de las metáforas de multitudes en trance de extinción— al trasatlántico Titanic en 1912, una hora antes de hundirse, en la animada fiesta, con los pasajeros festejando hasta la inconciencia lo único festejable: la alegría de vivir sustentada en cuentas bancarias. ¡Cómo bailan,

abotagados, semivestidos, entre risas y transpiraciones demo-
níacas! Insísteles, Angel de las Profecías, prevénles sobre la paga
del pecado, por lo menos que no lleguen al Más Allá bailoteando
el *cake-walk* y el *shimmy*. . . Fuera, no tan a lo lejos, acecha
amenazante y homicida la punta del iceberg. El Titanic se acerca
a su fatal destino, y en el salón se intensifica la danza de las máscaras rojas, las mujeres se aferran sensualmente a sus zafiros,
perlas y diamantes, los hombres se cercioran cachondamente de
la inmediatez de sus carteras, las parejas se besan como si el acto
heterosexual en público fuese el único mandato bíblico y. . .
   ¡SPLASH! ¡WHAMM! ¡CRASH! (Desde que el cómic afinó sus
onomatopeyas, se debilitó la técnica descriptiva de las catástrofes.) Y a las balsas los pasajeros de primera clase, a desplegar
sobre las olas sus dones coreográficos en furioso rito de agradecimiento, a besar con deleite anillos y collares mientras el trasatlántico se hunde morosamente y —como en el dibujo de Chas
Addams donde el triste y abandonado unicornio ve alejarse el arca de Noé— una pequeña multitud se hacina sobre la borda, y
meseros, recamareras, músicos, tripulantes, grumetes, fogoneros
y el capitán entonan con ojos arrasados ''Cerca mi Dios de ti'' y,
ante el espectáculo de los privilegiados que se alejan, resplandecen por el deber cumplido. . . Sí, no de otro modo debió ser lo del
Titanic. De lo contrario tendría razón el chisme democratizante:
una tragedia genuina afecta a todas las clases por igual.

Una familia bonita

Al estacionamiento lo volvieron cabaret mediante procedimientos rápidos. Una tarima para la pista de baile y el nicho de la orquesta, mesitas a los lados, meseros uniformados para una repo-
sición en provincia de *Hello Dolly* y ese gran reflector a la entrada
que es por lo común un vaticinio fallido: ''Y acontecerá que
en aquellos días tendrá lugar una fiesta inolvidable.'' El equipo
de sonido mana melodías de época, canciones de Cole Porter o
de Irving Berlin, Lara por supuesto, Glenn Miller a granel, con-
dimentaciones de Tommy Dorsey y las Andrew Sisters, ya gana-
mos la guerra, Hitler se suicidó, John Wayne regresó a nado y
con una ametralladora entre los dientes de las islas del Pacífico,
solo frente al piano al músico cubano Dámaso Pérez Prado algo
se le ocurre. . . uno, dos, tres, cuatro, cinco, seis, siete. . .

Los atavíos son verosímiles. Lo inverosímil o casi, es la armonía de los estilos opuestos. El pachuco y el punk ejecutan un tango de miradas de mutuo aprecio. El cinturita se olvida de las golpizas a su querida viendo lo que el economista le hace a la patria. Ninón Sevilla desde *Revancha* aprueba las libertades de Madonna en *Desperately Seeking Susan*. El Suavecito bendice al Galanazo. Lo *qué suave* y lo *muy chicho* aplauden a *lo chido* y *lo gruexxo*. ¡Qué acierto una fiesta estilo cuarentas! Como ya todos creemos en las décadas, al pasado no le queda más remedio que dividirse de diez en diez. Por encima del encanto conformista de los cincuentas, de las trepidaciones contestatarias de los sesentas, del derroche y las nuevas militancias de los setentas, lo que le conviene a esta década de la crisis y el desencanto, es reconocerse en su reflejo invertido, en la década del optimismo y la bonanza.

Lo que sea de cada quien, es ya formidable el poder de convocatoria que tiene cualquiera que dé una fiesta. No faltó uno de los indispensables, no los Grandes Apellidos que todavía se reproducen, ni la élite empresarial que aún confía en la benevolencia de la vida nocturna, sino lo que podríamos llamar la Foto Panorámica del Reventón, la tribu ubicua, los neogalanes y las actrices (pero de telenovela), los peinadores del momento, los pintores con más éxito en las márgenes del Reconocimiento, las modelos de paso por la capital luego de una permanencia de dieciocho o veinte años en Tampico o Piedras Negras, los hombres de la televisión, el equipo de *Video Cosmos* que filma este moderado ejemplo de la desesperación contemporánea. . . En síntesis, vinieron todos los decididos a no fallarle a reunión alguna, con tal de consagrar su ilusión de pertenecer, de conseguirse auras codiciables, de levantarse al mediodía y vitalizarse ante la llegada de la oscuridad. ¡La Foto Panorámica del Reventón!: son unos cuantos y son un demonial, los mismos en todas partes, los últimos feligreses de una Sociedad dividida en fiascos y tumultos, en cocteles y ligues, en sitios exclusivos y conversaciones laberínticas cuyo triunfal Minotauro es el tedio.

Canapés para el oído

—¡Pobre Jaimito! De seguro se está imaginando su próximo video-clip. A mí no me gusta hablar mal de nadie, pero el primero le salió fatal. Parecía filmado en Honduras. El quería algo como de Billy Joel o de Rick Springfield, ¡y lo que fue! Te juro que era tan moderno que no se veía nada. Puros fogonazos y sobresaltos de la cámara y coreografías en penumbras y *zooms* a lo loco y carreritas de un extremo a otro. Hasta creí que se me había descompuesto la tele.

—Amalia está furiosa. Imagínatela. Ella siempre tan acostumbrada a que la dominen los hombres y su nuevo galán la obedece en todo.

—Yo no soportaría un galán que no reconociese mi condición de objeto sexual.

—El tipo ese hace méritos para que Amalia lo incluya en su próxima telenovela. Ya ves que desde que las telenovelas agarraron tanta fuerza nadie quiere ser Presidente de la República.

—Y menos desde que la economía popularizó todavía más la pobreza.

—¡Qué bonito bisoñé el de Mike! Por fin compró uno que parece artificial.

—El cuero que dice Pepe que importó de Australia, tiene un aire sospechosamente naco. Se me hace que si le pregunto por sus papacitos en Sahuayo se pone a llorar.

—¿Qué tanto sabes de lo que pasa en Albania?

—A ver, déjame pendeja.

—Pues ocurre que mientras sólo dos jefes de seguridad de la URSS han sido purgados y ejecutados desde la Revolución de Octubre, en Albania los siete ministros del Interior han sido purgados y cuatro de ellos ejecutados o inducidos al suicidio. A este récord, agrégale otros dos de Albania: es el primer estado ateo en la historia del mundo y el país donde el marxismo-leninismo es cien por ciento puro.

—Es la primera conversación tuya que me erotiza.

La orquesta fabrica la añoranza y los concurrentes actúan al gusto por tiempos idos, digamos el gusto por la semana pasada cuando todavía se podía ser feliz pese al deslizamiento del peso. Los cronistas de sociales anotan mentalmente los nombres de los ausentes (es más fácil). Con tal de hacer tiempo uno se pregunta: ¿son las fiestas un *accidente* o una *substancia*? La música administra recuerdos del porvenir, y en el salón, guarecidos de la lluvia y potenciando el color local, dos carros de hot dogs hacen las veces de cocina instantánea y gratuita. Ya casi han llegado todos los que son porque alguien tiene que representar la frivolidad. No hay paroxismo y no deja de haberlo, una *party* que vale

71

la pena es posposición de deseos morbosos. Los cuarentas: la década maravillosa para quienes no la vivieron en Europa, para quienes no la vivieron en el infierno de Guadalcanal y, sobre todo, para quienes no la vivieron.

Simulacro y utopía

¡Ah, los *forties*, con sus primorosos tailleurs, sus *crep* color verdinegro, sus stars con guantes de antílope, sus ambientes elegantes y refinados, sus cigarros que satisfacen desde la primera fumada, sus premieres de la temporada de ópera, sus cabarets tiernamente desvelados, sus *soirées* y sus aromas daphne y carnation y gardenia y rose-geranium! En los *forties* volvió el relajo sin sentimientos de culpa ni miradas de reojo al proletariado y, por ejemplo, en el Distrito Federal en 1943, sucedió que

> para celebrar un regalo de Reyes, regalo que es un primoroso chihuahueño 'bautizado' el domingo anterior con el nombre de Chip, Lily, la joven 'mamá', ofreció un baile en su residencia, para el que suplicó a sus amigas asistir con mantones y faja, y con camisola a sus amigos. La fiesta tuvo así un simpático tono sevillano, que dio marco, además, a varios fandanguillos y bulerías que bailó la señorita Lily. (Revista *Social*, marzo de 1943.)

Así era porque así debe ser, y una fiesta que se respeta, entonces y ahora será colmena, entrecruzamiento de zumbidos, el diálogo de dos contestadores automáticos de teléfono, la ambición inefable de no durar más de cuarenta y cinco minutos con la misma pareja, las miradas turbias que no se recatan, las actitudes de fotos de estudio a modo de saludos espontáneos. La orquesta desentierra la rumba, el trópico lascivo jamás será furtivo. . . y una vedette en desenfrenado homenaje a María Antonieta Pons en *Caña brava*, se lanza a la pista y provoca celos y turbiedades en algunas sombras del celuloide. . . sigue, gózala, muévete mulata, dile a tu cadera que se compre un nicho, que se enfríe, que nos dé la calma y la paz, que se compadezca de nuestra dilatada pubertad. Orale, sacúdete, quiero, merezco, pelotero la bola, en el apagón qué cosas suceden, qué cosas suceden con la estampida de solicitaciones oníricas, la rumbera en el centro de la pista es un número de film retro y un griterío de placer arrejuntado. Nadie supone que así fueron los cuarentas; todos están se-

72

guros de que los ochentas no es una época sino una deuda trágica.

—No se te ocurra quedarte dormido.

—No se te ocurra despertarme.

—¿Para eso vienes?

—¿Para eso me trajiste?

El del árbol genealógico a cuestas ya está muy borracho. Si tan siquiera no supiera con tanto detalle quien fue su tatarabuelo. La Foto Panorámica del Reventón no se modifica un milímetro. La actriz (pero de telenovela) suspira. Mañana, si tuviese trabajo, se levantaría tempranísimo. Y desmañanarse es como andar desnuda en una procesión. O peor aún, como entrevistarse con diez productores de cine seguidos, sin recibir de ninguno de ellos una proposición horizontal.

(1984)

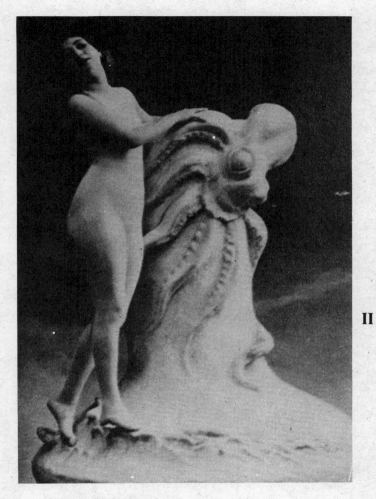

II

La vi tendida de espaldas
entre púrpura revuelta...

Salvador Díaz Mirón

Instituciones: Cantinflas . ✔
Ahí estuvo el detalle

DÉCADA DE LOS treinta en la capital de la República mexicana. Hay carpas —sitios que mezclan el circo con el teatro frívolo— casi en cada barrio, instalados en cualquier lote baldío, en La Merced, Santa Julia, Tepito, Balbuena, la colonia de los Doctores. En un jacalón de madera, la carpa La Valentina, en Tacuba, Mario Moreno, un joven del "barrio" y de la "palomilla brava" desea probar suerte, hacer reír a sus amigos, sacarle provecho a esa gracia tan festejada en reuniones callejeras y billares. No es mal sitio para empezar: los cuates entran gratis, se ganan dos o tres pesos diarios, caben trescientas o cuatrocientas almas en sillas desmontables, el aspecto de la concurrencia armoniza con el precio de la entrada, y lo que se ve tiene un aire hogareño: vecinas fachosas, bancas despintadas, telones raídos que insisten en amoríos de los volcanes, y en el repertorio de las veladas familiares: cantantes, magos, bailarinas y payasos que no se deciden a ser cómicos o cómicos que se atienen a lo aprendido siendo payasos.

La carpa hereda y traiciona al circo, con el apoyo del talento real y el talento que aporta la buena voluntad de los espectadores. Allí la sensación de bienestar se inicia —humor y sustitución— con el desfile de "fenómenos": lo observado en la calle con indiferencia, si se anuncia de modo conveniente, provoca azoro en la carpa. Se imponen las novedades-que-nunca-lo-son: la soprano vestida de china poblana reemplaza casi literalmente a los trapecistas, las bailarinas de tap se habilitan como tales gracias a las corcholatas en las suelas, se excluye a los animales (excepción hecha de los que sepan tocar guitarra), y se incluye a Rabanito y Alfalfa, enharinados y felices ante la ausencia de niños que obliguen al "humor infantil".

No hay enanos. Los últimos se fueron cansados de los malos

tratos, y la Mujer Barbuda es una más del coro de viejas que se frotan las partes pudendas, aman al pulque por cariñoso e impulsan con su feliz grotecidad el ánimo superior que, hasta ese instante, los asistentes no habían descubierto en sí mismos. Hay —a la medida— drama, comedia y zarzuela, el ingenio se funda en la amnesia ante los chistes oídos toda la vida, y el sentimentalismo es una cantante que no retiene bien las letras de las canciones que, en venganza, nunca la vuelven famosa.

Prólogo tardío: Las glorias del Arrabal

En los años veinte, en la capital que se va deshaciendo del terror a las turbas revolucionarias, se afianza un *mito de la consolación* (el recurso inevitable en los ghettos): el Arrabal, lo alejado por naturaleza de las ventajas y respetabilidades de la sociedad, allí donde las tragedias son más de a deveras y los pobres conocen las felicidades del sufrimiento negadas a los ricos. La palabra *Arrabal*, con su carga de billares, casuchas, puestos de tacos y sopes en la madrugada, vecindades, polvo, perros hambrientos, niños de mirada suplicante, describe e inventa a lo nombrado y es catálogo instantáneo de realidades e ilusiones: el viacrucis (la pobreza), el purgatorio compartido (la vecindad), la tradición (el amor a lo ruinoso y a las estampas benditas), la sordidez irresistible (el Cabaret), la redención (el amor de la familia y la solidaridad de los semejantes), los ángeles caídos (las prostitutas), los machos entrones y las reales hembras, las-inocencias-en-el-fango, los nacidos-para-perder. Hay un bien último (el Arraigo) y una acción incalificable (el olvido de los orígenes). Paraíso e Infierno, orbe melodramático equidistante de la realidad, y de la "ilusión" convencional, el Arrabal se extiende a lo largo de tabernas, carpas, dancings, postes de las esquinas, canchas improvisadas de futbol y arenas de box y lucha libre. Le pertenecen el rejuego de apodos que se incorporan al rostro y los comentarios machistas que son la redención de los fracasos sexuales.

A esta multitud-en-disponibilidad la refuerzan a diario los campesinos que llegan, con su ideología del puritito sentimiento. Entonces son variantes de la misma especie el peladito de la capital y el ranchero que hace una semana vivía entre las milpas, y un ejemplo de esa identificación se halla en un libro difundido por décadas, *Del Arrabal* (1930), del poeta Carlos Rivas Larrauri, quien parte de una idea sacra: la pobreza es ingenuidad victoriosa, cuya cumbre·de sinceridad es el habla del indígena recién iniciado en el castellano. Oiganlo qué auténtico es, todavía dice *probe*, *dimpués*, *onde*, *jue*, *si'staba*, *ansina*, *dialtiro*. Pero en los poemas de Rivas Larrauri ya se filtran las voces del nuevo lenguaje urbano, no provenientes del campo ni del afán de corromper, para adaptarlo, al idioma de los conquistadores:

> Mis güenos siñores:
> ¡ai les voy con mi hacha!
> ¡Pónganse muy changos!
> ¡Pónganse muy águilas!

La frase "Mis güenos siñores" arrastra las miradas fijas en el piso, el sombrero estrujado con el nerviosismo de la sumisión, el estrépito con que el calzón de manta desentona en el ámbito de la gabardina. Pero "ponerse muy chango" o "muy águila" es situación que ya remite al ambiente rijoso de la ciudad, al proceso educativo de quien cruza las calles como esquivando arrecifes, no se deja de la policía y se aprovecha del prójimo con tal de darle una lección de humildad. Sin embargo, el tono prevaleciente entonces, si uno se refiere a los pobres, es la resignación compasiva. La respuesta más común a la injusticia social es, todavía, el dolor a mares, que Rivas Larrauri prodiga:

> porque en este mundo ni después de muertos
> los probes y ricos son la mesma cosa.

Casi de inmediato, la reproducción fidedigna se vuelve parodia. Como lo reiterará el cine, un modelo lingüístico usado sin modificaciones deviene sin remedio la burla del sujeto descrito, cuya "simpatía" resulta tontería sumisa. Repítanse cien o doscientas veces algunas formas verbales de los apenas castellanizados y se implantará el choteo. Rivas Larrauri obtiene lo contrario de lo que se propone, y tal parece que el marginado nació para obtener la carcajada de sus iguales y la suave sonrisa del civilizado:

> —¿Qu's eso de las. . . tío. . . qué?
> ¿Cómo dijo?
> — Las tiorías.
> ¿Y qué's eso?

— Pos. . . quién sabe;
pero se nombran ansina
muchas cosas que se dicen
y aluego no se practican.

Rivas Larrauri reconoce una voz proscrita y denuncia su exclusión, pero en manos de populistas y declamadores, sus versos resultan confesión de la impotencia (la irrisión) verbal de los marginados.

El Arrabal tiene un género: el melodrama; un sentido del humor: el de la carpa; y un sistema de compensaciones: el falto de dinero puede emborracharse y rodar por la pendiente, el jovenazo puede echar Relajo con la Palomilla, el sentimental adorará a la Jefecita y se postrará dos días al año en la Villa de Guadalupe. Lo que el cine industrializa es un modo de ser genuino (que se volverá teatral al verse repetido en la pantalla) donde lo autobiográfico es siempre lo comunal, y las experiencias sólo tienen sentido si se cuentan en detalle.

Autodescripción del interesado

Según datos que aporta el propio Mario Moreno, nace en la ciudad de México el 12 de agosto de 1917, uno de los seis hijos del empleado de correos José Pedro Moreno, y de Soledad Reyes. Es un estudiante brillante y un buen boxeador amateur, el jefe de la ''palomilla brava'' y el bailarín incansable, quien de inmediato resulta simpático, el gran jugador de billar, el aprendiz de torero. El mismo recapitula su proceso en la ciudad que crece:

Es difícil precisar con exactitud cuándo 'nació' Cantinflas. En realidad no nació nunca.

Tomó forma gradualmente con el tiempo.

Debo aclarar que mis padres, con grandes sacrificios, me estaban costeando los estudios en la Facultad de Medicina. Yo la abandoné y me convertí en 'carpero', cantante y bailarín de circo y carpas de variedades. El primer contacto con el público fue muy arduo.

En la carpa, si uno gustaba se lo hacían saber de inmediato dando golpes en las bancas de madera o aplaudiendo. Y si no estaban con uno lo demostraban a punta de chiflidos o, cuando llegan a la violencia, arrojando a la cabeza de uno —con gran puntería— botellas vacías de cerveza.

Allí Cantinflas aprendió a bailar.

Una vez sentí repentinamente 'pánico escénico'. Momentáneamente Mario Moreno se quedó paralizado [. . .] Y, de pronto, Cantinflas se hizo cargo de la situación. Y comenzó a hablar [. . .] desesperadamente balbuceó palabras y más palabras.

Palabras y frases sin sentido. Tonterías [. . .]

¡Cualquier cosa para defenderse de los ataques y salir de aquella bochornosa situación!

Los espectadores se quedaron silenciosos, aturdidos, sin poder entender sus palabras [. . .] Luego empezaron a reír [. . .]

Comenzaron con risas suaves y de repente rieron con ganas.

Así, supe que había triunfado [. . .] Y en ese momento ¡nació Cantinflas!

Resultó irónico que ese remedio desesperado al miedo en el escenario, diera por resultado un nombre que se incorpora oficialmente a nuestro lenguaje popular: el verbo 'cantinflear' significa hablar mucho y no decir nada.

Otra versión de lo sucedido la proporciona Estanislao Shilinsky, emigrado ruso que se adapta a la perfección al mundo de las carpas, en donde conoce a Cantinflas, que será su concuño (se casan con dos hermanas, también emigradas: Olga y Valentina Zubareff). En el Pequeño Salón Rojo de Santa María la Redonda, Shilinsky (autor de la rutina) inicia el diálogo y ve con preocupación que Mario no responde. Insiste:

Esos segundos fueron amargos. Quise hacerlo reaccionar y de pronto Mario comenzó a hablar y a decir cosas, muchas cosas sin principio ni fin. Parecía que su pensamiento se adelantaba a las palabras. Quise ayudarlo a salir del atolladero. El, simplemente por su nerviosismo no sabía lo que decía. De pronto el público empezó a reír. Las risas sonaron más y más fuertes; después un caluroso aplauso. Azorados los dos, nos miramos interrogativamente. Poco a poco Mario se me fue acercando y de plano preguntó: '¿Qué está pasando?' Le dije: 'Se están riendo de que dices mucho y al mismo tiempo no dices nada. ¡Sigue así!'

El éxito recompensa: se les darán quince pesos diarios por tres tandas.

Yo no quiero ordeñar la motocicleta

Década del treinta. Tarde de sábado o tarde de domingo en las colonias Guerrero, Peralvillo, Tepito o Santa Julia, y la familia del pópolo piensa en cómo invertir su tiempo. Hay películas nacionales en los cines Rialto, Goya, Colonial, Coloso, Cairo, Bretaña, Centenario o, si no se quiere la oscuridad, aquí cerquita está una carpa. ¡Padrísimo! Si el criterio es pasarla a todo dar, los espectáculos no son *buenos* o *malos*, sino arte-a-la-medida-del-bolsillo. Hay carpas en toda la ciudad (tantas que obligan a formar un Sindicato de la Variedad), y los ofrecimientos no varían. Por diez centavos, una tanda de cuatro números: cantos y bailes, chistes, marionetas, ventrílocuos, cómicos. Por diez centavos, la gana de desquitar el boleto. Los escasos músicos buscan sonreír mientras se adhieren dolidamente al piano, al violín, al tambor, el trombón o la corneta (son virtuosos sin reconocimiento, ángeles sin alas, y "el símil no es exacto pero da bien la idea"). A la entrada, al lado de la cortina de franela, un gritón: "¡Esta y la otra, por un solo boleto!" En las canciones se insiste en el exilio reciente, qué ganas de volver al rancho abandonado, al sembrado que se quedó pendiente, a las viejas seducciones y lealtades. En los sketches, un tema constante: el pícaro que explota el candor de los payos. Un ejemplo: el citadino le describe al indio su motocicleta y le pondera sus ventajas. El campesino se alboroza y le ofrece una vaca por su moto. Contesta el obrero:

—Bonito me vería montado en una vaca paseándome por la avenida Madero. Nunca llegaría al fin del paseo. Todos se reirían de mí. No iría a donde debo ir.

—De veras que es cierto —responde el indio—. No lo había pensado. Pero yo resultaría todavía más ridículo.

—¿Y eso?

—Claro. ¿Qué diría la gente cuando me vea ordeñando la motocicleta?

En la carpa, no hay "mal gusto". Hay lujos de la intimidad, y la certeza de que cualquier forma de fracaso es regocijante: los defectos físicos, las apetencias malogradas, los traspiés de las funciones fisiológicas. Aquí imperan los movimientos soeces (impensables en las clases medias tradicionales, rígidamente maquilladas por el decoro o frenadas por un nacionalismo de buena conducta: "el mexicano decente no ronca ni utiliza poses indebidas mientras duerme''), y se extiende el "doble sentido", que en vuelta magistral extrae inocencia de la procacidad y procacidad de la inocencia. Para el Pueblo (la Gleba) el meollo de las frases sin sentido es el éxtasis ante el sexo, y los andares y los manoteos son confesiones, denuncias, peticiones. ("Me muevo mucho o me meneo poco, dependiendo de mi sitio en la escala social.")

En la carpa se prefiere el albur al chiste político, tal vez porque allí la gente siente más lejanos sus derechos. A quienes fueron a la revolufia o la vieron pasar, el albur les encanta, es más entrón, más como es la vida de metiche y cabrona. Uso ahora como testigo a una gran figura surgida de la carpa en los años treinta, Adalberto Martínez Resortes:

> —¿Y qué era lo que más le gritaban?
> —A mí no. A los que les caían gordos sí. Muchas veces salía una vieja y le gritaban: ¡Esa vieja tiene pito! A ver. Y la vieja no les contestaba. Y entonces le gritaban: ¡Puerta, puerta! Y a levantarse las naguas.
> —¿Y si a usted le gritaban 'puerta'?
> —No, a mi nunca me gritaron 'puerta'.
> —¿Y si yo se lo hubiera ido a gritar?
> —¡Uuuuuuuhhh, pos éste ya quiere su almuerzo!

(Entrevista de Abel Ramos)

Todo a disposición del sobreentendido, y las palabras sobran. Entonces, si al público se le consentía casi todo, al actor no se le permitía casi nada, no como ahora, que hasta le puede mentar la madre al público y éste se ríe. Antes no, cóomo. Ahí estaba el inspector autoridad.

> Una vez —continúa Resortes— uno de mis patiños me dijo: 'Tu boca de colegiala, dibujada para mí', y le respondí: 'Mira como traigo el pirulí.' ¡Uhhh! Me fueron a llamar la atención al camerino. Y por allí andaba la cosa, no podía uno mandarse. Y además nosotros mismos no lo veíamos bien. Si se nos salía un ¡carajo!, válgame Dios, a ponerse colorados. Eran otros tiempos. Hasta otros sitios.

Lo que no se puede decir, se insinúa y se expresa con las imágenes que forman los movimientos corporales. En el pueblo, lo escatológico (lo "obsceno") no es gozo secreto sino expresividad elemental. A la ira, a la charla paródica, al deseo y al regaño les hacen falta las "groserías" (una mala palabra *aquí* es un término insustituible *acá*), y al no estallar en la carpa las "palabrotas" se precipita el vértigo de risas y chiflidos que acompaña al eufemismo. *No seas gacho, soy bien chicho, de a tiro me cae suavena y Zacualpan le dijo a Botas, si ya no te gustan éstas mi compañero trae otras.* El albur, mi hermano, la prueba de fuego de los nacidos en el asbesto. Te desafío. Si me vences te haré mi ídolo. Si no, te convertirás en algo inaudible: mi semejante.

¿Cómo dijo? ¿A poco, de veras?

De las escasas notas autobiográficas de Mario Moreno, de los años cuarenta:

> Adopté el nombre artístico de Cantinflas para ahorrarle vergüenzas a mi familia. Era una familia humilde, pero tenía su orgullo.
> Y yo era un artista de última categoría. Trabajaba en las carpas a las que acudía la gente sin dinero para entrar a un teatro caro.
> Cantinflas había nacido y empezó a crecer.
> Poco a poco tomó forma la apariencia física de Cantinflas. Adoptó la vestimenta de la gente humilde, la necesidad escogió el atuendo. Camisa de algodón de largas mangas, que alguna vez fue blanca. Pantalones arrugados y no muy amplios, sostenidos no en la cintura sino en las caderas. Y zapatos que le quedarían mejor a un hipopótamo. Sobre esta vestimenta venía un pedazo de trapo conocido como 'la gabardina'.
> El rostro de Cantinflas siempre es el mismo porque Cantinflas no tiene edad.
> Es un rostro redondo con una nariz demasiado chica para la boca, ¡demasiado grande!
> Sobre el labio superior, dos hilitos de bigotes caen como un par de oscuras cejas fuera de lugar.
> Intenté alguna vez dejar caer sobre la frente un mechón de pelo. Pero no valía la pena. ¡Ah!, y tampoco le habría caído mal una afeitada!

Mario Moreno se convierte en *Cantinflas*, y complace desde la insensatez del apodo, de origen tan incierto como el porvenir de su público. Quizás el sobrenombre derive del grito, abreviado por la mala dicción, que le atribuye a la embriaguez el disparate:

"¡Cuánto inflas!" (C'ant'inflas), o quizás la explicación sea cualquier otra. Lo cierto es que en la Noche de la Metamorfosis, asustado o divertido, jamás se sabrá, Mario Moreno habla sin decir, el público festeja, se corre la voz, y pronto *Le tout Mexique* festeja las caídas en el abismo del sin sentido o los ascensos al despropósito. Una ciudad aún no gigantesca encumbra a un cómico. ¡Qué graciosa la indumentaria de este sujeto cuyo disfraz es su otra piel, con la gabardina astrosa, el bigote malamente insinuado y la angustia por aferrarse a un idioma! *Engarróteseme ahí.* "Cada quien por su lado/ ya ve/ pues vamos a ver/ se acabó. . ."

¿Ya viste a Cantinflas? No te lo pierdas. Los tumultos y la reventa rodean a la nueva pasión urbana de andares y posturas "barrocos". Cantinflas no inventa nada y lo inventa todo, es improvisación y síntesis, y es oportunidad de agredir al enemigo político. Así, por ejemplo, en el verano de 1937 —según informa Alfonso Taracena en *La verdadera revolución mexicana*— el líder de la CTM Vicente Lombardo Toledano, ante los ataques del líder de la CROM Luis N. Morones (que lo llama "traidor, cobarde, tembloroso, enclenque y Niño Fidencio de Teziutlán"), responde: "Si Morones se propone demostrar su capacidad dialéctica que discuta con Cantinflas", quien actúa noche a noche en el Follies Bergere. Como debe ser, Cantinflas interviene en la polémica, y a los reporteros les suelta una andanada que Taracena transcribe parcialmente:

Lo primero que hice fue pensar en ir a ver a Lombardo para preguntarle que con qué objeto [. . .] pero luego pensé: ¡Pues no! Porque pensándolo bien, la verdad, a nadie hubo escogido el licenciado mejor que a mí para solucionar la solución del problema [. . .] Porque, como dije, naturalmente, ya que si él no puede arreglar nada y dice mucho, a mí me pasa lo mismo y nunca se llega a un acuerdo [. . .] ¡Ah! Pero que conste que yo tengo momentos de lucidez y hablo muy claro. ¡Y ahora voy a hablar claro! ¡Camaradas! Hay momentos en la vida que son verdaderamente momentáneos [. . .] ¡Y no es que uno diga, sino que hay que ver! ¿Qué vemos? Es lo que hay que ver [. . .] Porque, qué casualidad, camaradas, que poniéndose en el caso —no digamos que pueda ser—; pero sí hay que reflexionar y comprender la psicología de la vida para analizar la síntesis de la humanidad [. . .] ¿Verdad? ¡Pues ahí está el detalle! Por esto yo creo, compañeros, en lo que están ustedes de acuerdo, que si esto llega [. . .] porque puede llegar y es muy feo devolverlo [. . .] ¡que hay que mostrarse como dice el dicho! (Ojalá me acordara de lo que dice el dicho.) Por tanto, así como yo estoy de acuerdo en algo que no me acuerdo, debemos estar todos unidos para la unificación de la ideología emancipada que lucha [. . .] ¿por qué lucha, camaradas? ¡Si no más hay que ver! [. . .] Ustedes recuerdan el 15 de septiembre [. . .] que hasta cierto punto no tiene nada que ver aquí [. . .] pero hay que prepararse porque así es la vida y así soy yo. ¿Y cómo soy yo, compañeros? [. . .] ¡Obrero! Proletario por la causa del trabajo que cuesta encauzar la misma causa [. . .] Y ahora que ¡hay qué ver la causa por la que estamos así! [. . .] ¿Por qué han subido los víveres? Porque todo ser viviente tiene que vivir, o sea el principio de la gravitación que viene a ser lo más grave del asunto [. . .] Ahora que yo ahí no me meto porque de por sí ya estoy metido [. . .] y ahí estuvo, ¿verdad? [. . .] Ora que, camaradas, les suplico me expliquen qué dije [. . .]

La asociación con la política (con la demagogia) es impulso definitivo en el éxito de Cantinflas. En *Nueva grandeza mexicana*, (1948), la celebración de la ciudad mestiza del sexenio de Miguel Alemán, Salvador Novo resume con excelencia el proceso:

Amanecía una época verbalista, confusa, oratoria, prometedora sin compromiso, que los periódicos sesudos llamarían *demagógica*. La antena sensible que recogió la nueva vibración, que dio en el clavo del humorismo en que la nueva época descargara sus represiones, se llamaría *Cantinflas*, y sería, una vez más, el fruto oportuno y maduro de esta ciudad. Si fuera de ella, y hasta medidas universales gracias al cine, la dislogia y la dislalia en que por la boca de *Cantinflas* disparata nuestra época, ha alcanzado éxitos y consagración, es porque ocurre y da la casualidad de que también fuera de México los hombres respiran desde hace algunos años el clima asfixiante de la verborrea, el confusionismo, las promesas sin compromiso, la oratoria, la palabrería ininteligible, malabarística y vana [. . .] En condensarlo (a los líderes): en entregar a la saludable carcajada del pueblo la esencia demagógica de su vacuo confusionismo, estriba el mérito y se asegura la gloria de este hijo cazurro de la ciudad ladina y burlona de México, que es *Cantinflas*.

La técnica de Cantinflas

¿Cuál es, de acuerdo a los testimonios de época, la renovación homorística y lingüística de Cantinflas que dio origen a la ideología estrictamente verbal llamada cantinflismo? Aventuro una hipótesis: él transparenta la vocación de absurdo del paria, en parte desdén y fastidio ante una lógica que lo condena y lo rechaza, y encuentra su materia prima en el disparadero de palabras, donde los complementos se extravían antes de llegar al verbo. Cada noche, en feroz competencia con charros cantores y títeres y tenores que no salen al escenario porque siguen borrachos, los movimientos ordenan el caos de los vocablos, y el cantinflismo es el doble idioma de lo que se quiere expresar y de lo que no se tiene ganas de pensar. (Por eso, cuando Cantinflas renuncia a la mímica, se deshace de la escencia de su sentido cómico.)

Un cuerpo acelerado traduce temas urgentes: lo caro que está todo en el mercado, la chusquería involuntaria de gringos y gachupines, las bribonerías de la política, la incomprensión del acusado ante el juez, la estafa que acecha en todo diálogo entre desconocidos. Con trazos coreográficos, el cuerpo rescata sustantivos y adjetivos en pleno naufragio, y al acatar esta pedagogía, los campesinos recién emigrados, los obreros y los parias aprenden las nuevas reglas urbanas y se distancian como pueden del hecho estricto de la sobrevivencia. *No somos nadie, pero ya seremos, y ¿cómo te quedó el ojo?* Sometida a la censura, la carpa es la mejor escuela del *doble sentido* en la vida sexual, en el aprendizaje del no dejarse, en el llanto sin sentimiento, y la compenetración entre artistas y público, es la dialéctica de la pobreza que se inicia en el diálogo ininteligible para los extraños. No hagas caso de lo que te digo sino de lo que te quiero decir, si desatiendes mi próxima frase te autocalificas de cornudo o maricón, tu amigo te va a engañar, tu enemigo es tu hermano, cualquier conversación es una trampa, el mayor bien es un coito gratis, y éste es el peor desastre: tu mujer no te engaña porque tú le sigues siendo fiel. En este elogio de la confusión, el mérito no radica en el chiste sino en la *imposibilidad* de manejarse con fluidez dentro del humor memorizado. (El mayor chiste es no saberse ningún chiste.)

¿Qué podría memorizar Cantinflas, por otra parte? Son pocos y muy solicitados los autores de sketches y es imposible renovar a diario en las carpas el repertorio de ingeniosidades. A Cantinflas no lo apuntalan sus guionistas sino su don para improvisar las cosas que *no* se le ocurren. A la falta de recursos, Cantinflas le opone la feliz combinación de incoherencia verbal y coherencia corporal. El libera a la palabra de sus ataduras lógicas, y ejemplifica la alianza precisa de frases que nada significan (ni pueden significar) con desplazamientos musculares que rectifican lo dicho por nadie. La lógica noquea al silogismo, la acumulación verbal es el arreglo (la simbiosis) entre un cuerpo en tensión boxística y un habla en busca de las tensiones que aclaren el sentido.

Examínese la técnica. La cabeza emprende un movimiento pendular y esquiva a un enemigo invisible, los brazos se disponen a un encuentro con el aire, la expresión sardónica se ríe del mundo, las cejas se levantan como guillotinas, el choteo es igual y es distinto, *no me diga, cómo no, ay qué dijo, ya se le hizo, a poco*. . . La acústica se desliza de onomatopeya en onomatopeya y las frases detentan la coherencia interna del explícame-porque-ora-sí-ya-te-entendí. En el rompe y rasga verbal de la barriada, el *Nonsense* dispone de un significado contundente: uno dice *nada* para comunicar *algo*, uno enreda vocablos para desentrañar movimientos, uno confunde gestos con tal de expresar virtudes. Orale, arráncate con "desde el momento en que no fui / quién era / nomás / interprete mi silencio". Embriágate de palabras en el laberinto donde "cada quien por su cada lado / ya ve / pues vamos a ver / se acabó".

Intermedio para describir una especie y recordar el salto del pelado al peladito

¿Qué es el *pelado*? El despojado de todo, el ser apresado en la falta de vestimenta del cargador, el heredero y compañero del *lépero*, aquel que sobrellevó la lepra de la pobreza y de la falta de atención social. (Del *lépero*, la novela y la poesía costumbrista del XIX informan de manera muy contradictoria y esquemática. No es tema preferido, es, si acaso, telón de fondo.) Del pelado, dan cuenta el teatro, el comic, el cine y, de vez en cuando, las parodias o sermones compasivos de novelistas que atisban al populacho. Es un marginado de la distribución del ingreso y por tanto recibe el nombre genérico que lo sustrae de cualquier realidad y lo sepulta en la abstracción. El pelado es la sombra acechante de la miseria sobre la ciudad que crece, es la amenaza sin nombre y casi sin ropa, es la figura del motín, el robo o el asalto, es el bulto inerte sobre las banquetas. . . Y todo esto se interrumpe al descubrir la industria cultural la rentabilidad del *pelado* que inician la tira cómica *Las aventuras de Chupamirto* de Acosta, y la gracia fílmica —desconcertante y suplicante a su modo— de Cantinflas, Resortes y Fernando Soto Mantequilla.

En 1936, el año en que Cantinflas ingresa al cine, Samuel Ramos publica un libro fundamental, *El perfil del hombre y la cultura en México*, que incluye la hipótesis después famosa: un sentimiento de inferioridad ha roto nuestro "equilibrio psíquico"; procedamos por tanto al psicoanálisis del mexicano eligiendo un tipo social en donde todos los movimientos se exacerben de modo que se advierta muy bien el sentido de su trayectoria. Tan perfecto conejillo de Indias no puede ser otro que el *pelado* "pues él constituye la expresión más elemental y bien dibujada del carácter nacional". Ramos se extiende en su descripción:

> No hablaremos de su aspecto pintoresco [. . .] Aquél sólo nos interesa verlo por dentro, para saber qué fuerzas elementales determinan su carácter. Su nombre lo define con mucha exactitud. Es un individuo que lleva su alma al descubierto, sin que nada esconda en sus más íntimos resortes. Detenta cínicamente ciertos impulsos elementales que otros hombres procuran disimular. El 'pelado' pertenece a una fauna social de categoría ínfima y representa el desecho humano de la gran ciudad. En la jerarquía económica es menos que un proletario y en la intelectual un primitivo. La vida le ha sido hostil por todos lados, y su actitud ante ella es de un negro resentimiento. Es un ser de naturaleza explosiva cuyo trato es peligroso, porque estalla al roce más leve. Sus explosiones son verbales, y tienen como tema la afirmación de sí mismo en un lenguaje grosero y agresivo [. . .] Es un animal que se entrega a pantomimas de ferocidad para asustar a los demás, haciéndole creer que es más fuerte y decidido. Tales reacciones son un desquite ilusorio de su situación real en la vida, que es la de un cero a la izquierda.

Antes de que Cantinflas, al domarlo, invierta el sentido social del estereotipo, todavía se ve al pelado como anomalía colmada de riesgos, el rencor social que atisba en la oscuridad que es sinónimo de la miseria. En el pelado, Ramos descubre lo ya denunciado en el lépero: es nuestra Índole Salvaje, el Primitivo Urbano cuya existencia nos confirma en el disfrute de la civilización, aunque no alcance el rango finalmente prestigioso de Calibán. No, el pelado no ha sido señalado ni aprendió a maldecir por cuenta propia. Es sólo lo inevitable en esos alrededores sociales marcados por la incontinencia sexual, es la exaltación del *machis-*

mo negativo. (''El pelado busca la riña como un excitante para elevar el tono de su yo deprimido.'') No es de extrañar, dice Ramos, que descubra ''de improviso una tabla de salvación: la virilidad''.

Sin más trámite, Ramos identifica a lo civilizado con lo desexualizado y pudibundo, asestándole de paso a las clases bajas (abanderadas simbólicamente por el pelado) una carga más, lo de sus represiones psíquicas. El clasismo se apunta otra victoria, la freudiana, mientras Ramos bosqueja el programa de los sectores ilustrados hartos de la barbarie que prolonga en lo cotidiano la violencia revolucionaria. El pelado, el primitivo, al ignorar y aplastar los valores del humanismo, y al identificar nacionalidad con valentía difama a la Nación con su irracionalidad. En el esquema de Ramos, de influencia extraordinaria en los años siguientes, el pelado contiene en su ámbito de acciones y reflexiones (no verbalizadas) los defectos del México Bronco, la zona de atraso que impide nuestra llegada puntual al banquete de la civilización. El pelado es la rémora penosa, el ser cuyas dos personalidades (una real, una ficticia) no le bastan para adquirir otra que valga mínimamente la pena.

Allí queda el pelado, en la vigilia mítica, en espera del tratamiento masificado del cine y el teatro. Y luego, gracias a un cómico, se legaliza el diminutivo, *el peladito*, el sonriente pícaro del arrabal. Pocas veces, en tiempo tan breve, salto tan drástico: el pelado feroz amanece peladito inofensivo.

La síntesis de la pobreza resignada

Cantinflas es recapitulación y punto de partida. El pantalón caído abajo de la cintura ya era lugar común de la historieta (*Aventuras de Chupamirto*) y en los sitios populares abundaba el habla cifrada en el absurdo (vocación de relajo y confesión de ignorancia). Pero el estilo de Cantinflas perfecciona y le da nombre jocoso al disparate (al fracaso de la elocuencia), y permite vislumbrar en el enredijo de oraciones interminables y truncas, la mentalidad francamente urbana, sin comparaciones o alegorías agrícolas y con un repertorio entrañable: el temor burlón a la policía, la habilidad del pícaro y la credulidad del engañado, el juego con la homosexualidad que es prueba de malicia y de ''amplitud de criterio'', la seducción que es transa comercial.

Los pobres aplauden en él lo conocido y lo próximo, y, sabiéndolo o no, se entusiasman con un hecho no tan insólito: la representación festiva y vindicativa de la miseria. Los ricos le agradecen la oportunidad de reírse de los demagogos y de los pobres, y el fin próximo de la comicidad de ciudad pequeña y todavía rural. A mediados de los treintas, la élite celebra a Cantinflas: es la perfecta "puerilidad" de los de Abajo. Y él corresponde. El gran caricaturista Miguel Covarrubias relata un sketch típico. Cantinflas, líder sindical, al frente de un grupo de trabajadores se entrevista con el dueño de una fábrica de jabón, interpretado por Manuel Medel. Cantinflas refiere las demandas de los trabajadores en un discurso proletario florido aprobado de inmediato por el patrón, feliz al ver la posibilidad de subir el precio del jabón. Al final de la pieza oratoria, el dueño calcula cuántas horas al año *no* trabajan sus empleados, si se les descuentan domingos, días festivos, vacaciones, Día del Trabajo, almuerzos, cumpleaños, santos, reuniones sindicales, etcétera; contabiliza manipulando las matemáticas y obtiene un total de cuatro días al año de trabajo efectivo. Cantinflas, visiblemente deprimido, le pregunta al dueño de la fábrica cuánto le deben por el privilegio de trabajar en su empresa.

Así es mi tierra, tiene el alma hecha de amor

En 1936, Cantinflas alterna con Agustín Lara en el Follies Bergere, y la consagración anuncia el desplazamiento inmediato al cine. Pero allí ningún cómico puede ser de golpe primera figura y, a los 23 años de edad, Cantinflas debuta en un papel secundario en *No te engañes corazón* de Miguel Contreras Torres, haciendo pareja con el cómico Don Catarino. En 1937, interviene en *Así es mi tierra* de Arcady Boytler, con música de Tata Nacho, típica comedia campirana que consiste en una interminable fiesta ranchera muy Mexicana y Popular donde Cantinflas —pese a no ser muy creíble en un medio agrario— resulta Lo Mexicano y Lo Popular, categorías abstractas que lo preceden, lo suceden y lo desdibujan.

El argumento (si lo hay) de *Así es mi tierra* es propio del afán de "normalizar" la etapa revolucionaria: en 1916, el general (Antonio R. Fraustro) vuelve a su pueblo natal, acompañado de un político untuoso (Luis G. Barreiro) y un grupo de fieles (Manuel Medel entre otros). Allí de inmediato se le junta un pícaro, el Tejón (Cantinflas) que le lleva serenata al general con el Trío Calaveras, hace chistes, galantea, encarna la suprema inocencia. En *Así es mi tierra* se aclara la incompatibilidad de Cantinflas con el medio rural. Pero en el translado del personaje a los ámbitos citadinos se abandona lo ácido de la carpa y el personaje de Cantinflas queda librado a sus formas más inocuas.

En 1937, la segunda película con Boytler, *Aguila o sol*, también con Manuel Medel (cómico tradicional de caracterizaciones excelentes, capaz de una recreación detallista de fisonomías y lenguaje populares). Menospreciado en su momento, el film de Boytler aún conserva humor e imaginación. La historia de tres niños huérfanos que crecen en el mundo de las carpas, se presta para una actuación efectiva de Cantinflas, y la recreación de una "cultura de barrio" en vías de extinción. En especial, el sketch carpero de Cantinflas y Medel reconstruye el hábito de los cómicos, que trascienden el libreto elemental, y la relación íntima con el público, la complicidad hogareña de la risa.

En 1939, *El signo de la muerte*, con un elenco de prestigio. Dirige Chano Urueta, la música es de Silvestre Revueltas, y el argumento y los diálogos de Salvador Novo. A casi medio siglo de su realización, *El signo de la muerte* es una obra curiosa, donde los elementos más ingenuos son los menos envejecidos. La trama promete más de lo que cumple: Cantinflas es un peladito empleado en un museo, que descubre por accidente la pista de una cadena de crímenes, causados por la locura de un supremo sacerdote del culto azteca (Carlos Orellana), que intenta restaurar los sacrificios humanos y el imperio de Moctezuma. Como en *Aguila o sol*, en *El signo de la muerte* un sueño le permite a Cantinflas hacer gala de sus dotes mímicas, en una secuencia que incluye el travestismo.

En 1939 se funda Posa Films, la productora del propio Cantinflas, cuyos primeros trabajos son cortometrajes muy eficaces que dirige Fernando A. Rivero con argumento de Estanislao Shillinsky: *Cantinflas as de la torería*, *Cantinflas boxeador*, *Cantinflas en tinieblas*, *¡Olé mi gabardina!*, *Siempre listo en las tinieblas*, *Jengibre contra dinamita*, *Cantinflas gendarme y torero*, *Cantinflas ruletero*, *Cantinflas y su prima*, *Cantinflas en los censos*. A Posa Films deberá Cantinflas su difusión extraordinaria, gracias, entre otras cosas, a la habilidad de sus representantes Santiago Reachi y Jacques Gelman.

En 1940, *Ahí está el detalle*, de Juan Bustillo Oro, consagra a Cantinflas en México y —no tan curiosamente— en todos los países de habla hispana. En *Ahí está el detalle* la agresividad de carpa se torna relajito de salón y Cantinflas define ya a su personaje, un prófugo del Arrabal, cuyos defectos son sus características de clase: tranza, mantenido, tonto, cobarde "de cadera caída". Este peladito no rechaza a la sociedad, la mira a distancia, elige como ámbito natural a la cocina con las criaditas y se aferra a la vestimenta para no despedirse del todo de sus orígenes. Sin embargo, *Ahí está el detalle* tiene instantes rescatables a cargo de la fuerza popular de Cantinflas y la maestría de Joaquín Pardavé.

En 1941, dos películas interesantes, *Ni sangre ni arena* y *El gendarme desconocido*. La primera, dirigida por Alejandro Galindo, incluye una secuencia antológica, un toreo de sombras entre Cantinflas y Fernando Soto Mantequilla donde Cantinflas justifica su renombre de "genial mimo". En *El gendarme desconocido*, intitulada "farsa grotesca", Cantinflas es un gendarme ineficaz, torpe, carente de cualquier garbo o habilidad. (Por eso la cura en salud al principio de la película, donde se destaca "la valiosa y respetable función de la policía. . . México se enorgullece de la suya. . . Cantinflas se desenvuelve dentro de un cuerpo de policía imaginario".) El policía de Cantinflas es la irrisión, la burla de cualquier noción temible del policía, el peladito que nunca puede dejar de serlo: "A s'ordens Jefe". Al representar la zona frágil, ridícula e incomprensible de la autoridad, *El gendarme desconocido* se vuelve un clásico del humor cinematográfico en México, no porque sea muy graciosa, sino porque ejemplifica lo que en una época se juzgaba el colmo de la gracia, el descubrimiento masivo del humor en salas de cine y en jacalones habilitados como salas de cine. Al habla cantinfleada la ayudan las facilidades de los chistes ("Un momento, yo interrogo al occiso"/ "Doctor, el corazón está del otro lado/ Sí pero yo agarro el eco"), la trama mínimamente policial y la mecánica probada de Cantinflas que, por ejemplo, toma los insultos al pie de la letra para desbaratar su impulso. "—¿No me pega los botones, chula?/ —Que se los pegue su abuela/ —No, pues si ya no ve." *No tiene nombre. . . Cómo hay gente. De veras da coraje.* Y las fórmulas se suceden como frases de ingenio apantallante.

Posa Films se liga a Columbia Pictures, y esto garantiza el éxito de Cantinflas en los países de habla hispana. Algunos periodistas y —en privado— muchos productores ven en Cantinflas a la punta de lanza del capital norteamericano en el cine, pero la acusación no le afecta al interesado, ni persuade a los espectadores nacionalistas.

No son incidentales las sonrisas o risas que aún suscitan en millones de espectadores, mexicanos o latinoamericanos, las apariciones del antiguo Cantinflas. Gracias, en primer término, a él y a los corrillos absortos en los "chistes colorados", distintas colectividades han vivido y practicado su sentido del humor (ríase o váyase). ¿Qué se le festeja? Su incoherencia que es la coherencia de multitudes, la agresividad que es ignorancia de las jerarquías, el chiste memorizable que es certificado de repetición con éxito.

Cantinflas, balbuceo programático y reflejo condicionado. Aparece, se mueve, inicia un enredo verbal, desconcierta a su interlocutor, se burla del conocimiento que nunca atrapa al desvarío lingüístico. . . y el público se engolosina, se divierte al sentirse contento, se regocija ante la diversión ajena. Al principio, Cantinflas triunfa porque su humor es una innovación; luego, gracias a la nueva conciencia tradicional: esto es lo verdaderamente gracioso.

El mito de Cantinflas se funda en sus orígenes, en el acto de memoria que exalta los heroicos tiempos de la carpa en Santa María la Redonda. La minoría que allí lo conoció (que disminuye) y la mayoría que se lo imagina (que aumenta) se ponen de acuerdo: Cantinflas es un genuino Hijo del Pueblo, la expresión idiosincrática que será esencia de la nueva tradición. Este poderoso capital inicial le permite al cómico-empresario resistir a las numerosas fallas de sus películas y genera permanente admiración ante el gag del mucho hablar sin nada decir.

Lo cómico de Cantinflas: la imagen y la voz de Cantinflas; el mensaje humorístico de Cantinflas: su figura. El mito, función del recuerdo. En un país sin tradiciones cómicas (la comicidad había sido un recurso capitalino), el primero que es Lo Divertido a escala nacional, será hilarante para siempre. La clase media ilustrada abandona paulatinamente a Cantinflas, pero la deuda de las masas con él es a largo plazo. Los hizo reír y por tanto, se comprometió a seguir haciéndolos reír.

El ser del mexicano

En los cuarentas, Cantinflas deviene sinónimo del mexicano

pobre, representante y defensor de los humildes. Al mismo tiempo es por sí solo una industria cinematográfica y un ramo de la artesanía popular: hay Cantinflas de todos tamaños y materiales en mercados y tienditas. Una leyenda (Cantinflas ayuda a los desheredados) provoca largas colas a la puerta de su casa. Se le exalta al grado de suponérsele dimensión política y durante varias elecciones para diputado o para Presidente de la República su nombre aparece en miles de boletas. Es una celebridad en vías de petrificación mítica, y los políticos se disputan su presencia. En sus *Memorias*, el cacique de San Luis Potosí, Gonzalo N. Santos cuenta una comida que en 1945 ofrece el secretario de Comunicaciones Maximino Avila Camacho a un grupo de políticos. Maximino despotrica contra su hermano Manuel, jura "por la leche que mamé de mi madre", que Miguel Alemán no llegará a Presidente porque él lo va a matar, y declara sus candidatos a Rojo Gómez (jefe del Departamento Central) y al propio Santos. Empiezan las adhesiones. . .

> Entonces Cantinflas empezó a hablar y, como lo quiso hacer en serio, su intervención salió fatal. Habló repetidamente del pueblo, para terminar diciendo: 'Aquí todos ustedes son políticos menos el licenciado Rojo Gómez y yo.' Todos soltaron una carcajada y yo le dije a Cantinflas: 'Tú no tienes idea de estas cosas, el licenciado Rojo Gómez es un político nato; tan político como yo y todos los demás que estamos aquí presentes.' Cantinflas, dirigiéndose a Rojo Gómez, le preguntó: '¿Es cierto, licenciado?' 'No tan buen político como el general Santos —dijo el licenciado Rojo Gómez— pero no soy otra cosa que un político.' Como Cantinflas, en la borrachera, quisiera seguir hablando del pueblo, le dije: 'Tú cállate y háblanos en tu idioma, tú no conoces al pueblo, tú conoces al público.'

En 1948, un "filósofo", Ismael Diego Pérez, publica un libro sobre la "filosofía" de Cantinflas, y lo declara alto momento del "ser del mexicano": su mucho hablar sin nada decir es la forma sutil y magnífica de su desprecio por los demagogos, los pervertidores del valor de las palabras. Por esos años, la prensa "especializada" arma la identificación: Cantinflas es igual a Chaplin, no tanto por sus cualidades histriónicas como por la raíz de los personajes: idénticos el desafío social, la poesía, la arrebatada pasión romántica de los desposeídos. El Vagabundo y el Peladito.

La compañía de Cantinflas, Posa Films, al servicio del mito, le crea un marco fijo: un director más-que-rutinario, Miguel M. Delgado, y humoristas diversos unificados en su amor por el chiste pétreo. El mecanismo será inalterable: Cantinflas filmará una película por año, elegirá una profesión "humilde" por antonomasia: bombero, bolero, extra de cine, alumno retrasado, bell boy, cartero, y hará girar en torno suyo una trama elemental donde al cabo de 300 chistes idénticos, la heroína (guapísima), absorta con tamaña inocencia, acaba casándose con él. Casi seguramente, además de lo anterior habrá travestismo en el estilo de la Tía de Carlos, leves chistes de doble sentido, pobres que llegan a millonarios de la noche a la mañana, ricos que son gangsteriles, un individuo perseguido por la ruda suerte que se topa con bandas de hampones a las que desbarata, la acusación injusta contra el inocente protagonista, la pareja ayudada por un animal listísimo, el pobre diablo metido a boxeador (y campeón mundial) por accidente, etcétera, y un brillante *spich* sentimental del cómico de la gabardina. Y ya cronometrada, la explotación del lenguaje cantinflesco, hijo parricida o monstruo de Frankenstein del protagonista. Véanse al respecto: *El circo*, *Gran hotel*, *Un día con el diablo*, *Soy un prófugo*, *A volar joven*, *El mago*, *El supersabio*, *Puerta joven*, *El siete machos*, *El bombero atómico*, *Si yo fuera diputado*, *El señor fotógrafo*, *Caballero a la medida*, *Abajo el telón*, *El Bolero de Raquel*, *Sube y baja*, *Ama a tu prójimo* y *El analfabeto*.

En 1953, Diego Rivera pinta su gran mural en el Teatro de los Insurgentes. Allí Cantinflas aparece como el defensor de los pobres, el generoso y justo proveedor de desagravios. Una vez más el escándalo acompaña a Rivera: en la gabardina de Cantinflas ha pintado a la Virgen de Guadalupe, y la prensa y las agrupaciones católicas lo acusan de blasfemo. Cantinflas declara su inocencia, y le jura a la Virgen su respeto. Rivera borra de la indumentaria a la Patrona de los Mexicanos. Cantinflas, en ese momento, alcanza su apogeo. Lo que sigue lo conocen los aficionados a las caricaturas y a los comerciales de televisión.

(1980)

Dancing:
El Salón Los Angeles

*El que no conoce Los Angeles
tampoco ha leído esta crónica*

I

—MMMMM. . . FOLCLOR URBANO, mmm, mmm. . .

—Quien no conoce Los Angeles no conoce México.

—El pueblo es una ausencia, dijo el poeta.

—A mí lo que más me gusta de lo popular es su condición elitista. Desde que empezó la masificación, ya queda muy poco con un sabor de veras popular. La masa es masiva.

—¿Eso del ''proletariado intelectual'' es descriptivo o peyorativo?

—¡Qué buena está la güera del morral!

—Tu comentario se me hace muy sexista, porque no es cierto que esté muy buena.

—¿Qué grado de politización le concedes al pueblo de México?

—A nivel declarativo, no creo que pueda seguirse insistiendo en la tesis del Estado-árbitro. En la lucha de clases no hay réferi.

—La que ya no me pasa tanto es ''Río Manzanares''.

—Una frase en desuso y que me gustaba el resto es ''pasitos cachetones''.

—Se vive solamente una vez. Hay que aprender a querer a la praxis.

—¡Chin!, yo aluciné un escenario para Ninón Sevilla cantando ''Chiquita banana''. Ya viendo a la concurrencia considero más prudente una conferencia de Simone de Beauvoir.

—Eso depende de lo que entiendas por politización. Y yo no tengo por qué ''concederle'' nada al pueblo. Es el pueblo quien debe otorgarme la legitimidad de su representación.

97

—¿Sabes qué editora sí la hace? Fania, cómprate todos los discos de Fania. Allí están los all-stars Cheo Feliciano, Ismael Miranda, Edi Palmieri, Willy Colón, Johnny Pacheco, la pura salsa. . . Ora que pa' mi gusto lo máximo es Celia Cruz.

—Todos se han exhibido en el conflicto universitario. Es la Unidad Nacional en el error.

—La Celia está cantando como nunca.

—La Celia está cantando como siempre.

—¿No crees que ya es hora de desenmascarar al Estado burgués?

—Por politización entiendo lo que un militante entiende por conciencia de clase.

—Tú y yo aquí, tomando cubas mientras nuestro pueblo natal se desangra.

—¿Has conocido un investigador de tiempo completo que no esté al tanto de la trama de la telenovela de moda?

—Eso de que "en los conflictos sindicales todos se exhiben" no pasa de ser una homologación reaccionaria.

—En la fundación de la Roma Tropical para mí Rómulo y Remo son Beny Moré y Daniel Santos.

—Me parece estrecha tu conceptualización de politización.

—Aquí hay más mezclilla de la que jamás hubo en una gran fábrica. . .

—¿Y qué tal si desenmascaras al Estado burgués y éste no desaparece?

—Lo pinche del mexicano al bailar rumba es el trabajo que le cuesta mover los hombros.

—¿Entonces, según tú, qué sería la politización?

II

Una velada inolvidable en el Salón Los Angeles, en la colonia Guerrero, bajo un título aparentemente iconoclasta: *La Rumba es Cultura*. La organizaron, entre otros, el músico y comentarista Pancho Cataneo y el periodista y maestro universitario Froylán López Narváez (de azul fulmíneo). En el reparto, Pepe Arévalo y sus Mulatos, el Combo del Pueblo, el grupo Sabor. Rumba y Diálogo Crítico. La concurrencia es más unívoca que heterogénea: es tiempo ya de acabar con el mito de las Minorías Pensantes y dar paso a la nueva mayoría del Tiempo Completo, las hordas de investigadores, de ayudantes de profesor, de becarios, de estudiantes de posgrados en la ebullente y controvertida Universidad de Masas. Venid a mí, representantes de Economía, de Psicología, de Arquitectura (auto-gobierno), de Filosofía y Letras, de Antropología, de Ciencias Políticas, de la UAM, maestros del CCH y de la Universidad Iberoamericana. . . Y a la mayoría del Tiempo Completo se añade otra mayoría, la de quienes Ya no Tuvieron que Claudicar porque había Espacios Libres, periodistas, jóvenes funcionarios, historiadores franceses y gringos eruditos, actrices, socialistas alivianados, críticos y directores de cine, pintores sin clientela pero con proposición estética básica, todos pisteando y rumbeando, "meneando el bote" como se dijo *illo tempora*, seguidos por las cámaras del Canal 13 (*Programa especial*), en pleno éxtasis del pasito eché, ejercitando la disciplina facial, deja que fluya la líbido, retén las emociones, cuenta tus emociones del uno al quince, no te muevas en tus movimientos que la Rumba también es Escultura, el Salón Los Angeles tiene tanta tradición que bien podría ser una familia decente de Guadalajara, agítate y sacúdete, ésta es experiencia distinta, ya lo dijo Froylán: "Ahora estoy contento porque estoy no entre universitarios sino entre trabajadores", bueno no tanto, pero el escenario es más noble, nada de strobelights ni equipos de sonido tan potentes que acallan la música, ni juegos de luces que sepulten los rostros, qué padre ver a tu interlocutor, bueno no tanto, y darle contenido ideológico a cualquier metáfora.

Pues sí mi cuate, la música tropical no ha vuelto porque nunca se ha ido, con su ritmo marcadito y sus letras machaconas que duplican la monotonía sublime del faje y el coito, *acabando que estoy acabando*, y aquí se oye pura salsa, *sabor y a callar*. Cuando ya nadie confiaba en el monolingüismo, la cumbia resultó el motor de la Historia, en las colonias populares, en vecindades, en reunioncitas familiares y salones, con sus letras chafísimas y sus versiones demasiado familiares pero al pópolo su cumbia, su danzón, su mambo, su rumba y su salsa.

Reencontrar las raíces: la obsesión de la semana. Y las nuestras, hijos de la bongocera Malinche y el Tacuarito Cortés, algo retienen de los ritmos de la costa. *Barabatiri bubá*. Y en los círculos universitarios se puso de moda rumbear y salsear y conocer eruditamente (con notas de pie de página) a la discografía tropical, y discutir los inconvenientes del término "tropical", y festejar el hallazgo de un viejo elepé del Son Clave de Oro o de Bobby Capó, la rumba ya accedió a la respetabilidad de Radio

Universidad y Radio Educación, una sola clave y un solo güiro incendiaron la pradera, el Bar León se colmó de sindicalistas y jóvenes universitarios pasándola a todísima, el local de pronto fue sucursal de Ciencias Políticas o de la Universidad Autónoma Metropolitana (plantel Iztapalapa o plantel Xochimilco), allí empezaron las críticas —"yo al Bar León no voy desde que lo agarraron los plastimarxistas"— y de cualquier modo ya fue necesario reservar mesa en el Bar León y los universitarios localizaron con avidez otros lugares, o los improvisaron en sus departamentos, entristecidos por la ausencia de situaciones riesgosas y contentos de la victoria del equipo estereofónico sobre las orquestas que ya vieron pasar sus mejores ruidos. Y fue así como la vanguardia del país adquirió una pasión popular.

III

—Este es un abuso antropológico.

—Del cubículo al cubil.

—Esta es una masturbación colectiva. Aquí vienen a aplastar con su insolencia los últimos reductos de los marginados.

—Todavía hace una semana Los Angeles era no la catedral del mambo, sino del resentimiento social. Y hoy es la pura autocomplacencia.

—Tenían que inventar estos cabrones una manera de vejar a toda esta gente, la que no vino o la que llegó, vio la concurrencia y se largó como de rayo. ¿No viste dos o tres de los habituales, que salieron con cara de no-agarro-la-onda?

—Creen que la rumba es cultura porque piensan que todo lo que hacen es cultural. Son analfabetas populares, es lo que son.

—Así me las den todas. Asomarse a "lo prohibido" pero con el seguro de vida de la titularidad académica.

—Los universitarios son el beso de la muerte para la rumba.

—Cuando empezó el baile sí había gente del pueblo. Pero recularon de inmediato al verse descubiertos. Les cayó una nube de historiadores orales: "¡Vengan, vengan, aquí hay un obrero, contémplenlo. ¿Cómo desplaza usted la cadera? ¡Explíquese y descodifique!"

—Aquí nomás vienen por la emoción de los olores raros.

—Date una vuelta. El que más o el que menos se justifica y te avienta rollos: "El fenómeno de la rumba exige una metodología audaz y nueva. El sesudo análisis. . ."

—Cuando el Salón Los Angeles sea como el Restorán del Lago se irán a otras piqueras para andar siguiendo al pueblo.

—Es una devastación muy propia de estas chingadas élites.

—En lo único en que son radicales es en la cursilería.

—Oye mano, la clientela de siempre de veras sabe bailar, sus cuerpos se acomodan y se ciñen al ritmo, tienen creatividad. En cambio, aquí cada quien baila como puede, para lucirse, como si los anduviera siguiendo la cámara.

—¡Híjole! Qué poder el de la televisión. Ven una cámara y bailan como si estuvieran en un concurso en los sesentas. Pero ninguno la hace.

—Orita van a salir con la mamada de la rumba como valladar contra la penetración cultural. Los veo venir.

—Según ese cuate, por ejemplo, moverse con frenesí es darle una explicación racional a las secuencias ontológicas.

—Es el colmo que no pueda uno venir a divertirse sin que lo sociologicen.

—Te juro que he oído las siguientes frases: "auténtica identificación con las clases populares" / "la reconquista de la nacionalidad y el reencuentro con nosotros mismos" / "prepararnos para las tareas de la producción ideológica".

—Yo estoy seguro de que al PRI le interesaría patrocinar reuniones semanales como la presente.

—Goza la vida como hago yo, ¿eh? Goza, goza. . .

—Si todavía hay congruencia en la vida, en este momento en todos los mercados de discos se agolpan proletarios y desasalariados comprando Mozart, Wagner, Vivaldi, Lukas Foss, Philip Glass.

IV

La corriente de la temporada: la Autocrítica de los Demás o la Vida como Autocrítica del propio Grupo Social o, simplemente, la onda de a-eso-vine-a-que-nadie-me-dé-gato-por-liebre. Al Salón Los Angeles se ha venido a criticar y a regocijarse ejerciendo el temperamento crítico, la incapacidad de autoengaño. ¡Qué bien! Un ojo en la rumba y otro en la sociología instantánea. Todos murmuran, todos se saben falsos, todos se saben auténticos. El principio de la autocrítica es la insistencia en la responsabilidad ajena. *Que mi madre enferma me mandó llamar*. . . Psicologismo barato: gracias a la satisfacción que impera en el Salón Los Angeles nos enteramos de las ventajas de ser muy exigente con quienes son como uno pero no son uno. *A través del espejo.* El locutor de televisión interroga a un transmigrado rural o como se diga, y éste le aclara: "No tengo ritmo predilecto, todos me pasan, el caso es no quedarse hecho un palo." Y el antropólogo social musita: "Se está desclasando."

No hay ponencia sin bibliografía y no hay acontecimiento sin final. Barbas y morrales y la semiología de la nueva academia. Mil asistentes. Los investigadores le dan sentido batallador a la rumbeada, abundan las referencias al sindicalismo universitario, se vitorea al STUNAM y al volver la clásica infinitud de "Falsaria" se modifica la letra: "Oye Soberón, renuncia ya." Nomás esta vez te abandonamos Salomé. La rumba sigue y la diferencia entre catarsis y reventón que la establezca tu chingada madre, yo vine a lo que vine. Un grupo lloroso y emotivo grita: "Ese puño no se ve" y la mala onda es que las manifestaciones no son a paso de conga.

Froylán López Narváez explica:

—A mí no me interesa el reventón ni la fiesta ni el público éste. Lo que me interesa es que, con la revaloración y estima de otras clases, el proletariado se dé cuenta de su propia condición cultural, que no se trata de algo clandestino, alcohólico, lamentable. A la rumba le toca lo que ya han tenido el rock y el folclor: su rehabilitación cultural. Lo que me importa es la creación de una cultura gozosa.

Un streaker irrumpe y atraviesa el salón. Se le convence con razones dentro de contexto: el desnudo en público está bien pero te va a dar mucho frío. "¡Qué azote, me voy de este país! / Mejor vámonos a la cama ahora mismo / Pero si no sé ni cómo te llamas / ¿Eso te impide acostarte con alguien? / Es que a mí me gusta referirme a las cosas por su nombre / No soy una cosa."

Aquí no ha pasado nada. Se bailó, se condenó la invasión académica de los sitios populares, se ejercitaron el rencor y la crítica y el derecho al Turismo-de-clase y no se perjudicó interés alguno. *¡A mí me gusta la rumba Margarita!*

(1977)

Mexicanerías:
¿Pero hubo alguna vez once mil machos?

Machismo: si me han de matar mañana

¿CUÁL ES EL sentido histórico de esta palabra clave, *machismo*? En México, y *después* de las luchas revolucionarias, el término se prodiga para señalar no a todos los combatientes, sino a los hombres entre los hombres, a los que hacen de su autodestrucción un espectáculo, se irritan ante la posposición de la muerte, retan a mentadas y carcajadas a la artillería enemiga. La invención cultural es evidente: de conductas inevitables en una guerra, se extrae el elogio al gusto por dejarse matar. El Macho es la cúspide del pacto entre Honor y Sociedad que se presenta como "el arrojo de la especie". Si el concepto *hombre* contenía y exhibía la entrega corajuda, el vocablo antagónico y complementario, *macho*, exaltará una actitud y la convertirá en criterio selectivo: que nadie dude del valor supremo de *ser macho*, justificación del paso por el Valle de Lágrimas, del menosprecio de las Virtudes Femeninas (que ya desde su mera enunciación resultan irrisorias), del entusiasmo por la barbarie a las puertas de la civilización.

La vida vale mientras no se le aprecie demasiado y dan asco las traiciones al espíritu del Macho auténtico, aquel que no cree demasiado en el valor de existencia alguna, sólo le demuestra ternura a su caballo y se ríe de los que se protegen al oír las balas. A situaciones de hecho durante la violencia revolucionaria, se las presenta años más tarde como conquista social y psicológica, las lecciones bélicas que reafirman para siempre la inferioridad de las mujeres y de los cobardes (aquellos que, por razones oscuras, creen tener algo que perder si se mueren). Si te han de matar mañana, yo te mato de una vez.

103

El Macho: ¡Por su mamacita, no me dejen vivo! Van a pensar que les pedí perdón

Al adquirir mayúsculas la Revolución Mexicana, un lenguaje de época reaparece como mitología pública. El macho es admirable porque sólo se humilla ante los superiores y el "tener muchos güevos" es el único idioma de la grandeza. ¿A quién le importan las zonas de crueldad y barbarie de los machos? Así es la Naturaleza, feroz con los vencidos y los débiles, harta de las consideraciones que se le guardan al instinto de conservación: "Y sin decirle una palabra a nadie, se lanzó hacia el nido de ametralladoras exponiendo el pecho ante las balas, y gritando: ¡Péguenme aquí, cabrones!" A la luz de la exaltación del machismo, la crueldad deviene pintoresquismo o exigencia de los tiempos, y los actos heroicos, aislados de su realidad, se reducen a atractivos de taquilla en la difusión histórica y en la industria cultural. Y fotos, libros o fascículos, preservan los recuerdos de aquellos años donde el *más hombre* fallecía de perfil, gallardamente y con lujo de detalles. Ya no hay de ésos, ya no los habrá. Seguramente usted señor, y usted señora, desean contemplar nuevas proezas del macho, a quien le impacienta tanto la espera que muere a los cinco minutos de iniciada la película o la novela.

La conducta paradigmática: serás hombre, hijo mío

El poema *If* de Rudyard Kipling (versión de Efrén Rebolledo) concluye heroicamente:

> ¡tuya es la tierra y todos sus codiciados frutos
> y lo que más importa ¡serás hombre, hijo mío!

Tal es, casi hasta el día de hoy, la filosofía prevaleciente, más allá de las consignas del machismo: *ser muy hombre* es la cumbre más alta de la conducta, la victoria sucesiva y simultánea sobre la adversidad, el egoísmo, la sinrazón, el ofuscamiento general que tacha tu entereza. "Uno se recibe de hombre" es la frase común (el canon) que durante un siglo excluye y condena a lo insignificante: la condición *de mujer* ("y lo que menos importa; serás mujer, hija mía"). La ideología patriarcal hace de un hecho biológico la meta codiciada y prestigiosísima: *un hombre*, alguien de tal modo desprovisto de fragilidades y debilidades que obtiene la inefable madurez: hacer lo que le venga la gana. Nueva trampa semántica: el *muy hombre* es el triunfador, fatal destino el de las mujeres. . . y el de los fracasados: "Tu padre es poco hombre. Mira en qué situación nos tiene"/ "No fue lo suficientemente hombre para garantizarte tu educación." Quien no-la-hace-en-la-Vida, debe conformarse con escenificar de memoria y de lejos a la hombría, ese privilegio de tan pocos.

El Macho: ¿Qué me miras? ¿Soy o me parezco?

Post mortem, Pancho Villa es el emblema del machismo. Agigantados, algunos rasgos de su personalidad consienten tal "empleo social" de la figura, que borra o distorsiona su talento de estratega, sus razones de clase, la energía de su rencor social, e iluminan sólo la exaltación de la cultura de la violencia. El periodismo, la narrativa y el cine delimitan una y otra vez la esencia del personaje: familiaridad con la muerte, instinto sin contención, avidez feudal por las mujeres. Desaparece del personaje la exigencia reivindicadora que lo hizo posible, se omiten sus correspondencias con la época, y se le aísla como signo de barbarie, el Macho de la Revolución.

A esto, sucede una crítica más general. En 1934, poco antes de que los medios masivos reduzcan a Villa al papel de macho desatado, Samuel Ramos advierte en *El perfil del hombre y la cultura en México*:

> La obsesión fálica del 'pelado' no es comparable a los cultos fálicos, en cuyo fondo yace la idea de la fecundidad y la vida eterna. El falo sugiere al 'pelado' la idea del poder. De aquí ha derivado un concepto muy empobrecido del hombre. Como él es, en efecto, un ser sin contenido substancial, trata de llenar su vacío con el único valor que está a su alcance: el del macho. Este concepto popular del hombre se ha convertido en un prejuicio funesto para todo mexicano. Cuando éste se compara con el hombre civilizado extranjero y resalta su nulidad, se consuela del siguiente modo: 'Un europeo —dice— tiene la ciencia, el arte, la técnica, etcétera, etcétera, aquí no tenemos nada de eso, pero. . . somos muy hombres.'

Hombres en la acepción zoológica de la palabra, es decir, un macho que disfruta de toda la potencia animal.

De la crítica cultural se desprende una sentencia: el machismo es *concepto esencialmente popular*, mal típico de las clases inferiores, delito que se agrega a los otros de la pobreza. En principio, el macho, según los ilustrados, será un pobre cuyos únicos recursos exhibicionistas son la indiferencia ante la muerte propia o el dolor ajeno. Pero la campaña antimachismo no se toma muy seriamente. No se dice, por ejemplo, que el amor a la muerte no es herencia atávica sino el resultado de la indefensión evidente en las clases populares. Aquellos educados por un sistema represivo no le dan a su propia vida el mismo valor absoluto que las criaturas de la moralidad dominante. Desde el arranque, el machismo-para-el-consumo es un subproducto de la ideología burguesa, con su estrategia clasista para las masas: sólo el valor físico les redimirá del pecado original de ser pobres.

La burguesía se actualiza lo suficiente para sonreír irónicamente ante los albañiles que golpean a sus mujeres o tienen demasiados hijos en demasiadas partes, y, además, la modernización del país necesita también a las mujeres, a su presencia simbólica en la política y efectiva en el trabajo. El machismo queda como el retrato deformado en donde se reconocerán sonrientes y sometidas las clases subalternas.

El Macho: *de plano eso no nos gusta*

Los mexicanos somos sentimentales por naturaleza. Cuando hay luna llena, salimos a verla. Nos gustan los atardeceres. Amamos la naturaleza. Nos gusta ver una flor hermosa. ¿Sentimentales? Para la gente del norte quizás seamos cursis. Eso le da un impulso tremendo y maravilloso a nuestras almas. Es natural para nuestra gente estallar en una canción. Mientras más simple es la gente, más hermosa resulta. En ellos se da un contraste: se enojan, pueden matar y quizás lo lamenten después, pero no saben odiar[. . .] En cambio, por todo el mundo encuentro muchachos vestidos de mujeres y mujeres vestidas de hombres. De plano, eso no nos gusta.

Director de cine Emilio el Indio Fernández.
Declaraciones a *Film and filming*, junio de 1963.

El Macho: y me he echado el compromiso con la tierra en que nací

El descrédito de un concepto atraviesa por su ideologización forzada. El cine, la radio, la canción popular toman un término y lo vuelven show: "Yo soy puro mexicano/ y me he echado el compromiso con la tierra en que nací/ de ser macho entre los machos/ y por eso muy ufano yo le canto a mi país." ¿Qué es ser "macho entre los machos"? Mostrar coraje físico, multiplicar la destreza amatoria, no dejarse de nadie (fuera de las horas de trabajo), parecerse lo más posible a las presencias cinematográficas, especialmente a la de Jorge Negrete, quien nomás por no dejar es jactancioso, elegante, bravío, de voz educada. . . y habilitado con la fórmula incontrovertible, el golpe "geopolítico" de la publicidad: su adscripción inevitable a una región donde —se supone— todavía radica el coraje patrio: "Ay Jalisco no te rajes/ me sale del alma gritar con calor/ abrir todo el pecho pa' echar este grito. . ."

En el palenque, en la-fiesta-de-mi-rancho, en el jaripeo, Negrete es el mayor adorno. El gusto incierto de las clases medias todavía nacionalistas juzga al charro la cúspide (el adiós elegíaco) de la elegancia criolla, con sus caballos alazanes, y sus emblemas del poder rural. El canta: "tus hombres son machos y son cumplidores/ valientes y ariscos y sostenedores/ no admiten rivales en cosas de amores", y su altanería es la precisa para alcanzar las zonas intimidables de los demás, el curso de personalidad indispensable en tierras donde la timidez es subproducto de siglos de dominación.

"Emiliano Zapata" a las órdenes de Hollywood. Si la Revolución le pone trabas a la imagen del hacendado bienhechor, la industria cultural lo resucita despojándolo de cualquier contexto histórico. Y sin embargo, el Gran Macho Operático propuesto por el cine, no es el modelo más operativo. Otros lo aventajan en la forja de temperamentos: Pedro Infante, David Silva, Pedro Armendáriz, Víctor Parra, Rodolfo Acosta, los poseedores de habilidad escénica en una sociedad excesivamente atenta a los desplantes individuales, a la resonancia de gestos y modos de caminar. En las películas del Indio Fernández, Pedro Armendáriz es perfecto: el rostro, la voz iracunda que duplica su presencia, la energía impositiva que contrasta con la debilidad programática de su pareja Dolores del Río. En las películas de Alejandro Galindo, Víctor Parra es antipático, zalamero, cruel y no se deja de nadie (excepto de aquellos de los que se deja). También, a su modo, es perfecto: es el reemplazo para quienes en lo íntimo dudan terriblemente de su parecido con los héroes.

El Macho: el reclame publicitario

Traigo mi cuarenta y cinco,
con sus cuatro cargadores
y traigo pistola al cinto
y con ésa doy lecciones.

Al que no lo quiera creer
se lo voy a demostrar,
con esta cuarenta y cinco
un jarabe va a bailar.

¿Quién dijo miedo, muchachos,
si para morir nacimos?
Traigo mi cuarenta y cinco
con sus cuatro cargadores.

El que quiera corazón,
que me lo venga a pedir,
aunque soy chico de edad
no tengo miedo a morir. . .

Apolonio Aguilar: "Traigo mi 45".
(Exito de 1948.)

Las transformaciones del Machismo

El salto del padre-de-más-de-cuatro al psicoanalizado primero, y al inseguro de sus cualidades urbanas después, no es asunto medible con frases huecas como "la pérdida del machismo". Ciertamente, Pedro Infante ha encarnado el "machismo positivo" por cerca de medio siglo con sus dones compensatorios: simpatía, ternura, solidaridad, lealtad, fragilidad de hierro. Si *Nosotros los pobres, Ustedes los ricos, A.T.M.,* o *La oveja Negra* calaron tan definitivamente en la mentalidad popular fue por "humanizar" al machismo, por darle a la conducta masculina perfiles realistas. "Soy hombre y nada pierdo con hablar contigo", le dice Infante a una mujer suplicante en *Nosotros los pobres*. Del mismo modo, es perfectamente comprensible el éxito de quienes ya no representan la Masculinidad Tradicional. En una sociedad de masas, conviene desdibujar las apariencias patriarcales, huir de los riesgos del anacronismo. No serán ya el pelo largo o la carencia de voz operática o la imposibilidad de avasallar una cantina con la mera presencia las causas del fracaso, del mismo modo que nadie confundiría el universo de las colonias populares con el Jalisco paradigmático de tequila y bravata.

Infante, Negrete, David Silva, Pedro Armendáriz, resultaron los arquetipos de comunidades pequeñas (el pueblito, el barrio, la vecindad), realidades psicológicas que la gente conocía y podía reproducir. Las nuevas figuras, tan escasamente afirmativas, responden a los ámbitos donde la despersonalización es la norma, da igual lo que piensen de mí los vecinos porque éstos son intercambiables y pasajeros. El prestigio de la hombría no se ha debilitado ni mucho menos, pero ya se mide por sus técnicas específicas (el auge de las artes marciales, el culto a Bruce Lee, el éxito de Chuck Norris, el canje del charro por el Ninja), por la asociación de virilidad y violencia (Charles Bronson, Clint Eastwood) o por la irremplazable experiencia personal de la que ya no se entera una sociedad sino, apenas y a veces, los amigos más cercanos.

La Masculinidad: proposiciones escenográficas

El aire libre, que una vez representó la naturaleza hostil, se ha transformado en un escenario. Por ello, la masculinidad en el sentido norteamericano ha perdido su sede y tal vez su razón de ser. En la pradera solitaria iluminada con tubos de neón, la masculinidad es problema de ciertos detalles del vestuario tradicional: el sombrero, los pantalones de vaquero y la guitarra. Se ha aclarado definitivamente que todos los rasgos tradicionales del hombre entre hombres (y entre mujeres también) pueden adquirirse. Uno *actúa* la masculinidad, con o sin anteojos oscuros.

Los cazadores de caza mayor, los alpinistas, los jinetes y otros tipos masculinos representativos son actores en una charada de nostalgia. Las antiguas empresas masculinas, como el beisbol y la lucha libre, al desarrollarse por la noche bajo el resplandor de los tubos fluorescentes se parecen a los programas de televisión y finalizan en la sala. En la época de la pantalla, el exterior y el interior han ido perdiendo su separación.

En la sociedad de masas moderna compiten entre sí los uniformes de toda clase de cultos. La masculinidad es uno de ellos y para crear una impresión, el practicante de la masculinidad debe destacarse en la muchedumbre. Hoy la masculinidad absoluta es un mito que se ha transformado en comedia. Un sombrero 'de diez galones' todavía parece conferir a quien lo usa los viejos atributos masculinos de la taciturnidad, la habilidad manual, la valentía y el amor a la soledad. Pero a la vez la virilidad del vaquero y del chofer de camiones, como antaño la del hielero, es un chiste que ya todos conocen.

Hemingway, quien mantuvo constantemente vivo en sus escritos el tema de la masculinidad, ostentaba a la vez el aspecto del hombre de aire libre y sus supuestos rasgos de audacia, despreocupación, desprecio por lo hipercivilizado y disposición a desafiar la muerte.

Harold Rosenberg, *Descubriendo el presente.*

La Masculinidad: *más vale depurar que lamentar*

Puesto que se intenta purificar la administración pública, solicitamos se hagan extensivos sus acuerdos a los individuos de moralidad dudosa que están detentando puestos oficiales y los que con sus actos afeminados, además de constituir un ejemplo punible, crean una atmósfera de corrupción que llega hasta el extremo de impedir el arraigo de las virtudes viriles en la juventud [. . .] Si se combate la presencia del fanático, del reaccionario en las oficinas públicas, también debe combatirse la presencia del hermafrodita, incapaz de identificarse con los trabajadores de la reforma actual.

Manifiesto del 31 de octubre de 1934, de un grupo de intelectuales mexicanos. Entre los firmantes: José Rubén Romero, Mauricio Magdaleno, Rafael F. Muñoz, Mariano Silva y Aceves, Renato Leduc, Juan O'Gorman, Xavier Icaza, Francisco L. Urquizo, Ermilo Abreu Gómez, Humberto Tejera, Héctor Pérez Martínez y Julio Jiménez Rueda.

La Masculinidad: una estrategia para pasar a la historia

—Ya nos quitaron la primera línea, la última ametralladora fue silenciada.

—Sosténganse.

El operador se echó de bruces, al suelo, con la cabeza rota de un balazo. Los bultos amarillos subían por la ladera, nada más ellos disparaban; nada más ellos gritaban; el clarín estallaba en fanfarrias. De Alba quitó los audífonos al telefonista muerto, y comenzó a gritar:

—Bueno, bueno.

—Bueno. . .

—¿Quién está ahí?

—Su general Velasco.

—Ya nos llevó el diablo; los rebeldes están a cincuenta metros, aquí nos quedamos el clarín y yo; el clarín está herido. . .

—Sosténganse.

El espíritu valiente del antiguo preparatoriano estalló:

—¡Cómo quiere usted que me sostenga, viejo infeliz!, ¡ya quisiera yo verlo aquí! ¡Mande refuerzos. . .!

—Usted no necesita refuerzos; es usted muy hombre y debe saber lo que hace un hombre cuando pierde un combate.

—Tiene usted razón, mi general.

—Ríndase, oficial mula, gritaron varios rebeldes apuntando a De Alba con sus carabinas, a veinte, a quince metros.

De Alba se irguió, dejó los audífonos en el suelo, arrojó el sombrero tejano con un amplio ademán, tomó su pistola reglamentaria, apuntó a la sien derecha y apretó el gatillo. . .

Rafael F. Muñoz, "Es usted muy hombre"

La virilidad: las representaciones de Hemingway

Ante la omnipresente acusación de estar contaminado por una ocupación feminoide, Hemingway respondió inyectando al oficio de escritor la ficción de masculinidad. Por lo menos en lo que a él tocaba la legitimidad sexual del escritor era indiscutible. Además de juntarse con los tipos de aire libre tradicionales como toreros y pescadores de aguas profundas, la actitud de Hemingway incluía la identificación con la nueva imagen viril del activista de la década de la Depresión: el revolucionario de chaqueta de cuero aliado del campesino y del obrero. Podría decirse que cada una de sus novelas se originó en la elección de un nuevo tipo de personificación masculina.

Desgraciadamente a Hemingway no le bastó con demostrar su propia virilidad. Creyó necesario desafiar la masculinidad de otros escritores. Al igual que Teodoro Roosevelt a principios de siglo, se convirtió en un ejemplo del intelectual que calumnia a los intelectuales en general con la esperanza de llevarse bien con los tipos norteamericanos. Durante la Guerra Civil española se excedió hasta el punto de burlarse públicamente de León Trotsky por quedarse sentado ante su máquina de escribir en México, dando a entender que el antiguo jefe del Ejército Rojo carecía de la hombría suficiente como para ir a España a pelear. El, por supuesto, fue a España a escribir.

El hombre viril post Hemingway ha tenido que funcionar con la desventaja de una masculinidad que se reconoce generalmente como una mascarada. El aventurero que vive peligrosamente se ha desintegrado en el impulso irónico de James Bond.

Harold Rosenberg, *Descubriendo el presente.*

La Masculinidad al diván: no todo lo que relumbra es oro

—¿Cuál es la motivación del deportista masculino?

—Fundamentalmente, la misma que en la mujer. En el hombre, por ejemplo el levantador de pesas, básicamente es un inseguro en determinados aspectos de su personalidad, que suple con otras actitudes. De ahí viene el narcisismo, la adoración de sí mismo, que casi siempre termina en la homosexualidad.

En el deporte masculino, se idealizan los atributos viriles: fuerza, velocidad, agresividad y, lógicamente, una formación muscular estética. Estos atributos los encuentra el deportista más fácilmente en el compañero de dormitorio (más al alcance, además), que en una mujer. Esta, a su vez, como parodia estos atributos en sí misma, no busca al hombre que los posee, como sería lógico suponer, sino a la hembra a la cual demostrará su superioridad masculina. ¿Comprende usted?

Psicólogo Felipe Lamadrid, en: revista *Genial*, 10 de noviembre de 1972.

La Masculinidad bajo la lupa:
¿pero hubo alguna vez once mil machos?

—¿Qué opina de la abstinencia sexual en el deportista?

—Es un concepto falso. Yo le recomendaría al varón tener una relación sexual, cuando menos una vez a la semana ya que, por ejemplo en el boxeo, estimula las actividades masculinas muy necesarias en el desarrollo del combate. . . Es falso que la abstinencia sea necesaria o positiva. Es una mentira inventada por médicos homosexuales. Si uno tiene contacto sexual, inclusive dos, antes de la pelea, se siente más hombre y aflora su masculinidad.

—¿Es verdad que en la Villa Olímpica algunos atletas violaron a dos de las edecanes?

—Eso no es noticia. Se dan casos de esos y peores todavía. Lo real es que los atletas generalmente son subdesarrollados sexuales: se masturban. Esto es narcisismo y, consiguientemente, son homosexuales potenciales. Si violaron a las edecanes, sería lo menos malo que hayan hecho, júrelo. Ahí tiene usted todas esas costumbres de ciertos deportistas: si mete gol, nalgadas; si se anotó un punto extra, nalgada. . . ¿Por qué no un apretón de manos, como en el beisbol? Yo lo veía en el Pachuca, Moacyr, Jaracy, todos ésos, se agarraban las nalgas que daba gusto. Son puros homosexuales, se lo puedo asegurar.

—¿Cuál es la motivación del corredor de autos?

—Es un macho seductor pero inalcanzable. Ahí, en ese medio, hay mucho homosexualismo. Desafía a la mujer (la muerte) pero, claro, no se le entrega. Y cuando lo hace, es la desgracia total, absoluta.

—¿Cuál es la motivación psíquica del público?

—Hay de todo. El público es pasivo, lo cual es una actitud feminoide. A nivel global, hay un homosexualismo latente en el público. Si gana el América, se emborrachan y le pegan a la vieja. Si pierde, es la misma cosa. Son dependientes de su propia realidad social.

—Esto, en el futbol, doctor. ¿Qué sucede con el público, por ejemplo, del box?

—Admiran lo que no tienen. Fíjese bien y verá que los más furibundos fanáticos son panzones y mofletudos.

—¿Qué sucede con el deportista acabado?

113

—Simbólicamente, pierde toda su masculinidad, su sexualidad. Ya no le quedan reservas y lo encubre de diferentes modos.

—¿Qué hay en la simbología del toreo?

—Es muy homosexual. Oiga usted sus expresiones: "Ser cogido", "ser empitonado", "meter la espada", "cortar el rabo y la oreja", "dar vuelta al ruedo, al anillo". . . Al torero lo anima su cobardía, pese a todo lo que se diga en contra. Quiere demostrarle a su mamacita que es muy hombre. Desde su atuendo, que es homosexual por excelencia. . . El torero asume una actividad pasiva, muy femenina, cuando el toro lo embiste, cuyos pitones representan simbológicamente dos grandes falos que lo agreden. Lo elude graciosamente del mismo modo que una mujer elude a un hombre muy agresivo sexualmente; con un *muletazo* y frases graciosas.

—¿Cuál es la simbología del futbol?

—Platicaba con unos amigos médicos al respecto. Creemos que la mujer es la pelota, que se le puede mover por donde se le quiere, ¿verdad?, se rebela y de ahí que haya tiros fuera del marco. El portero es muy espectacular, con marcada tendencia homosexual. El gol es la mujer que se logra anidar en la red (el útero), custodiado por la mamá (el portero). . . El gambetero es, quizás, el más masculino de todo el futbol. Pasa a la mujer frente al rival: "Tómala, es tuya, pero antes tienes que quitármela".

—¿Y el cazagoles?

—Reúne ambas características. Femenina, porque le gusta la admiración, el halago, la vanidad. Masculina, porque domina la pelota. Pero fíjese en esto: en cuanto toca la pelota (la mujer) se deshace de ella mandándola lo más lejos que puede y en dirección a la red (el útero femenino custodiado por la madre).

Psiquiatra Bernardo Vargas, catedrático
en la Escuela Normal Superior y en la
UNAM, psicólogo del club de futbol
Pachuca. Entrevistado en *Genial*,
10 de noviembre de 1972.

Machismo: la mala fama de un término, la buena fama de una conducta

Que se pierda lo accesorio, que se retenga lo esencial. A velocidades imprevistas se modifica el concepto de "masculinidad", sometido a diversos asaltos y presiones:

—La divulgación freudiana, con su insistencia en la reconsideración general de la vida sexual, y su andanada contra el machismo, el modo en que la "ideología del enemigo" se filtra a través de un insólito travestismo. ("Me disfrazo de superhombre para no reconocer mi fragilidad.")

—Los reacomodos de la economía y la política, con la presencia creciente de las mujeres, y el inevitable abandono masivo del hogar, "prisión doméstica" dispensable en función de las exigencias familiares.

—La decisión de adjudicarle a las clases populares los rasgos psicológicos y sociales más crudos, las limitaciones más evidentes de la ortodoxia de "lo masculino". Te regalo mi antigua caracterología con tal de que monopolices su desprestigio.

—El avance del feminismo que introduce muy rápidamente nociones como "sexismo".

—El desarrollo del psicoanálisis/ la evolución de las ciencias sociales.

—La necesidad de incorporar a la explotación industrial las virtudes tradicionales, lo que exige subrayar sus lados más circenses, chistosos, ridículos (confrontar la presentación típica del macho en las comedias italianas, o el culto de la inseguridad masculina en las comedias norteamericanas. Decadencia y caída del padre de familia a la luz de las actuaciones frenéticas y/o neuróticas de Ugo Tognazzi y Jack Lemmon).

En el sector ilustrado (o casi) de México, el machismo queda desprestigiado. Es señal de atraso, lo ostensiblemente anacrónico, un chiste que conduce a la tragedia o viceversa. En las clases populares, el machismo es la Graciosa Fatalidad: ¡qué divertido que irremediablemente seamos así, que nos llenemos de hijos, que mantengamos la vocación de harem, que sometamos tan brutalmente a las mujeres! Si el machismo recibió el elogio feudal del personaje del Charro Cantor, ahora merecerá el dicterio elogioso del personaje del Naco Indignado en Vano. Macho es aquel —declaran películas, obras de teatro y series de televisión— que grita y manotea y amenaza e intimida *para defender su falta de derechos*. Macho es quien no se sabe otra, el mexicano que se pone encima toda su masculinidad para no confesar que está desnudo.

La fórmula fatal ("Biología es destino") que las militantes feministas recogieron como el lema del cual partir y al cual invali-

115

dar, es revisada por las clases populares: el machismo será, en quienes carecen de porvenir social, la conversión de la biología en justificación ideológica. A carcajadas, un público festeja la metamorfosis de la resistencia en resignación. ¿Qué otra le queda? Visto de cerca, y sin que la explicación haga las veces de justificación, este machismo es conducta aprendida a golpes de terror y miseria, la impronta feroz del patriarcado expresada como brutalidad hogareña y belicosidad tabernaria.

Ante el tótem de la modernidad, amplios sectores del capitalismo fingen la autocrítica o conceden vastamente, aceptan que la "maseulinidad compulsiva" (ya entrecomillable sin riesgos de sonrisitas irónicas) es autodestructiva, adicción perniciosa, rezago medieval. Se admite sin demasiado problema la falsedad de algunos mitos, se reconoce al cabo de un debate superficial que no son patrimonio exclusivo de la mujer el estallido emocional, el reconocimiento del dolor, la petición de auxilio, el amor por el cuidado de la apariencia, el reconocimiento de la cobardía, la abstinencia alcohólica, las dependencias emotivas, la ternura. A ojos vistas se liquida un código, que a la letra dice:

—mientras menos sueño necesite
—mientras más pena pueda asimilar
—mientras más alcohol ingiera
—mientras menos me preocupe por mis alimentos
—mientras menos solicite ayuda públicamente o acepte mis dependencias
—mientras menos atención le preste a mi desarrollo físico *más masculino seré.*

(H. Goldberg, *El hombre nuevo.*)

Hasta allí se avanza, hasta el reconocimiento de que el "varón nuevo" transita del machismo a la actitud sensible, sin perder un ápice de poder. La ideología masculina concede un poco en las zonas de misoginia y se impregna sin demasiado ruido de virtudes anteriormente encerradas en el concepto de lo femenino. Pero falta todavía para que los cambios en la categorización de "lo masculino" y "lo femenino" afecten de modo manifiesto al control patriarcal.

En lo básico, ni un paso atrás. El feminismo avanza con rapidez
(no los grupos específicos, sino la influencia de muchos de sus
puntos de vista) y trastoca más rápidamente de lo que se admite
la consideración del papel de la mujer. Se derrumban prejuicios
creídos inexpugnables, se liberaliza el lenguaje, se desvanecen
nociones como el ''honor'' que reside en el himen, se cuestionan
ilusiones como ''la lucha indivisible de hombres y mujeres'', se
confiesa a media voz la desintegración de la familia tradicional,
dándosele la razón a visiones ácidas, profanatorias:

> [. . .]Familias,
> criaderos de alacranes;
> como a los perros dan con la pitanza
> vidrio molido, nos alimentan con sus odios
> y la ambición dudosa de ser alguien.

Octavio Paz, *Pasado en claro.*

(1979)

117

Crónica de sociales:
Cinco cenas de amor

I. Lo vi tan de cerca que me pareció de carne y hueso

NUNCA IMAGINÓ ALGO semejante, ni en sus más locos y agitados momentos. ¿Quién le iba a decir que ella, una chava como hay tantas, como son todas, estaría junto al ídolo, cenaría con él, oiría de sus labios cosas maravillosas, frases tan inolvidables que ni siquiera logra escuchar, que la acarician, la enternecen y le hacen olvidar por un instante su estremecimiento? Cuando leyó en la revista *TV y Novelas* lo del concurso para cenar con el Galán de Moda, se rio sola y no durmió esa noche, pero luego ya no lo pensó más. Total, qué perdía, ella quería verlo, no sólo en la telenovela sino cerquita, al alcance de la mano, segura de que ese sueño de todas las noches la miraba con fijeza, la atraía hacia sí, la besaba con suavidad, la besaba con pasión, la besaba con amor respetuoso, la besaba riesgosamente, la ceñía con un abrazo inescapable. . . Trémula y palpitante, como ella misma se definió, llevó la carta a la revista, le sonrió con timidez a la secretaria, se volvió a reír sola, bajó las escaleras ruborizada, aguardó días enteros y se olvidó del asunto hasta el telefonazo.

II. La vi tan cerca que me pareció de carne y hueso

Cuando me avisaron que yo había ganado el concurso, me dieron ganas de llorar, y eso que nunca me ha dado por ahí, ni cuando murió mi padrino. Me quedé sin dar crédito por horas y todavía no lo creía cuando llegué a la Fonda Margarita, en una de las calles del pueblo de San Clemente. ¡Imagínate! Yo, un contador privado, en la misma mesa de Lucía Méndez, es decir, de Vanessa, la misma Vanessa que tuvo a todos pegados al aparato viendo sufrir y pelearse por ella a dos hermanos. Sudaba que daba gusto; me imagino que así se sienten todos los afortunados.

Mientras la esperaba, me preguntaba cómo sería en persona. Durante meses escuché tantas cosas de Vanessa que casi la sentía mi amiga. ¿Cuál será su opinión de mí? Seguro que ya sabe en qué trabajo. Sí, al menos eso le deben haber contado de mí. . . pero. . . ¡ahí viene ella! Luce tal como me la imaginé: bellísima, igualita a sus fotos, lo que ya es mucho, con esos ojazos penetrantes, y es bella, graciosa, con esa personalidad que no se da en maceta. Tiene razón su secretario: muestra en cada movimiento su alegría de vivir. ¡Qué linda se ve! Ahora entiendo la pasión de sus pretendientes Héctor Bonilla y Rogelio Guerra, qué seres tan afortunados.

Se acercó a mí sonriente. Por más que quise, no pude disimular mi nerviosismo, nunca me he sentido más cohibido. Nos saludamos y la invité a pasar al interior de la fonda, una fonda de lujo, con mesas largas y rústicas. La mesera estaba también muy agitada, tartamudeando nos preguntó qué deseábamos y luego no se quería ir, nomás mirándola. Le dio su autógrafo y luego me sonrió para devolverme la confianza que perdí al verla. Me sentí confundido. ¿Cómo le hace para ser tan vigorosa y tranquila, tan fuerte y femenina? Una muchacha muy singular, elegante, triunfadora, deseosa de mantenerse en su alto sitio. Si así fueran todas, no habría solteros. . . Mejor me calmo para oírla. Sé que todos en la fonda me observan y me envidian.

III. Es tan guapo que ya no supe ni qué decirle

—Usted tiene que venir antes a nuestras oficinas; si es menor de edad la debe acompañar una persona mayor.

Ella es Piscis, tenaz, perseverante y consigue lo que quiere. El es Leo. . . y con ese rostro para qué quiere más virtudes. La combinación es infalible y por eso no le sorprendió tanto su triunfo, siempre supo que lo conocería, quizá por eso compra la revista puntualmente y la escudriña. Una Piscis está marcada por el destino y debe confiar en sus corazonadas.

Que no sea hipócrita. Su triunfo sí la conmocionó. En rigor, ¡se quiso morir! Colgó el teléfono y se lo contó a todas las compañeras de oficina. ¡Qué satisfacción verlas fingir un interés muy tibio, mientras por dentro se morían de rabia! Ella es secretaria y éste es su primer trabajo, hace poco salió de la Escuela Bancaria Comercial. Por fortuna, en su casa sólo son dos personas: su mamá y ella, y su mamá es muy comprensiva. Ni siquiera puso resistencia a la idea de que cenara sola con un desconocido. Bueno, él no es un desconocido. Ella sí.

Le tiemblan las rodillas, le sudan las manos, siente un hueco en el estómago. Ya se lo advirtieron: tómate un tranquilizante, pero ni para eso tuvo cabeza. Se preparó desde temprano y sin pensarlo mucho se decidió por un vestido sencillo. Sería ella misma, no se disfrazaría con una imagen falsa para ver a un actor tan importante, y muy accesible, tal como se lo imaginaba. ¡Y llegó la hora! A la puerta del restaurante ya no sabía qué hacer, si irse a su casa corriendo o seguir adelante. Repentinamente, en el umbral, vio el perfil griego del famoso hijo de don Enrique de Martino, el de la telenovela *El maleficio*. El la miró y en sus labios se dibujó una sonrisa de maldad, de perfidia, de algo así de bello. Ella cree que la reconoció por su cara de susto.

IV. Es tan bonita que me faltaron las palabras

Y yo estaba ahí, frente a la linda y dulce *Muchacha de barrio* y las palabras se me hacían nudo en la garganta. ¡Ella ha pasado por tantas amarguras! No dejaba de asombrarme su serenidad. ¡Qué increíble Anita Martín! Bueno, qué increíble Laura, tan sensacional como Marga López o Blanca Estela Pavón, mis actrices favoritas de las películas en la tele. Quisiera decirle que en persona es igualita a como se ve en la televisión, pero mentiría. . . ¡es mucho más bonita! Dulce, simpática, accesible. . . ¡y un sueño de mujer!

¿Qué le pregunto? ¿Y cómo le hago para acordarme de todas sus respuestas? Si se me olvida alguna no me lo voy a perdonar. Y no me lo va a perdonar mi familia. Pero si no le hablo, ella no me contesta.

—Supongo que el tema te resultará espinoso, pero. . . ¿qué piensas de lo que le sucedió a Raúl Moncada?

Te lo juro, su mirada se entristeció por un momento; me doy cuenta de que para ella *Muchacha de barrio* no ha sido una telenovela, es la vida misma; luego se calma y me contesta con voz apagada:

—Sí, en efecto, no me resulta fácil hablar de ello, pero verás. . . lo que más me ha dolido de este episodio es ver a *Raúl*, él toda energía y movimiento, atado a esa horrible silla de ruedas. Lo del matrimonio es secundario ante mi preocupación por su salud. Un doctor dictaminó que ya nunca se curará. ¡No puedo soportarlo!. . . El amor. . . Bueno, yo que soy soñadora como mi madre, quiero aferrarme a la idea de que todo fue una horrible equivocación de su parte. Muchas veces llegué a pensar que me quería. . . y hasta me arrepiento de haber sido tan definitiva en mis juicios, en no querer aceptar sus condiciones. ¡El tan liberal! Tenía que decepcionarse de una chica humilde como yo. Tal vez, en cuestiones de amor, eso no cuenta, pero en mi caso pesó. . . y mucho.

Me aturdo al oírla. No entiendo. ¿Cómo habla tan tristemente si ella es Ana Martín, es decir, Laura, la heroína de *Muchacha de barrio?* Me sobrepongo a mi desconcierto y le hablo con franqueza:

¡No digas eso! ¡Tú eres una gran muchacha! Todo lo que has hecho es actuar de acuerdo con tus valores, tu educación, los principios que te inculcaron. . . ¡No te arrepientas!

Las palabras salen espontáneamente de mis labios, es que la veo tan desolada y confundida que necesito desesperadamente consolarla.

V. Fue una noche maravillosa. El hablaba en voz baja y yo me prendía a sus palabras

Después de todo, Humberto Zurita en *El maleficio* es un joven rico, así que ella no sabía a qué lugar la llevaría y qué era lo adecuado en cuestión de ropa y maquillaje para una ocasión tan especial. Pensó pedirle prestado su vestido a una amiga, pero se arrepintió. Lo contaría y ella no soporta las burlas. Dejó que él pidiera por ella, que le recomendara una crema de nuez y un T-Bone y crepas de huitlacoche. Asintió (pálida) a la idea de tomar vino, y fingió probarlo y dijo entre dientes que le parecía riquísimo. Estaba aterrada. El mesero llevó un platillo y ella exclamó: "¡Hummmm, parece muy sabroso, pero es demasiada carne!" El galán la miró sonriente: "Si está como se ve, no dudo de que te la acabarás —dijo— ¿tú crees que lo que uno come se refleja en el cuerpo?"

La pregunta la sobresaltó. En ese instante se le agolparon todas las tardes y noches viendo televisión, bebiendo los capítulos de las novelas, segura de aprenderse las frases que usaría más tarde, las dijera o no. Quiso comentar algo sobre el organismo sano y la voz se le apagó, quiso murmurar que las verduras eran nutritivas, pero nomás no podía. En verdad, sólo tenía ganas de decirle que era feliz, por ser la única en el mundo, la que cenaba con él a solas, aunque claro que le daba miedo, pero una telenovela no es la realidad o no debe ser la realidad, y se tranquilizó viendo la curiosidad de los clientes y los meseros del restaurante mientras el fotógrafo de *TV y Novelas* los retrataba. ¿Lo que uno come se refleja en el cuerpo? No supo qué responder y, sencillamente, prefirió llorar mientras le decía: ''No te enojes conmigo, pero he esperado tanto este momento que se me quitó el hambre.'' Y el fotógrafo desdeñó las lágrimas y tomó su plato y, sin consideración alguna para sus sentimientos, se puso a cenar allí mismo.

(1980)

III

*Traviesa con las ondas jugueteando
el busto saca del remanso frío...*

Manuel M. Flores

Instituciones:
La nostalgia.
La mano temblorosa de una hechicera

(Desde su retiro, la ex-vedette)

—USTED ME VE ahora y no lo cree, pero yo fui de esas partiquinas o chicas del coro o vedettes, como hoy dicen. *Ya llovió, ya llovió.* Si no va a revelar mi nombre le confieso mi edad, porque así solita, sin un nombre que alguien reconozca, la edad no importa y la profesión menos: ¿cuántas mujeres viejas hoy tan respetables, no hicieron de todo en su juventud?. . . Pero se lo advierto, soy distraída y si empiezo a conversar ya no me detengo. Mis amigas me dicen La-Millón-y-una-noches, según ellas me paso la vida hablando de gentes que ni han visto ni verán y muy probablemente yo tampoco conozco. Por eso, si desvarío, deténgame sin problema. . . Como le decía, ya tengo sesenta y seis años y fui vedette de los años veinte. Sí claro, usted ya lo sabía, de otro modo no me entrevista sobre mis recuerdos de Agustín Lara. . . ¿Recuerdos de Agustín Lara? ¡Si aquella época es mi archivo privado! Vivo rodeada de programas y fotos, mire estos libros y revistas. ¿A que ni sabía de su existencia?

Debuté en el Teatro Politeama en el meritito 1933. Ya casi todo se me borra, sólo tengo fresquecitos los camerinos donde nos apretujábamos y los espejos rotos y la pasarela de cristal y las flores secas y los gritos del coreógrafo. Lo demás no sé si lo viví o lo leí o me lo contaron, eso le pasa a una con la edad, pero me estoy yendo por otro lado, ¿no le digo? El Politeama estaba en la calle de San Miguel que hoy se llama Izazaga, a unos pasos de San Juan de Letrán. Uy señor, San Juan de Letrán entonces no era una calle, era el centro de la capital, la vida que valía la pena se reducía a unas cuantas cuadras, era la zona libre, y no había por qué diferenciar lo que se podía y lo que no se podía hacer, entre lo que se comentaba en la mesa y lo que nomás se oía en la plática de los hombres solos. Era el lugar para pasearse sin dejar de ser *decente* (si de eso se trataba). En San Juan de Letrán todo agarraba otro aire, otro modito. Era el paseo obligado de los choferes, los políticos, las rameras, las señoras sin marido esa tarde, las parejas de novios que buscaban el traje de bodas, los maricones. . . Creo que fue en San Juan de Letrán donde los jotos empezaron a salir de sus agujeros, no uno por uno sino juntos, nunca habían tenido una avenida para moverse sin tantos miedos, sin temer a ser golpeados como a veces pasaba en la Alameda donde hasta acuchillaron a un conocido nuestro, que duró días sin que nadie lo identificara. . .

Los invertidos eran incansables y exitosos, ya ve usted que el hambre convierte en moros a los cristianos y eso lo sabían los señores siempre muy vestidos, que caminaban lento y miraban de derecha a izquierda, de izquierda a derecha. Daba vértigo. Yo les admiraba su disciplina. No fallaban día, recorrían las cuadras minuciosamente, se detenían de golpe y se acercaban al joven y le decían dos frases o una, y ya estaba. O se tardaban más, hacían como que no veían, sonreían muy amables para darse a desear, y si alguien les devolvía el saludo apresuraban el paso para luego quedarse quietecitos, jugando con monedas o examinando su reflejo frente a un aparador.

A los cabarets de esa zona, casi nunca fui. Pero no eran como los de las películas, que más parecen confesionarios, con todas las huilas llorando sus penas y contando su vida y corriendo al cuartito para ver si el niño no se ha despertado y rezando para que el cinturita no llegue esa noche y las golpee. No creo sinceramente que así ocurriera todo. Yo me acuerdo más bien de lugares pequeños en donde una no se explicaba cómo cabían tantos, y además la orquestita y los meseros y los vendedores ambulantes. ¿Cómo se soportaba tanto humo? Señores de smoking y muchachos de overol, a los cabarets del rumbo de San Juan de Letrán iban todos y a mí cualquier salida me parecía emocionante, me sentía aventurera intrépida, o algo así.

"Lo más bonito era la chaquira.
Si algo recuerdo es la chaquira..."

!Ser partiquina o vedette entonces era muy divertido, porque se conocía a toda clase de gente, no sólo a las grandes como Celia Montalván y María Conesa y Lupe Rivas Cacho, sino a personajes maravillosos, que de veras lo eran porque he seguido recordándolos toda la vida. Yo me hice amiga de una muchacha, Aurorita, que estaba necia en casarse con un político. Todo el tiempo me decía: "¿Ya ves a Chela que se casó con un señor tan importante?" "¿Te fijaste quién vino la otra noche?" Chela era nuestro ídolo, la que dejó la bailada para irse a la casota con sirvientas. Y la ilusión era hablar con los políticos y adivinarles las maniobras y no dejarse engañar, ¡figúrese usted!

Era un México pequeñito en donde la gente se desayunaba con las noticias de la madrugada. Aurorita se enterció en casarse de blanco con un político importante, y por eso no aceptaba invitaciones de quien fuera. Y acabó yéndose con un tipo que resultó un pobre diablo pese a su manía de tocarse a cada rato el revólver para comprobar si todavía estaba allí. El tipo la embarazó y luego huyó y no era ni político ni nada, y Aurorita de la decepción nunca volvió al teatro.

Entiéndame. Yo no fui liviana pero no presumo de mi abolengo y de mi pureza en plena revolución. Si no le di mucho vuelo a la hilacha, tampoco fui lo que se llama *decente, decente, decente*. Eso ni en un convento. Hice lo que se podía sin dinero, y lo demás "crímenes son del tiempo" como dice mi marido que le aprendió la frase a un señor muy fino con el que trabajaba de chofer, aunque me asegura que él nunca nada... Así es, nomás dése cuenta, mi mamá, sus dos hermanas y yo recién llegadas de Salvatierra sin experiencia de trabajo y sin parientes. Pues sólo podíamos hacer una cosa: lo que fuera. Mi mamá lloró mucho el día que entré al Politeama. "Te vas a perder, me decía, te vas a perder, y yo le voy a fallar a la Virgen y al padre Alfaro." Pues no le falló mucho, aunque mis hermanas cuando se enojan conmigo, dicen que mi aspecto ayudó.

Pues ahí nos tiene, malcomidas, y apenas vestidas pero no nos quejábamos. Nos gustaba tener amigas y no mirábamos a nadie por encima del hombro, ni nos quedaba. En la vecindad vivían al lado de nosotros dos muchachas no exactamente prostitutas, más bien necesitadas de "protectores" que de cuando en cuando les

129

resolvían los desajustes económicos. ¿Ve cómo todo parece película mexicana? Quizá por eso hablamos del pasado con tanta precisión porque de lo que nos acordamos es de una película donde nos metemos a fuerza como personajes. A estas muchachas no las recuerdo con cariño por dármelas de amplio criterio, en serio que no, se portaron rebién con nosotras y las quisimos mucho. Todavía hace poco me preguntaba qué habrá sido de ellas. Cuando me casé abandonamos el rumbo, y siempre quise invitarlas a comer pero hasta la fecha. . .

Lupe y Patricia fueron las primeras en hablarnos de Lara. "El Flaco, decían, vino el Flaco y nos regaló una caja de chocolates o vino el Flaco y traía una botella de champagne." No eran interesadas, simplemente admiraban al Músico Poeta a pesar de sus desplantes, y se embelesaban con su música y sus anécdotas. Ellas me contaron. . . Pero antes, déjeme advertirle. Mis hijos y mis nietos no se creen muchas cosas porque dicen que no me consta. Pero no necesité ir a la toma de Zacatecas, para enterarme de que hubo balazos, ¿verdad? Ya le cuento, según Lupita y Patricia, Agustín andaba tan arrancado de dinero que aceptaba lo que fuese. Un amigo suyo, un político de Guanajuato, lo contrataba una vez a la semana para tocar el piano mientras él hacía el amor. ¿Cómo la ve? Un departamento semi amueblado, cuadros taurinos, la botella de cognac sobre el piano. . . y el artista toca y toca y en el otro cuarto aquel tipo enorme de más de cien kilos jadea y jadea deteniéndose a sonreír por lo poético de la situación. Lara cantaba, suspiraba, reía, improvisaba interminables poemas sobre los muslos de perdición y los ojos como paisaje donde no se ponía el sol, y el tipo no acababa nunca y hacía trampas con tal de seguir oyendo a Lara o a la mejor por otras razones, y Lara le dedicaba la siguiente canción a todas las mujeres del mundo, desde su madre hasta la Malinche, y la pobre muchacha en turno que de eso vivía, sufriendo bajo el peso intolerable y consolándose del sofocón con los debuts mundiales del Maestro.

Le hablaba del Politeama. En serio que valía la pena. Era enorme para los teatros de la época y a nosotras se nos hacía elegantísimo aunque no tuviera ni palcos ni plateas. Ahorita mismo lo veo, llenísimo de molduras, con su vestíbulo de espejos en donde se veían casi a hurtadillas estudiantes, choferes, obreros, provincianos admirados, doctores o abogados jóvenes. Todos sonriendo. Me imagino que así debían ir al teatro las buenas familias de don Porfirio. Aunque en el Politeama, los precios estaban muy módicos: uno cincuenta, dos pesos y después hasta tres pesos. Ya no me acuerdo bien de lo que costaba la gallola, pero el caso es que el teatro siempre estaba a reventar. Yo debuté un viernes, cómo se me va a olvidar, bailando el número jarocho que hizo famoso Toña la Negra. ¡Qué gran cantante! Si ahora todavía gusta, imagínese entonces. Empezaban el micrófono y el megáfono y si el sonido se descomponía, Toña ni lo necesitaba. Era muy tímida en la pasarela y como que le daba vergüenza desplazarse, pero al cantar ni quien se fijara en su nerviosismo. Su voz le daba gusto a todos, no a cada uno. No sé si me entiende. Otras cantan para que cada quien se inspire y sufra sintiendo que la canción es nomás suya, que la canción está hecha para consentirlo a él o a ella. Toña como que le quitaba importancia a las letras, ella es más musical que sentimental y no es cómplice de nadie ni recargadera del dolor o del abandono o del ansia de las lagrimitas. En eso fue distinta a Elvira Ríos, María Luisa Landín o Ana María González, aunque mis respetos para esas señoras.

¡Qué curioso! En lo que terminó una mala reputación. A muchas señoritas de entonces sus padres les prohibían canturrear a Lara, y muchos curas previnieron contra ''los malos tiempos que vivimos'' en donde ''hay quienes le hacen buena fama a las mujeres de la mala vida''. Pero con los años Lara se fue haciendo símbolo de la tradición, tanto, que supongo a veces que vino a México de fraile en la expedición de Hernán Cortés o de pianista con la orquesta que recorría con Juárez el norte del país. Agustín Lara cantó por la patria. ¡*Presente*! ¿Qué tal? ¿No se le hace que él es muy nuestro, alguien de la familia? Por más que digan que a los catorce años ya era pianista en una casa de citas (en donde se estaban hasta el derrumbe del último cliente), se le quiere igual que a San Martín de Porres o al Beato Sebastián Aparicio. Bueno, los jóvenes puede que ya no. Dése cuenta, en mis tiempos ''Noche de ronda'' era canción viciosa y disipada, para entonarse a las seis de la mañana aguardando el transporte. Hoy ''Noche de ronda'' evoca al México que se fue, es casi un lamento por la pérdida de valores morales y la falta de respeto a nuestras tradiciones. ¡Qué raro!, ¿no? Según mi esposo ''Noche de ronda'' ya es casi un himno de primera comunión. . . *que las rondas no son buenas, que hacen daño, que dan penas*. Por eso me da igual que revelen que el Maestro bebía ajenjo el día entero y le entraba a la mariguana y cosas peores. Yo por las dudas nunca lo creí. ¿Para qué? Lara es como Juan de Dios Peza, otro Cantor del Hogar.

Yo al Flaco de Oro lo conocí muy bien. Claro que no fui su amiga del alma, eso no era posible, yo era muy tímida y él era Gran Figura, el Nombrezote. . . No fui su íntima pero me pasaba las horas observando su rostro demacrado, su cansancio, su paso bamboleante, su gusto por decir piropos y obsequiar flores. ¡Que bárbaro! No he sabido de nadie tan regalador, que Toña estrenaba canción, a llenarle su camerino de orquídeas; que alguna se iba de la compañía o recibía invitación del Flaco a cenar, ¡zas!, el ramote de rosas. Y nos chuleaba el día entero, que reinas y hermosas y duquesas y princesas y emperatrices, puro título de nobleza y todavía se daba tiempo para besar la mano con delicadeza y arrodillarse ante nosotras en los pasillos o en el foro del Politeama durante los ensayos y decirnos "Muñeca, sé mi reina", o "Reina, sé mi muñeca" o lo que se le ocurriese. ¡Total! El Maestro era bien adulón con las mujeres, en ocasiones hasta empalagaba comparándonos todo el santo día con magnolias, dalias, claveles, rosas, jazmines. Una compañera le dijo un día: "¡Ay maestro! Ya compárenos con mujeres, no que aquí parece el Jardín Botánico." El la besó en la mejilla y durante unos días nos llamó Circe, Venus, Afrodita y otros nombres que nos daban mucha risa.

Nosotras siempre hablábamos de lo mismo, algún chisme de San Juan de Letrán o la fortuna de los pretendientes o la vida sentimental. "Ayer cantamos 'Imposible' toda la noche", confesaba una tarareando: *Y que cambies tus besos por dinero, envenenando así mi corazón. Y el tipo no se dio por enterado.*

No sé como supimos que la mujer sentada casi a diario en la tercera fila era la causante de la cicatriz del Flaco, la que en un rapto de celos o despecho lo hirió con un vidrio. Durante meses no le quitábamos la vista de encima creyendo observar sus ojos llorosos de remordimientos. Lara cuando la veía se ponía pálido. Un día nos armamos de valor y nos acercamos al Maestro cuando estaba con las manos inertes sobre el teclado.

—Maestro, díganos la verdad.

—¿La verdad de qué, mis musas?

—Esa señora de negro o de azul marino que viene todas las noches, ¿es la que le hizo daño?

Agustín no respondió, se quedó muy quieto y de pronto empezó a improvisar en el piano. Lo oímos fascinadas un larguísimo rato. Al concluir, sólo nos dijo: —No, no me hizo ningún daño. ¿Cómo te va a dañar quien te arranca esa estorbosa víscera que es el corazón?

En el Politeama se estrenaba una canción cada quince días. Ni me pregunte cuáles, que en la memoria se me arrejuntan. Para mí, Lara las compuso todas la misma eterna maravillosa noche. Sólo tengo bien presente "Talismán" porque fue el día de un motín en el centro, ya no me acuerdo por qué, en el programa estaban don Pedro Vargas y las Hermanas Aguila y Manuel Medel y la cubana Rita Montaner. Ah, sí, ya sé. Los padres de familia desfilaron protestando contra la educación sexual en las primarias y teníamos miedo de que la agarraran contra nosotras. Estabamos acobardadas, esperando que en cualquier momento se subieran al escenario a raparnos. Agustín tocó "Aventurera" y "Pecadora" y comentó: "Queridos amigos, esta noche mi inspiración quiere vestirse de gala porque deseo ofrecerles una canción vuelta ámbar y luces solferinas y magia blanca. Si les gusta, ni siquiera aplaudan. Su silencio, cuajado del rocío del entendimiento, será para mí el regalo más hermoso."

Me acuerdo con detalle porque estaba extasiada y al día siguiente le pedí que me las escribiera y me aprendí sus palabras. Pero esa noche se sentó al piano, bailamos, termina la canción y el público aplaude y aplaude. Repetimos "Talismán" tres veces. Al concluir dijo Lara: "Queridos amigos, hoy ustedes no quisieron regalarme la perla de su silencio, pero con su cariño han desgranado mi corazón."

Yo estaba miedosísima, imagínese. Todavía no me explico cómo se divertía la gente entre disturbios y gritos de "¡Muera Calles!", "¡Muera el imposicionismo!". . . Pero seguían yendo porque el Politeama era la catedral del entretenimiento e imposible faltar, al cabo la política no lo era todo. Don Luis N. Morones, el líder de los proletarios, era fanático de Lara y acudía con sus pistoleros y sus queridas. Les apartaban dos filas. Una querida, un pistolero. Una querida. . .

Usted no se imagina a Lara en ese entonces. La gente se esforzaba en aprenderse de inmediato sus composiciones. No le miento: a tres días de estrenada, una nueva melodía se escuchaba por todas partes. Me acuerdo de "Concha Nácar". Antes de una semana, no había quien no se la supiera. Le llevaron *gallo* a una vecina con "Rosa", "Mujer" y "Concha Nácar". Prendimos la luz y le pedimos al tipo que la repitiera. Lara nos hacía sentir, vibramos porque nos dábamos el lujo de ser románticos.

Ahora repiten medio burlándose, lo de *Yo tuve las violetas de tu primer desmayo* o *Es tu pie menudito como un alfiletero*. Claro que es más fácil meterse con lo que ya pasó, pero sí es cierto que en el Politeama la gente se maravillaba de las frases y algunos las anotaban.

Eso era lo bonito del Politeama y por eso le tengo tanto cariño. Allí todo giraba alrededor de los sentimientos, porque así lo quería el público y así lo quería la compañía. De los sucesos importantes de entonces me vine a dar cuenta años después; nosotras —entre tanta lentejuela y plumas y rabietas del coreógrafo— sólo sabíamos de la carestía de la vida, de las dificultades para andar solas de noche, de los nuevos bailes y canciones, de algo que le pasó a un Señor Muy Importante que comentábamos sin cesar durante media hora (para ver si nos enterábamos de algo) y olvidábamos acto seguido. De esos años, retengo frases o fotos o canciones. . . ¡Ah!, y detalles preciosos como la vez que Lara, la víspera de un día de fiesta, nos exigió: "Muchachas, hoy ya no se desvelen. Las espero mañana a las doce para irnos de excursión. . ." Como pudimos, llegamos en punto y allí estaba Lara con un fotógrafo junto al camión de pasajeros prestado por su amigo el político guanajuatense. Con la mirada, el Flaco nos pidió silencio para explicar el viaje:

—Muchachas, las cité para mirar de frente el rostro de la Historia. Yo de política no sé nada y moriré ignorándolo todo cuando el Creador me llame a interpretarle mis canciones personalmente. Pero sí sé, mis musas, de efluvios y de irradiaciones y por eso las invito a acompañarme en un paseíto por la inmortalidad.

Salimos rumbo al Paseo de la Reforma. Al rato, nos detuvimos en Anzures frente a una residencia muy impresionante (que a mí me impresionó muchísimo). Había muchos autos y dos grupos de agentes policiales a la entrada. Lara se bajó y fue hacia ellos. Varios lo reconocieron saludándolo con grandes abrazos, festejándole sus gestos, remedando con cariño su dedo índice apuntando a su corazón, cantándole fragmentos. Entre carcajadas lo acompañaron hacia el camión. Agustín nos arengó triunfalmente:

—Princesas encantadas, estos amables y gentiles caballeros han accedido a mi petición. Desciendan, por favor.

Frente a la casa arreglamos una pose de grupo (con Lara en el centro) y el fotógrafo se dio vuelo. Nos tomó como veinte fotos. Los agentes pidieron incorporarse al grupo en calidad de amigos íntimos. Al terminar, Agustín explicó todo:

—Hijas mías. Esta casa es la casa de don Plutarco Elías Calles, el hombre más poderoso de México. Más poderoso y más bueno, aunque se ofenda, porque es de los que les gusta pasar por ogro. Gracias a las virtudes hospitalarias de estos grandes amigos somos ya, cada uno de nosotros, propietarios de una foto histórica.

Nunca lo fuimos. El fotógrafo jamás volvió o algo pasó, a lo mejor era muy inepto. ¿Me cree usted si le digo que hasta la fecha todavía me da rabia no tener esa foto? No por la casa de Anzures sino por todo: los agentes manoseándonos a la primera oportunidad, nuestra alegría de estar juntas en ese sitio. . . y Agustín Lara, con su traje de terciopelo y su boquilla a las doce de la mañana.

"Eres vibración de sonatina pasional", me moriré recordando los rostros de los señores y los jóvenes y las madres de familia que iban al Politeama. ¿Sabe qué impresión tengo? Que el Politeama no era únicamente centro de diversión. Dirá usted que ya enloquecí, pero la gente no sólo se reía y estaba a gusto, sino que suspiraba y la pasaba tan bien como antes, en las veladas literario musicales. En el Politeama también había poesía. . . y por eso, en toda la ciudad, los enamorados nunca se perdían el programa de radio de Agustín, la *Hora íntima*, en la XEW. Oyéndolo, todas nos sentíamos a la menor provocación "con veneno que fascina en tu mirada". Puros recuerdos. Si la vida se nos vuelve puros recuerdos, alguien debe ponernos el alto. Pero usted no quiere oír mi filosofía. Mejor le relato la visita al Politeama del pintor David Alfaro Siqueiros (todos lo conocíamos por las fotos). Se sentó en la primera fila y vio el espectáculo como juzgándolo militarmente, muy derechito. Salió Agustín y lo saludó. Siqueiros gritó:

—¡Dedícale algo a las luchas del pueblo de México, Agustín! El maestro no se hizo del rogar y muy serio dijo:

—Le dedico esta canción, "Farolito", al pueblo de México, en la figura de su mejor representante David Alfaro Siqueiros. Toma esta canción, David, apriétala junto a tu pecho y luego repártela entre los pobres.

El señor Siqueiros se puso de pie y le agradeció el aplauso a los espectadores y organizó un breve mitin pidiendo apoyo para una huelga de mineros. Esto que le cuento sí es la verdad, porque al morir el Flaco, don David se aventó en la tele la ocurrencia de declarar que Lara compuso "Farolito" en homenaje a los muralistas. Nada de eso, "Farolito" ya era un éxito y Agustín únicamente le dio por su lado al pintor. Si a él todo lo que no fuera la bohemia y las flores que enmarcaban a su Flor del día le daba igual. El nunca fue político. Gastaba todo y se endeudaba y compraba joyas y se las regalaba a la primera santita que se le cruzara, y al día siguiente a forcejear por otro adelanto con el empresario. "Los poetas no debían tener deudas, Agustín", le decían siempre. "Los poetas sólo deben enamorarse de las musas del Olimpo."

¿Cómo borrar todo esto? Agustín Lara fue un personaje en mi vida, me regaló ilusiones, la principal, pensar que algo celebrado por todos me sucedía a mí, personalmente. Fíjese, cuando me siento muy contenta pongo sus discos para llorar y desatarme, y estar todavía más feliz. Ya ve usted que los jóvenes lo acusan de trasnochado (eso cuando se acuerdan de él). Y ¿quién les dice que eso es delito? Ya los veré en sus añoranzas y entonces hablamos.

(1978)

136

Dancing: ✓
El secreto está en la mano izquierda

I

MIRA MANO, a mí de plano el baile es lo que más me pasa. Empecé muy chiquillo, al principio ni siquiera por el afán de ligar, sino de hacer algo para que se fijasen en mí. Yo veía a mi hermano que andaba siempre con Cada Cosa y eso me motivaba el resto. Ya que logré que me vieran, me propuse arrimarme. Pero eso en segundo lugar, conste. A lo mejor, sí bailo más cuando me interesa lanzármele a alguien, pero lo primero es bailar. Ahora que un asunto no niega lo otro y el bailoteo sigue siendo la manera más sencilla de acercarse a una chava. Se agarran mañas, como que uno se tropieza o que te avientan y le llegas al roce, y de nuevo, y el roce, y te vas de frotada en frotada así de plano como maderitas para encender el fuego, y luego es ella y no uno quien se disculpa.

Los bailes se hacen para lucir y conseguir, pero el baile es nomás para uno, es el gusto de verte en la mirada de tus cuates y los desconocidos. Y uno se va enviciando. Al principio, te digo, por lo menos así me pasó a mí, uno se la pasa recorriendo fiestas y salones para ensayar y conocer a chavas. En las fiestas, luego luego te enteras de que andas tras el noviazgo en serio, y si te descuidas, te presentan a sus padres. Y a huir. En los salones, te das color de inmediato, así está la escena: acá los viejos, las lanzas muertas que ni chi ni cha ni cha-cha-cha. Son señores que ni con pase. Y luego estamos los chavos. La mayoría le entramos apenas nos salimos de la primaria, la terminemos o no. De pronto y órale, descubrimos lo que nos divierten unos pasos bien dados, moverla como se debe. Al principio damos de patadas, el clásico un dos, un dos o el uno nomás. De ahí viene el baile de brinquito.

Antes de la onda disco, era muy chistoso ver en Tepito bailar de brinquito. Fíjate en otra cosa: los que ya tienen tiempo en bailada se mueven calmados, los otros se alocan. Los que sabemos les decimos los "chapulines", sueltos y brincando.

II

A mí el swing me pasa mucho, por acrobático, por el ritmo muy marcado, el movimiento de manos da la impresión de que se mueve. Pero el swing mal acostumbra. Fíjate qué pocos de los viejos bailan calmados. Les decimos los Acrobáticos. Muchos aprendieron en las academias de baile que son los grandes robos. Y ahora el break tuvo cosas del swing, pero no pasó a mayores. Para ese caso te metes al gimnasio, no hay manera. ¿Cómo lo aprendes bien? No hay buenos instructores aquí, salvo esos veracruzanos viejos que te cuentan anécdotas y se ponen tan nostálgicos que salen de aquí a emborracharse. En México ya se perdió la costumbre del paseo, no digamos el ladrillo. Y el danzón parece que nomás apretando a la chava la libras, pero híjole, es bien sexy bailar. El secreto está en la mano izquierda para sobrellevar a la dama. El saber raspar, el saber fajar sin las exageraciones de las películas (o viendo las películas) que parece que es lucha libre. La cosa es calmada. En el roce tocarle los pechos a la dama, empezar el juego, tocarle la torta o que rocen el miembro, fris fras, órale. Entonces baja uno la mano así sobre los senos. . . Bueno, sobre algunos senos. La misma cadencia del ritmo hay que sobrellevarla y sobrellevar el raspón. En eso del faje uno tiene que saber latín, latón y lámina acanalada.

A mí me pasan mucho las rutinas. Empecé a practicarlas desde chavito. Ibamos en bola al programa de *Baile con Vanart*. Eramos buenos, te lo aseguro, porque luego hay tarados que llevan 10 años y no aprenden a bailar. Iban los del grupo de Brasil 80, de la colonia Guerrero, de la colonia Malinche, de la Casas Alemán, de Tepito (que es un barrio que ha tenido influencia en el modo de bailar). A todas estas ondas van los de siempre, los que le entran a cualquier concurso, algunos son bien buenos, un chavo se mantenía de eso. . . Ahora ya no voy tan seguido, ya casi no hay lugares, ahora todo es distinto aunque quien no lo sabe diga que todo se parece. Pero ya nada es fácil. A ver un buen grupo de salsa, por ejemplo, ya sólo pueden ir los ricos. Y como que la salsa con tocadiscos no aguanta. Es que la salsa te permite más movimientos, pasearte por toda la pista si te da la gana, saltar obstáculos a través de la gente. En cambio, para el danzón casi no, fíjate bien. . .

III

El mexicano se menea de la cintura para abajo, el cubano se menea pa'rriba, y por eso da la impresión de que es más rápido, sobre todo si hace algún numerito como la Campana o el Rehilete. Los cubanos y los puertorriqueños alzan los hombros. Nosotros casi no. Y no por nada, pero bailar se las trae. Tiene que producirte un gusto muy especial, algo que te apacigüe por dentro mientras más te aceleras, algo que te haga sentirte distinto a estos payasos que dízque muy modernos, y muy videoclip. Algunos sí lo hacen bien, pero su lugar es el gimnasio. Bailar no es demostrar condición física, sino elegancia, algo así como entrarle al frenesí sin despeinarte. Si no, nomás te sacudes a ritmo de lagartija y desarrollo de pectorales.

IV

A los salones y a las fiestas se va a vivir la juventud. Eso es lo que tienes y hay que saber cómo gastarla. Si yo fuera muy bueno no saldría de los salones; como no lo soy, me voy al cine. Pero le tengo envidia a los que sí la hacen. Pepe, un cuate mío, es campeón de mambo. Bueno, era. Se le hizo derrotar a un cuate que llevaba seis años en el campeonato. Le hicimos una fiesta, se puso hasta atrás, se cayó, se fracturó una pierna, y lleva cuatro meses sin bailar.

Para mí, lo único malo de los dancings es que ya no están prohibidos. A mi mamá sus jefes nunca la dejaron ir. Mi hermana no va porque no le ve el chiste. Quesque es de más categoría ir a una disco. Que sea menos. Lo que pasa es que como está tan desnutrida apenas consigue moverse, y en el tumulto no se nota.

Ora no te digo que los dancings siempre sean divertidos. Hay veces que te aburres pero te aguantas. Yo falto muy pocas veces. ¿En dónde la pasaría mejor? Cuando tienes una buena pareja, es el cielo. De lo contrario, llegas a tu casa rendido y golpeado. A un cuate mío le dicen el Terror de las Medias. No deja una viva y tampoco se le va un zapato. Las chavas lo ven y fingen demencia. Con lo caras que están las medias.

¿A qué vienen las chavas? Las que aguantan vienen más a bailar que a ligar, aunque también le entren parejo y aunque se vistan de colores llamativos para atraer. Siempre la misma: "Si vieras qué bien me siento, qué bonito cuando la gente se reúne en torno a mí cuando bailo." Y te lo explican con detalle: "En una fiesta no es igual. La mamá o la abuelita siempre quieren bailar, y te apenas." Pero en hombres y mujeres es igual: lo principal es sentir la música, sentir el ritmo.

Lo mejor del bailoteo es sentir el cuerpo, y lo malo de los dancings es que a veces tampoco hay espacio y a fuerzas tienes que oír, como en el teatro. Y lo que a mí me gusta es soltarme de a tiro. Yo tengo 26 años y bailo desde los once. Y cada vez me muevo menos, cada vez me aloco menos, y siento más el cuerpo. Es una sensación padrísima, estoy consciente de todos mis músculos, como dicen que te pasa con el yoga. Yo creo que por eso nunca he ido a las discotheques. Se me hace que allí no importa si bailas bien o de la patada. Nadie se fija, nadie te hace rueda. ¡Qué mala onda! A mí lo que me gusta es saber si la estoy haciendo o no, despacito, sin prisas, aunque nadie me pele. Pero no es cierto. Si bailas cual debe acaban todos fijándose en ti. Yo no soy payaso ni farolón pero me gusta que se den cuenta de que la muevo, de que no en balde he ensayado y le he metido ganas. El que no conoce el baile no conoce su cuerpo.

(1982)

Mexicanerías:
El momento de las Jovencitas

Las Jovencitas al acecho (I): El autógrafo

EN LA ENTRADA lateral del teatro de revista, las jovencitas esperan. Se aferran premiosamente a sus discos recién comprados, condición previa para la audiencia en donde obtendrán la bendición inacabable del autógrafo (la firma es el alma apresada del firmante, y un museo de trazos caligráficos contiene la clave de la fama, se aceptan grafólogos y no se admiten burlas). De dos en dos, las jovencitas entran al Santa Sanctorum. Se intensifican los comentarios:

—Yo quiero que abuse de mí.

—Si mi mamá se enoja porque llego tarde, le diré que me embarazó en su camerino para vengarme.

—Si me mira fijamente estoy perdida.

—Si él me dijera "¿Te casas conmigo ahorita?", no sabría qué responder.

—Estoy tan nerviosa que no voy a poder seducirlo.

Con languidez, el artista las acepta y las saluda, inscribe líneas entrañablemente idénticas, pregunta: "¿Cómo te llamas, mi amor?" La interesada suelta su nombre con nerviosismo, en susurro, como prescindiendo de un estorbo. Una actriz, en el camerino, se dirige a una peticionaria:

—¿Quieres llorar? Orale.

—Si no me faltan ganas. Lo admiro mucho. Leo todo lo que sale sobre él.

—Razón de más para llorar ahorita.

El cantante-compositor comenta: "Me dieron el premio por mis ocho millones de discos vendidos."

La jovencita, con orgullo podado de cualquier malicia lo interrumpe: "Fueron nomás dos." El cantante se reinstala: "Dos millones de elepés y seis de extended.'' Hay distensión y calma.

—Pónle una dedicatoria donde digas que soy la que más quieres.

—Júrame que si viene alguien de mi pueblo no le darás tu autógrafo. Quiero ser la única.

—Te lo juro si me dices de qué pueblo eres.

—''A Carmela con todo el amor de su. . .'' ¿Te gusta así?

—Te hicimos un pastel el día de tu cumpleaños. Nos quedamos esperándote en la estación. Somos el Club de Admiradoras Luz, Amor, y Fuerza. . . Yo estudio para dietista y te hice un pastel especial de esos que no engordan. Cuando quieras te lo vuelvo a hacer.

—Gracias, mi amor.

—Mira, éste es mi álbum de recortes. Fírmamelo, por favor.

—¡Qué trabajo te tomaste, mi amor!

—Traje mi cámara. ¿Me dejas que me saque una foto contigo? ¡Por favor! Es instantánea.

—Bueno, pero no me aprietes, mi amor.

—Soy de Angangueo, Michoacán. Allí lo vimos. Estamos formando allá su club de admiradoras.

—Qué regio, mi amor.

—¡Luz, amor y fuerza!!!

Un poster para que el ídolo lo firme. Igual e infiel el ceremonial. El temblor leve, la audacia, la risa a trechos de la robadora-del-alma.

—¿Me permites darte un beso?

La caza de la mejilla. El anhelo de prolongar la estancia de los labios en la mejilla del héroe.

—Ay, casi ni sentí el beso. Dámelo de nuevo.

—Tengo prisa, mi amor.

—Pero yo vine desde Angangueo.

—Toma ya vete. Orale, mi amor.

—¿No te importa que le diga a mis amigas que me besaste en la boca?

—No, pero ya salte, mi amor. Deja entrar a la siguiente. . . ¿Sí, mi amor?

Se salió de la cocina y se fue al confesionario

¿Cómo situar históricamente la permanente marginación social y

142

política de las jóvenes y las adolescentes populares en México? En pos de la respuesta, considérense dos instancias fundamentales: a) el modo en que el Estado y la sociedad acatan la ideología y el temperamento patriarcales, ordenados por la moral tradicional y encarnados en el cura y en el político, "padres de la colectividad", y b) la visión restringida y sectorial que impera en la sucesión de proyectos nacionales en México, cuyo triunfo más contundente es el Estado que la Constitución de 1917 funda, y consolidan los gobiernos de Obregón y Calles, y en 1929, el Partido Nacional Revolucionario (PNR). En la Nación que partirá hacia el progreso no hay sitio para mujeres.

La obediencia a los orígenes. A lo largo del XIX, siglo de la formación nacional, muy pocos discuten las tradiciones prehispánica y novohispana en relación con las mujeres, no consideradas sujetos de la Historia por crearse. En la Nación que imagina y traza el grupo de avanzada, los liberales, no intervienen ni indígenas, ni sectores marginados, ni mujeres, y esto pese a intentos excepcionales. Al reducirse tan severamente la idea de Nación y decretarse la inexistencia constitucional de las mujeres, se solidifica una tesis indiscutida por siglo y medio: en rigor, México es sólo un país de adultos varones que pertenecen a las clases dominantes. Un grupo muy protegido socialmente, las mujeres burguesas, son en el campo de la política y si les va bien, mexicanos de tercera.

Del espíritu de segregación no se escapa la Constitución de 1917. No son todavía pensables los derechos femeninos separados de la familia, lo que equivale a decir que simplemente la mitad de la población no posee, ni siquiera en la letra, autonomía jurídica y moral. La situación varía lentamente en el transcurso de los regímenes "institucionales", condicionados en este asunto por la duda irónica y la desconfianza. Desde perspectivas a la vez republicanas y sexistas se estudia la condición civil de la mujer, y se concluye desoladamente que, de dárseles el voto, se lo transferirán a la Iglesia. Verdadera o no la premisa, a quienes la enuncian no les preocupa la formación política de las mujeres, y no la intentan, porque eso sería entrometerse —se supone— en un dominio estricto del hombre: su hogar. Si en 1953 ya es inevitable el voto a la mujer por las presiones del desarrollo, a nadie se le ocurre —por desinterés y por escepticismo previo— adjuntar al voto educación alguna. Ni los políticos confían en la democracia, ni reditúa perder el tiempo "politizando" a las mujeres. Si ya no le ceden el voto al cura, se lo cederán a la estabilidad. A lo sumo, se le conceden a un género (escasas) posiciones *representativas*.

Proscrita de la Nación Visible, en el siglo XIX la Mujer Mexicana, esto es, el sector privilegiado, ve en el hogar a su confinamiento fatal. (Con extensiones implacables: el confesionario, que es la prueba de su vulnerabilidad cotidiana, y el trato con otras mujeres, que es la reiteración de su falta de albedrío.) Un consejo a las afortunadas: dénse por bien servidas, cuántas desearían habitar en la Nación que cabe en una cocina, una recámara, un mercado, unos diálogos de vecinas, un trato con sirvientas. En esta *zona profana*, la educación de las jóvenes conoce diversas etapas. En el XIX, a las "señoritas de sociedad" se les educa para agradecer, agradar y ser expertas en bordado, cocina, suspiros, gavotas, poemas largos enunciados a la luz de una sonata, mirada baja al salir de misa. En el libro *Presente amistoso dedicado a las señoritas mexicanas* (de 1850), editado por Ignacio Cumplido y escrito en su mayor parte nada menos que por Francisco Zarco, el gran teórico liberal, se insiste en la idea seráfica y ennoblecida de la mujer (el ángel abstracto que es, en la práctica, la esclava concreta) y se reparten consejos entre las Señoritas: un fondo inmenso de piedad, compasión hacia los pobres, formación del carácter moral con la religión y la virtud, y el adorno de "su entendimiento con algunos conocimientos, que aun cuando no sean profundos, sean útiles. Debe huir de dos extremos igualmente desagradables, que son el de una ignorancia grosera y el de una vana ostentación del saber".

Ni analfabeta ni culta. A las recomendaciones se añaden dos reglas en la conversación que harán a las Señoritas agradables: la amabilidad y la cortesía . De postre, los adornos preciosos de la música y el canto. Y regalo final, la tarea suprema: el orden y el cuidado doméstico: "¡Oh, mujeres, conoced vuestra misión en el mundo y haced buen uso de ella!"

Quédate conmigo un minuto y si no puedes, quédate conmigo toda la vida

La Gran Emoción. La Gran Emoción que las justifica y las explica. *El Sentido de la Vida. La Pasión Quemante*. Las frases las recrean y enamoran, corresponden ardorosamente a su tibia, golpeada, inexistente, aplastante soledad, en medio de la cocina, la plancha, el estupor del tedio, el fracaso en la academia de belleza, el camino a la escuela de cursos rápidos, las horas ante la máquina. *El Momento Sublime*. Ya viene la telenovela que esperaban, ya se repite la broma sobre el parecido de una actriz con la más fea de las vecinas o de una vedette con la más casta de las impartidoras de la Doctrina en la parroquia. Ya viene el detalle imperceptible para los demás que las hará suspirar con Enorme Dicha, libres por un instante de la Horrible Desdicha de dedicar las horas del día a lo que no es importante, a lo que no es vivir a trasmano.

Sin destino apetecible y sin destinatario apreciable, las Jovencitas (término para uso de las clases populares) hacen del espectáculo su Tierra natal. ¿Por qué no? En el tiempo infinito de la pobreza, es dable desenredar las situaciones laberínticas donde ningún sufrimiento concluye, ninguna alegría cesa, ninguna truculencia está de más, no se interrumpe la metamorfosis de las personas en admiradores. En barriadas y asentamientos del DF y la provincia, las Jovencitas, que oscilan entre los 13 y los 20 años de edad, se sienten —gracias al espectáculo— singulares y en eterna disposición adoratriz.

¿De qué se abstienen míticamente las Jovencitas? De lo específicamente *masculino:* leer periódicos, inmiscuirse en política, actuar en función de un proyecto de vida. Uno las congela en imágenes denigratorias: tímidas, inhibidas, cuchicheando en la presencia de la gente mayor, alborozadas persiguiendo metas minúsculas. No son olvidadizas: nadie como ellas para retener la letra de cualquier canción (comerciales de radio y TV incluidos); solamente ellas identifican uno a uno a los neogalanes y a las estrellitas y nada más ellas los reconocen en la calle y les preguntan la veracidad del último chisme, es cierto que te divorcias, te casas, te diriges a Nueva York a estudiar teatro, vienes de triunfar en Puerto Rico, estelarizas la siguiente comedia musical... El aludido se siente importante y advierte el rostro sin facciones, el rostro sin rostro de la Jovencita, y se ríe y hace un chiste, dirigido al parecer a su interlocutora, pero en realidad emitido hacia sus miles y miles de seguidoras.

El horizonte de las Jovencitas: lineal, narrativo, vasallo de la anécdota. Su destino ideal se cifra en el relato de los padecimientos de una rubia aristocrática o en los notables buenos sentimientos del apuesto médico que la pretende (y que, por supuesto, no sabe quién fue su padre). En el melodrama, el suspenso equivale a una promesa: Jovencita, serás idéntica a tu madre, aprenderás la realidad en los embarazos y en las privaciones y en la incomprensión de lo que te rodea y en el deseo de que los sueños prefabricados te compensen por lo no vivido. ¡Ah!, y si quieres identidad, acude al nacionalismo, en el caso de que por nación se entienda un cúmulo de canciones, de chismes de columnistas, de programas y series, de tramas donde la pobre accede al amor del rico y no por eso pierde su bondad o su pobreza.

La formación de la sensibilidad: La materia prima del pecado

En el siglo XIX y en el Porfiriato, a las jóvenes que, por su clase, no alcanzan el rango de Señoritas, no se les concede formación alguna. Son materia prima del pecado, del fango, de las jornadas exhaustivas, de la interminable crianza de hijos. Fornicables, paridoras, bestias de carga, estos seres, de hecho, nunca son jóvenes; dejan de ser niñas, eso es todo. E incluso su niñez es, por lo común, sin que nadie se incomode, un preparativo laboral o ya el pleno ingreso a la explotación. Si no se es Señorita, se vive una edad sin prerrogativas adjuntas, con las disyuntivas inmisericordes: o la prostitución o la sumisión embrutecedora del hogar o una mezcla de ambas.

Las Señoritas y las que no son Señoritas tienen algo en común: la religiosidad. Pero las instituciones eclesiásticas no las toman en cuenta. Ya se sabe: la vieja es fanática, y la joven irresponsable. Está bien que resguarden los valores piadosos y arreglen los altares; es conveniente que algunas les enseñen a los niños la Doctrina. Hasta allí. La religión también es cosa de hombres, y a las jóvenes y a las señoras les corresponde más acatamiento y más culpa, más obediencia y más arrepentimiento.

Esta es la tradición genuina de la gran mayoría de las jóvenes y jovencitas de México: la eliminación de los derechos y la multiplicación forzada de los deberes. Y es difícil contrariar tal impulso. La Revolución de 1910 destruye formaciones feudales e instaura la movilidad social (con su trampa para las masas: la ilusión del ascenso en la vida), pero apenas modifica la situación de las mujeres. El proceso de ampliación de espacios (en primer término laborales) es moroso y excluye por décadas a las clases populares. Si en las clases medias y en la burguesía las necesidades de modernización estimulan "licencias", reconocimientos verbales de igualdad, y críticas al patriarcado, en los sectores pobres, la estrategia que impide su desarrollo favorece la lógica del machismo: la mujer es el principal recurso de mi patrimonio elemental.

Las Jovencitas al acecho (II): El ídolo en el club

Ay, qué maravilla. Se va a partir el pastel del Quinto Aniversario del Club y Susana, la presidenta, quiere llorar y se asusta pensando en el periodista que prometió entrevistarla, cómo suplicarle que no las vaya a chotear, no son loquitas sino más de dos mil quinientas adolescentes dedicadas a intensa labor social en nombre de la famosa cantante. Ya llevamos cinco años, señor, dice mentalmente, mientras ve llenarse la sede del Club, que es su propia casa en la colonia Jardín Balbuena, allí empezó todo, con diez o doce socias de las cuales la mitad sigue en el club. La verdad, los primeros discos de Lupita les fascinaron, los comentaban donde podían, qué voz y qué actitud, esa no se deja de nadie, y una conoció a otra, se confiaron sus admiraciones, se reunieron, se les ocurrió hablar con la Artista, y el representante las recibió de inmediato, en ustedes estaba pensando, les dijo sin conocerlas antes, y su gratitud fue tan genuina que les regaló discos, les compró pasteles, las acompañó en dos reuniones y les presentó a La Lupe.

Un día, estando juntas, el propósito se hizo claro: ¿Por qué no ser buenas y útiles? Por gusto acudieron a hospitales, sanatorios y jardines de niños, y cuando podía —es decir, cuando la acompañaban fotógrafos para que los niños o los enfermos supiesen que sí era ella —la Cantante iba también, les daba apoyo moral, compraba regalos, conversaba y cantaba un poquito, se despedía de beso en la mejilla, les pagaba las mantas con su nombre.

Ay señor, no nos crea mujercitas sin nada en el cerebro ni se burle de nosotras en el periódico. Para mí y para todas el fin de un club de admiradoras es doble: manifestarle el aprecio a un artista por lo mucho que nos da y hacer algo por quienes sufren y necesitan ayuda. Y la verdad, nos ha sorprendido muy gratamente que Lupita, tan célebre y ocupada, le brinde solícita su tiempo libre a este tipo de labores, sin esperar recompensa alguna, sobre todo si se sabe que a la capital viene en plan de descanso. Mire señor, los artistas al natural son sensacionales porque a todos ellos el público les tiene gran simpatía y qué mejor que encabecen los grupos que llevan algo de amor a los sitios donde todo es dolor y ausencia de los parientes, como ocurre generalmente en los sanatorios. Viera con qué alegría nos reciben médicos y enfermeras. Se ve que un artista es el mayor regalo para los recluidos.

La formación del sentimiento: Frankie Boy

Estados Unidos, el boom de la primera industria cultural. El disco retiene masivamente el instante maravilloso (*the magic moment*) y la voz del ídolo transfigura la melodía que dulcifica y vigoriza a su auditorio. La admiración es un bien social, el ardor ante una foto y ante una grabación es resurrección de los sentidos.

El primer alarido dispuso de traducción simultánea: ella se expresa/ ella se rinde/ ella confiesa su amor/ ella confiesa su certidumbre de que sólo el coqueteo gutural acercará al objeto venerado / ella literalmente se derrama. Acto seguido, las demás voces estentóreas sólo serán trámites del show. Los ídolos sonríen, admiten el beso de sus seguidoras, infiltran lágrimas postcoitales en los ojos vírgenes y acarician peligrosamente el micrófono, el primer descaro ante la tecnología (pese a su pasión por la máquina, la poesía futurista desdeñó las implicaciones freudianas de la electrónica). El tan acariciado micrófono es o no símbolo fálico, atrae o no a las doncellas con su presunción erguida, pero trasciende la condición de instrumento, es el objeto que nadie logrará desentrañar, y eso lo intuye, sin siquiera pensarlo, el *crooner*, con su voz quemadura (en la época, la voz ya debía ser ''aterciopelada'', una voz mullida para frotarla o utilizarla como reclinatorio, la sinestesia en su apogeo). El crooner desde el micrófono emite murmullos cómplices y las jóvenes optan por el desmayo, la tregua de los sentimientos. El masaje es tan convincente que ellas se desvanecen o cierran convulsivamente los ojos, seducidas por la voz que es interminable vals de aniversario, conducidas oníricamente a un desfloramiento retrospectivo.

En México, las admiradoras se inauguran conquistando los pasillos de una estación de radio, la XEW. En el Estudio Azul de la

XEW gimen y se estrujan las manos y palidecen y se levantan alborozadas al cantar Emilio Tuero: "Si yo sé que me querés
(¡AY!) y yo sé que me adorás (¡AY!) y si no me lo decís (¡AY!) es
porque no te animás (¡AY!)." Y en cada AY —cuenta la leyenda— el sitio se convierte en gimnasio de la rendición amorosa. Sin necesidad de leer *Amalia* o *María*, ellas adelgazan de
amor con melopeas y sonatinas de la sinfonola. El amor que nos
conduce hasta la muerte se transmite con discos y fotografías.

Ni te aflijas, que ni quien se fije en ti

¿Por qué "Jovencitas"? En el campo de las clases populares (las
de la burguesía son cada vez más *teenagers*), se requería un
vocablo despectivo y paternalista que dibujase una especie iden-
tificable e indistinguible, digna-de-compasión-por-razones-que-
no-tengo-ahora-en-mente. Desde su lejanía indiscriminada, el
término concentra un material filmable: allá van, tratando en vano
de sacarle partido a su chaparrez, a su delgadez difícilmente esbel-
ta, a su gordura inmanente, a las epidermis reacias a los Trata-
mientos Especiales (que no pueden pagar), a los dientes nunca
disciplinados en la infancia por bridas o frenos, a la conversación
sin ocurrencias o risas "modernas". *Tómese*: ¿son rídiculas o de-
sastrosas esas pelucas?, ¿podrían esas manos admitir calificativo
distinto a "corrientes", con esa casi "masculinidad" que deriva
del mucho trabajo y el poco cuidado? Ni manera de enseñarles a
pintarse bien las uñas o a conseguir el gusto que les hará rechazar
las ofertas engalanadoras del mercado sobre ruedas.

Si hay justicia sobre la tierra, quien les recomendó estos cosméti-
cos debe ir a la cárcel. ¡Qué colores! Aptos para maniobras de
guerra, o para aquellas viejas películas donde el protagonista
tomaba LSD y naufragaba en un sueño de horror. ¿Quién les
mintió y les dijo que eso es maquillaje o en qué circo las pintarra-
jearon? ¿Ya vieron ese corte de pelo? ¡Y esas uñas morado frenesí!
¡Pobrecitas¡ ¿Cómo las dejan salir con ese nido de arañas o de
murciélagos que llaman peinado alto, con ese corte a lo Meryl
Streep que más bien recuerda fotos selectas de los antropólogos a
principios de siglo. . .? ¿Y a usted qué le importa, pinche racista? Ellas no solicitan su opinión porque disponen de su mutuo
consentimiento.

Las Jovencitas son el resultado más conspicuo y —socialmente— menos tomado en cuenta de una explosión demográfica que, al favorecer la fragmentación de las antiguas identidades, remoza un tanto a las esclavitudes hogareñas y las engalana con electrodomésticos, mientras acepta que la mujer trabaje porque de otra manera el hogar no marcha. Mira mi amor, cómo se resignan estas hijas de Corín Tellado y el desempleo, en su fiel reproducción de conductas: coquetea, finge rendición, entrégate sin conceder, defiéndete cediendo, diviértete, narra con embeleso tu presente noviazgo mientras le das de comer a tu segundo hijo, lanza tu risa gremial antes de que el chiste sea en tu contra.

¡Imagínense! Hagamos una apuesta. ¿En dónde suponen que las Jovencitas pierden con más frecuencia su virginidad? Elijan:

—En unos baños públicos. Qué vergüenza al principio. Ella creía que todos la verían entrar, pero la curiosidad y la gana eran muy fuertes y había que hacerlo, ella *tenía que ser mujer*, porque *ser mujer* es un requisito a la vez personal y social; no sólo es cuestión del sexo sino del alma, del sufrimiento al que *una mujer* tiene derecho y que una señorita, según se afirma en las telenovelas, sólo conocerá por desgracias familiares y por una mala elección prematrimonial. . . y se quedaron solos y al comprobar que el encargado no se fijaba en ella, miró la plancha en el cuarto de vapor y supo que era tarde para embellecer el sitio donde por fin *sería mujer*.

—En una azotea. Primero jugaron, luego forcejearon y el resto fue rapidísimo. En lo que se tardó fue en la mezcla de gemidos y asombro, en el monólogo justo y veraz de las lágrimas.

—En el cuarto de una amiga. Eran dos parejas tomando cervezas y ellos las abrazaron y ellas se rieron, y al cabo su amiga ya tenía experiencia, y era mejor que sucediera a su lado, y no sola, desamparada.

—En su propia casa, un domingo sofocante cuando todos se habían ido al cine.

—En un lote baldío, cuando ella ya no supo de qué manera decirle no. El vestido se le estropeó tanto que debió tirarlo.

No son infinitas las variantes de esta pérdida no de la honra sino de la defensa hogareña, de la modesta contribución al orgullo del marido la noche de bodas. El himen intacto ya no es, abrumadoramente, la primera dote de una joven, y su valor absoluto apenas existe (una prueba: la cantidad de películas mexicanas cuyo objetivo ''sociológico'' es desmontar un anacronismo: la virginidad, valor de cambio en el mundo moderno), y su demanda suele sustituirse, cuando de fastidiar se trata, con una petición exagerada: si ya no es virgen, por lo menos que no sea madre soltera, y si es madre soltera, que su caudal no pase de dos hijos.

La pérdida del reino. Ven himeneo, ven

Quizás no tiene razón pero Consuelo le atribuye su *disponibilidad* a las melodías que la hacen sentirse sensual, muy sensual, necesitada del amor bonito y del bueno, un amor del cual enamorarse y al cual cederle su gran secreto que es el ansia de amor. Así empezó todo. Para ella vivir es oír todo el tiempo una melodía subyugadora en la mente, y aquella tarde la escuchaba cuando la invitaron a salir, y por eso dijo que sí, y fue a sabiendas de las broncas con sus padres y de sus propios temores, porque al amor se le sacrifica todo, a esa ternura que alumbra la vida, a la mano fuerte que ceñirá dulcemente el talle. . . Por eso se arriesgó y acudió, eso fue lo malo o lo bueno, apenas si conocía al tipo pero los susurros al oído eran casi baladas, se reía mucho, y se asustó mucho también cuando la canción se concretó de modo muy distinto al previsto, y al llegar a su casa a las cuatro de la mañana su padre la abofeteó y le agregó a los golpes un sermón sobre el abuso de confianza. . . Y el llanto arreció y se descompuso al darse cuenta que el cariño se había esfumado, y el tipo la vio y ni siquiera la saludó, pero no hay que desesperar, la pasión volverá como un ave que retorna a su nidal.

Ahora la duda persiste. Se le antoja confiar de nuevo en un hombre y hacerse de un hijo a quien querer, pero el susto no se le quita, qué terror atarse para siempre a una colonia muy lejos del centro sin agua y sin amigas, terminar sus días no en una telenovela sino en una lavandería o cuidando seis criaturas, pero el deseo, pero el miedo, pero el deseo. . .

Las Jovencitas al acecho (III): El vals de aniversario

La fecha es inolvidable y no importa el gasto. Nosotros, aquí en este barrio, de gente de pocos recursos, no nos olvidamos de lo que significa para una chava cumplir quince años. Se vive solamente una vez. Claro que ya no es como en mis tiempos, el padrino es algo más avaro, no es fácil alquilar un salón, y hay que hacer el guateque en la propia casa, como se pueda, amontonando muebles, pidiéndole sillas a los vecinos, desesperándose porque no va a alcanzar el ron y los sándwiches y los pasteles. Pero no se vale despojar a una chava del gusto de sus quince. Sólo se vive una vez, y sólo una vez se es el centro de la fiesta, las amigas se preparan y se ríen, los chavos se ponen serios, aceptan ser chambelanes y ensayan con el maestro del baile (que es otro chavo que gana unos pesos organizando los pasos y preparando toda la ceremonia).

Antes había catorce damas y catorce chambelanes. Pero a los papás de las muchachas les resultaba muy caro el numerito o había mucha envidia, quién sabe. El caso es que lo que se usa ahora son cuatro, seis, ocho chambelanes, puros hombres y la quinceañera. Ella en medio, bailando, moviéndose al ritmo. Ahora que hay cada tarada que uno no da crédito. Se tropiezan y se caen, y se levantan y se echan a llorar, y hay que aplaudirles mucho para que se calmen, y cuando se calman es la mamá la que se pone a chillar.

A toda la gente le gustan las alzadas. Que a la festejada la trepen y la eleven y todos aplaudan y ella se sienta como la novicia voladora. Antes se usaban valses. Ahora aguanta mucho "El sueño imposible", aunque esa canción sin hielo seco como que no va. Y pasa el tiempo y la gente sigue entusiasmada con los quince años. Como que no conciben dejar de ser flores que abren sus pétalos, como que siempre hace falta un discurso, y lagrimitas y conmoción y la quinceañera sonríe y se dispone a ser alzada y los padres se abrazan y un tío muy borracho hace desfiguros y gime pensando en lo que se hubiese divertido su hijita si Dios no se la hubiera llevado en aquel accidente. Y la hijita, que no ha muerto y que está allí al lado, consuela a su papá.

La formación de la sensibilidad: los mass-media

Los medios electrónicos colaboran mañosamente a la persistencia de la costumbre. Al principio respetan las salidas inapelables para las jóvenes: las diversiones que no implican la libertad; la entrega amorosa que no requiere del albedrío; la desgracia social que no solicita voluntad de enmienda. Luego, en forma paulatina, cunde el homenaje del morbo a la tradición: "Deja que el melodrama, con el pretexto de condenarlos, te enseñe los nuevos estilos de comportamiento."

Hasta los años sesenta, jóvenes y adolescentes de la nación entera usan el cine para "expropiar" la variedad de formas de conducta que su existencia les niega, y en programas radiofónicos y discos perfeccionan el idioma de su generación. Aunque a la industria cinematográfica le interesa más "el alma de los niños" (más redituable, siempre en peligro, siempre rescatable) abundan en la pantalla las noviecitas santas, las ingenuas a diez pasos de la Caída, las coquetas ignorantes de que el siguiente guiño malicioso las devorará, las sombras del paisaje hogareño. A estos papeles pre-establecidos, sin progresión dramática concebible, se les rodea de los hombres recios (padres tiránicos, novios enérgicos, villanos insaciables), conspicuas embajadas de la Realidad.

El melodrama es guía de conducta y fuente de humor. Allí las Jovencitas estudian lo que no viven y viven lo que no les es permitido. Allí hacen del lenguaje sentimental una operación de la memoria en donde las palabras significan por su valor en una trama, en cualquier trama. *Te amo, María/ Déjame Alberto, si no quieres hacer infeliz a una familia/ Pero, María/ Ni una palabra más, Alberto, soy católica.*

A mediados de los cincuentas, y en relación directa con lo que acontece en Norteámerica, se afianza el nuevo programa de trato a las Edades Felices. La clase media ha crecido lo suficiente y ya elabora sus propios modelos de adolescencia y juventud que, en su temporada de ocio patrocinado, sinteticen virtudes que son utopías de clase. El joven deberá ser ambicioso, deportivo, familiar, relajiento, enamorado, capaz de combinar el estudio con la obtención de experiencias inolvidables. La joven necesitará ser moderadamente ambiciosa, deportiva, familiar y hogareña, sentimental (lo opuesto a enamorada), incapaz de confundir la vida con lo que sucede fuera del hogar.

En los sesentas, la tendencia de ilustrar ideales de clase con melodramas que sólo ansían ser comedias, se allega las convincentes figuras de "estrellitas": Angélica María, Julissa, Patricia Conde, las mujercitas que pasan mal unos meses para después oír con alivio la incitación victoriosa de Mendelssohn. De la incomprensión y el regaño a *La marcha nupcial;* ya pasó el tiempo de *Azahares para tu boda*, el film clásico en donde la existencia de una joven bondadosa (Marga López) se quebranta para siempe porque sus padres (Fernado Soler y Sara García, ¿qué otros?)

no aceptan su casamiento con un ateo (Lalo Noriega), le prohíben verlo y destruyen sus cartas (al final de la película, Marga, tía solterona, defiende a su sobrina, Silvia Pinal, y la conmina a no permitir que le destruyan la vida como se la arruinaron a ella). Ya no es hora tampoco de *Nosotros los pobres* (1947), donde la joven hundida "en el fango" (Carmen Montejo) no tiene derecho de ver a su hija informándole que ella es la madre.

Las Jovencitas al acecho (IV): El ídolo en embrión

El cantante se aproxima a la Orilla del Exito (un hit a su favor) y es hora de *promocionarse* en el Mercado de Discos. Ellas lo reciben con alborozo cronometrado —la espontaneidad del grito se perfecciona en la espera— y el cantante ávido de recompensas por sus horas-luz en los pasillos de la grabadora puliendo la oportunidad, les sonríe y las envuelve con el fragor de sus labios, que cubren con imaginarios besos como autógrafos a la chava que probablemente hoy en la mañana ni siquiera había oído el nombre de este triunfador en ciernes, que durante un par de horas lo será en acto. Quizás él en lo particular falle, pero alguien semejante ocupará los altares durante meses o durante años, disipará a ratos el tedio congelado, ofrendará ante el candor de manos que empuñan fotos que solicitan dedicatoria, oirá chiflidos leves y se verá marcado por la furia orgásmica, la marejada de lágrimas y besos y sacudimientos que, en cada presentación, lo ciñe y lo estruja sólo a él, se llame como se llame y desafine como desafine.

Desde que se recuerda, Arnoldo o (Rolando) o (José Emancipación) o (Augusto César), todos sin apellido, el apellido ya sólo es para los directorios telefónicos, ha profundizado en los desplantes de la sinceridad confesional, en la rotación de los brazos como aspas de la entrega, el cerrar de ojos como muralla ante el alud de pasiones que suscita o deja de suscitar. El no pretende mucho, sólo que lo amen con desesperación y al grado del suicidio, en agradecimiento por haberse fugado de su propia contemplación, desertando de la tranquilidad del espejo con tal de acompañar un rato a estas dolientes. . . ¿En dónde estábamos? ¡Ah, sí! En que él debería ser el dueño permanente del escenario, algo como un milagro recomendado por las devociones de los flashes, la alucinación sensata que la luz enmarca.

¡Ah, si pasara de cantante casi anónimo a Neogalán! Las

besaría a todas, se instalaría en la perfecta línea de flotación del éxtasis, y chillidos y carreras desenfrenadas serían su séquito natural. El lo sabe: Llegar es un centenar de mejillas de mujer que se aproximan.

Pero no ha sido así, él no se compara al impacto de un videoclip, ni podría pagarle millones de pesos por canción a un compositor reconocido, ni despierta a la Adolescente que hay en toda adolescente, ni es parte del patrimonio rememorativo de la clase media no muy colonizada. El, bien a bien, no es dueño de su estilo, de su promoción, de su repertorio, pero es joven, bien parecido según él mismo calcula y vino a la capital con guitarra, apoyo menguante de sus paisanos y alborozos que no desvanecen tres años en el departamento organizado en torno al teléfono.

No te amilanes, quién quita y algún día estas chavas chillen realmente por ti, quién quita y tus canciones se graben en Estados Unidos como le pasó a Manzanero a quien le grabó Elvis Presley, y le pudo haber pasado a tu tío que tenía su talento pero se murió de borracho sin que nadie le hiciera caso y para colmo tu tía quemó sus composiciones, y de cualquier manera tu tío no escribía música y todas las melodías las guardaba en la memoria, menos tres que le transcribió un amigo que tampoco sabía mucho.

En el mercado de discos, el cantante sin estilo menosprecia el happening, le encanta que le estrujen la ropa con amor, y desearía que le recitaran la letra, eróticamente tatuada en la expresión, de aquella primera balada tan oportunamente compuesta que ni siquiera fue escuchada. Si Dios quiere, la semana próxima, en el baile de Tijuana, tendrá suerte y no lo alcanzará un botellazo. Si Dios quiere, grabará otro disco. Y por lo pronto, cálmense nenas, que a eso vine, a complacerlas.

Las precauciones de la moral

Mientras en el cine y en la literatura se discuten las imágenes y los diálogos que representarán a la "moderna juventud", adolescentes y jóvenes ingresan de modo creciente a los centros de enseñanza media y superior, a las industrias, a la visibilidad urbana. (De modo nítido, la fijación pública del estado de la moral social va siempre a la zaga de la realidad.) Inexorablemente, el afán de lo moderno desintegra a diario a la moral tradicional, y la in-

155

dustria farmacéutica aporta la moraleja que prescinde ya de fábulas virtuosas: la Píldora. Con las pastillas anticonceptivas, se diseminan también sensaciones de liberación, difusas, no ideologizadas en su mayoría, pero vigorosas en cuanto a sus alcances.

Cálculo promedio: un millón de abortos al año. A las consecuencias legales y sociales se añade la repercusión moral, y la comprobación del vuelco de las mentalidades. Si lo anterior no se traduce en una nueva legislación que incorpore el aborto a los derechos elementales de la mujer, no es únicamente por la fuerza política (innegable) de la Iglesia y de los sectores tradicionalistas, sino porque los criterios de autonomía corporal todavía no corresponden al desarrollo orgánico de la conciencia femenina. A la decisión del aborto la condicionan razones de todo orden: económicas en primer término, familiares, de libertad de comportamiento, pero su clandestinidad y la sordidez en que se realiza, atestiguan un clima moral regido por la culpa individualizada.

En veinte años se avanza de modo sorprendente en diversos terrenos: democratización creciente del trato entre hombres y mujeres, nuevas perspectivas de convivencia, información sexológica (se vive todavía en el prejuicio, pero ya es *otro* prejuicio), adquisición del vocabulario "prohibido" de los hombres, disminución creciente de la conciencia de culpa (subsiste, pero ya aletargada en algunos sectores, y muy rebajada en otros), evaporación creciente de la vergüenza en lo relativo a hechos sexuales, etcétera.

Aún falta muchísimo para la plena relación civilizada. La violencia en contra de las mujeres reitera la asimilación precaria de la crítica al sexismo. Creo infrecuente un violador que sea, clínicamente, un enfermo mental. La mayoría de las veces se trata de individuos que, sin una grave alteración de su sentido de la realidad, se sienten ejerciendo prerrogativas naturales al disponer por la fuerza del cuerpo de una mujer. Actúan dentro de los límites de lo permitido en su idea del mundo, consideran que en el fondo satisfacen los deseos secretos de la víctima. (Para este sexismo de la fuerza, no hay violación posible. Si la mujer se resiste es para aumentar la excitación del poseedor.)

Si la violación se nutre de tal modo de las corrientes subterráneas de la sociedad, no son remedio para combatirla los castigos legales. La solución a fondo es una intensa y permanente educación sexual, pero es preciso apuntalar este proceso, aún muy lento, con disposiciones judiciales. En contra de la certeza machista (la violación es un derecho secreto) hay que levantar una noción jurídica y moral: la violación es un delito público. Mientras esta certidumbre no se añada a la conciencia social profunda, seguirá reduciéndose el ámbito a la disposición de jóvenes y adolescentes, no dispondrán de las horas nocturnas y vivirán —sobre todo en las colonias populares— en el terror institucional donde agobiadoramente, la simple voluntad de un macho o de un grupo de machos, nulifica en un momento todo lo obtenido con el cambio de mentalidad y su propio esfuerzo diario.

Jovencitas al acecho (V): Menudo en la Plaza México

¡Menudo en la Plaza México! La chavita se altera tanto que no encuentra palabras, son ya días de excitación, de hablar y hablar con sus amigas, y predecir (más que dictaminar) quién es más guapo: Robby, que sustituye a Johnny, Roy, Ricky, Charly o Ray. Luego de largas controversias, la votación es unánime: nadie, nunca, sustituirá a René. ¡El es lo máximo! Es bello como una depresión sin causa fija. Ella atesora sus posters, recorta sus entrevistas, lo único que le falta a las fotos es una veladora. ¡Conque Beto se pareciera al primo de René! Pero sólo se parece a sí mismo el condenado.

La chavita llegó a la Plaza México a las diez de la mañana. Ocho horas más tarde no se ha cansado de comentar, de manosear su cachucha y su banderola, de revisar fotos. No le importa mucho esperar. Ayer mismo no se fijó en el enojo de sus padres y se pasó el día entero en el Hotel Fiesta Palace, para fastidio de los encargados, hartos de los chillidos de las ''menudas'', en verdad tambores de guerra, anuncios al mundo del gusto al estar juntas, qué ganas de verlos, qué bueno atisbarlos a ellos o a quien sea. *Ayayayayayayay*. La chavita examina su álbum de estampitas, nota con pesar que le faltan dos de Xavier y una de René y canturrea mentalmente ''Dame un beso'' y de nuevo ''Súbete a mi moto'' y lanza *el alarido de las menudas* que refrendan el alborozo de tener esta edad en este tiempo, y no como sus padres que en este tiempo tienen *esa* edad, ya pa' qué. *Ayayayayayayayay*.

El Fiesta Palace está muy bien. Hay más espacio y a ratos les conceden el lobby, no que en el Hotel Presidente las tenían afuera como loquitas, y todos los idiotas las choteaban con el mismo

157

chistecito: "¿No quieren gritarme a mí, nenitas?" Y le aullaban a sus madres, claro. La chavita, para acortar el tiempo, revisa unos apuntes, nomás por no aburrirse y restriega otra vez la publicación de los Menudos con el reportaje sobre el jet. ¡Qué bonito es y cuánto deben divertirse juntos! De ensayo en ensayo, de gira en gira, de concierto en concierto, de reunión en reunión de todas las familias de Menudo. Ser chavo es nunca estar solo, como en esa película, *Una aventura llamada Menudo*, donde narran el origen del grupo, y el modo en que conmovieron a Puerto Rico, ya la vio cinco veces, la primera en compañía de su madre, que prefirió no vigilarla en las siguientes... Pero basta de soñar despierta, acaba de salir la pandilla musical, los cinco boricuas y, estremecida, emite su poderoso *Ayayayayayayay* y hay en sus ojos felicidad, placer, libertad, y por añadidura lágrimas. ¡Son divinos! Y para no perder la fabulosa sensación suelta el *Ayayayayayayayay* sin retenerse, ofrendando su intimidad a los situados en el radio de contaminación auditiva, dichosa no por la dicha de estar allí, ni por su público enamoramiento de René, sino por la oportunidad de ser de nuevo, simultáneamente, la "menuda" y su cántico de guerra y de victoria. *Ayayayayayayayayayayayay.*

Respuestas fragmentarias a preguntas insuficientes

¿Qué es la adolescente de hoy? Si pertenece a las clases populares, alguien que, al saber de antemano su carencia de sitio en la sociedad (en las sociedades), intenta sin mayor convicción integrarse a lo que puede y como sus recursos le dan a entender. Sus circunstancias son ásperas, hostiles, aglomeradas, sexualizadas con gran violencia, y para asimilarlas, la adolescente requiere de un temperamento confiado, idílico, romántico, no el que usa en casa y fuera de casa, sino el que anhelaría poseer, el que la convertiría en la Quinceañera Inmaculada, la detentadora de una psicología sin nexos perceptibles con la vida cotidiana. Algunos llaman "escapismo" a la actitud, pero a ella le urge la idealidad, el ser *otra* ante sí misma, la que en las noches restaura su virginidad ante el aparato de televisión, aunque hace una hora haya dado clases de pericia sexual.

Ella lo dice a su manera al cabo del día: "Soy adolescente porque no soy como los niños, tengo plena conciencia de mi genitalidad y mi individualidad, y no me preocupa como a los jóvenes la pérdida de esa inocencia que se llama esperanza." Si en las clases medias, adolescentes y jóvenes tienden finalmente a justificarse por la condición estudiantil, en las clases mayoritarias, el adolescente y la adolescente son aquellos educados activamente para el fracaso, que rechazan el acoso normativo con utopías de amor idealizado, con rabia autodestructiva, con códigos de cuerpo y atavío, con demostraciones de fe y de odio a la familia, con el sexismo ejercido en perjuicio propio y ajeno, con la reverencia a un sistema escolar que los excluye.

Frente a las familias más "privatizadas" de la clase media, las familias por así decirlo más públicas y tribales de las colonias populares, producen seres que crean en conjunto otra definición de la adolescencia, ya no ligada substancialmente al descubrimiento del sexo ("El despertar de primavera", de los dramaturgos del siglo XIX) y el relajo, sino a la aceptación fatalista del fracaso individual y de clase. En los bailes frenéticos, en la contemplación masturbatoria del poster, en el diario enfrentamiento a la ruindad machista, las adolescentes aprenden a separarse de la niñez mediante la frecuentación de sueños inducidos y compensaciones gregarias.

Las Jovencitas al acecho (VI): Desdichada por bonita y otras fotonovelas

A Leonardo, el más prolífico argumentista de fotonovelas, le ha llevado años reconocer que los temas a su disposición no son infinitos. Es riesgoso y costoso probar nuevas tramas. Nunca hay que alejarse demasiado de la familia, de sus alegrías y sus incomodidades: padres que no reconocen a sus hijos, madres tan malas que sólo obtienen perdones póstumos, hermanos que se disputan la herencia como si fuera un campeonato, hijos amorosos que soportan el desamor de padres tiránicos, seres virtuosos cuya muerte une a los sobrevivientes, mujeres celosas que destruyen al hombre bueno, hijas consentidas que se embarazan al cabo de un parpadeo. Cuando Leonardo le pierde el gusto a las situaciones familiares, las ventas se resienten. (En una fotonovela, la esposa que se enferma del corazón para redimir al marido enamorado de otra, es un final feliz desde el cielo.) El destino es un hogar bien o mal avenido, y lo central en una fotonovela es la relación de los rostros frescos y soñables con las viejas tramas, de los semblantes agraciados con los ensanchamientos de la moral social. La amplitud de criterios requiere de argumentos visualmente cálidos.

Leonardo se ríe imaginándose a la chava que, al regresar de su segundo aborto, suspira con la fotonovela: ¡Qué alivio! A Lourdes no la mancillaron la noche fatal del somnífero en su refresco. Ella (con tres violaciones en su haber) revisa con sonrojo el fotograma donde una madre le dice a su hija: "Hay cosas de la Naturaleza que nunca te he querido comentar, pero si alguna vez te casas, es mejor que lo sepas ahora... No, no puede decírtelo"... Ahora el semblante de la chava se ilumina. En otro fotograma él le declara: "El Valle de México, luciendo como un ascua de oro tachonada de zafiros, esmeraldas y rubíes... Este México que tanto añoré durante mi larga ausencia es tuyo, lo pongo a tus pies." Y ella, crédula y asombrada, exclama: "¡Roberto!". Así es, recapitula Leonardo, la chava hace bien, es realista a su manera, si no creyese en esos diálogos y en esas tramas, acabaría por sólo sentir verdaderos los abusos, y la vida es también otras cosas. Por eso, él escribe con tanto arrebato los argumentos que celebran a la Pareja, al amor libre si es de veras cariñoso, y al adulterio si es la relación entre una joven a la que nadie le propondrá matrimonio y un joven que no se ha casado.

(1983)

Crónica de sociales:
María Félix en dos tiempos

I. *La Doña está molesta*

—LA DOÑA ESTÁ molesta. Le habían prometido otra cosa. Esto está muy desorganizado.

—¿Pero quién puede organizar algo con esta señora presente? Allí están los veinte policías a cargo del orden, hipnotizados. La miran despacito y prefieren seguirla.

Ella viene *como le da la gana*. Nomás eso faltaba. A una diosa no se le permiten apariciones modestas, salir con tubos a comprar el pan. María trae consigo su célebre collar de saurios entrelazados, uno de diamantes verdes, otro de diamantes de visos amarillos. Y los aretes son dos hojas enormes de esmeralda. Todo de Cartier, no es preciso decirlo, y a pedido. A una diosa sólo la engalanan los semidioses. Y los grandes modistos: el vestido verde mitad Kaftán y mitad pantalón es de Christian Dior, el nuevo estilo palazzo. Y el abrigo, ¡ah!, el abrigo es de martas cibelinas.

El lenguaje del fanatismo cinefílico se combina con los reclamos del pan-y-circo oficial. Según el Fideicomiso de Ciudad Nezahualcóyotl, la intercesión de un pliego petitorio de los vecinos condujo a nombrar varias calles de la "populosa ciudad" bajo la advocación de los Monstruos Sagrados del cine nacional: María Félix, Dolores del Río, Sara García, Fernando Soler y Angélica María. Gracias a boletines de prensa sabemos del testimonio de los Humildes Habitantes: ¡con qué amor fidedigno esos diputados sentimentales, los artistas, han encarnado (en dulce gloria celuloidal) sus desdichas y sus entretenimientos! Y hoy, inaugurando el desfile de la gratitud, María devela su placa en el cine Aurora, gélido e interminable galerón, anterior al concepto fun-

161

cional de sala de arte, idéntico en todo a aquellos loables cines de los cuarentas, donde seis mil espectadores suspiran al unísono ante la desdichada suerte de Jorge (Fernando) y María (María Angela) en *El Peñón de las Animas*.

La Señora ha llegado a la mitad de la proyección de *Doña Bárbara* y se niega a contemplarse. Ya se vio alguna vez y en cambio la verificación de su peinado es asunto de urgencia. Andrés Soler murmura: "Ella sola y siempre, la implacable". Ella sola y siempre le entrega el espejo a una joven. A su lado, los fotógrafos al asalto, la oscuridad reverbera con flashes. Desde la pantalla, Lorenzo Barquera le previene a Santos Luzardo: "La tremenda, la devoradora de hombres". . .

Se interrumpe la exhibición y se anuncia a "la máxima estrella del cine mexicano internacionalmente hablando". El turno es del dramaturgo Luis G. Basurto, de smoking de fantasía:

—Respetable público, este es un día de fiesta para el pueblo mexicano. Ella es la sangre, el alma, el espíritu, la grandeza, la rebeldía del pueblo de México. Ella consagrará hoy una vez más a su patria cuando una calle de esta Ciudad Netzahualcóyotl, gran ciudad, lleve el nombre de esta extraordinaria mujer que por derecho propio figura al lado de las grandes mujeres de nuestra historia. El pueblo la ama y ella ha llevado lo mejor de nuestra raza a todo el mundo. . . MARÍA FÉLIX DE MÉXICO. . .

Los silbidos prolongados reiteran la falta de costumbre en el aplauso como certificado de civilización.

—Ella ha puesto a la altura de ella misma, que es muy grande, el nombre de México. . . Rendidamente, como Luis G. Basurto y vicepresidente que soy de la Sociedad de Escritores Mexicanos, te rindo hoy homenaje en nombre de todos estos mexicanos, de rodillas y a tus pies. . .

Se arrodilla y besa la mano de María Félix. El gesto carece de consecuencias para ese público divertido, estupefacto y lejano. Hay golpes teatrales que nacen muertos por falta de época. Porque si así se le hinca a doña Angela Peralta el siglo pasado, imagínense. . . Habla el representante del Fideicomiso de Neza:

—Señora, reciba usted un afectuoso saludo de nuestro gobernador el doctor Jorge Jiménez Cantú. . . que comparte los sentimientos de este pueblo que la admira y la adora.

—¿Puedo decir una palabra?. . . Pero podía él haberlo venido a decir personalmente. ¿Qué le cuesta? Elogios de lejos son de a mentiritas.

Divertida, la Doña le ofrece a la ausencia del gobernador la rechifla enconada. Se da una vuelta, satisfecha con su hazaña en espera de la decisión del juez de plaza. El delegado se ruboriza y reaparecen los espíritus devorados por la Mujer sin Alma.

—Señora, es cierto, pero ayer. . .

El alborozo crece y la Félix atiende la disculpa sin oírla.

—No importa, la presencia de ellos es más que suficiente. . .

Se anuncia al neogalán Valentín Trujillo y la ovación es mayúscula. Se le aplaude mas no porque alguien de veras lo considere actor, sino porque con los productos de la industria cultural de hoy se entablan tratos de tuteo psicológico. ¿Y qué caso tiene una ovación para la Félix? Como si no fuera suficiente la imposibilidad de apartarle la vista. María se redistribuye en el escenario, ríe con desprendimiento y afirma que —quién quita— un día será ella presidente de Ciudad Neza. *We are amused* ante la placa develada.

Festiva y displicente, la Félix justifica la consigna del periódico local, *El Tercer Mundo* (*Diario del Subdesarrollo*):

TODO EL PUEBLO A ADMIRAR DE CERCA A LA COTIZADA
ARTISTA DEL CINE MEXICANO, LA SIN PAR MARÍA FÉLIX

La riqueza, las joyas, el abrigo, no son, en el cine Aurora, provocación sino beatificación. El regalo del éxito omnímodo. Ella es hermosa, famosa, elegante, rica; ha sobrevivido a sus años de gloria, es la cumbre de una especie casi extinta —¡Las estrellas!— y eso la autoriza a modelar su felicidad inaccesible, y por eso acepta sin conceder la rendición del Auditorio Nativo, y de su distancia emocional frente al acto échase la culpa a las tradiciones de su rostro, no a su estado de ánimo. El fatalismo del país: María Félix lo tiene todo y los asistentes al cine Aurora nunca alternarán con María Félix. . .

Un mariachi se arranca con "María Bonita", una cantante le pide que reciba emocionada el amor de este público que sigue chiflando, María Félix se sorprende gratamente (sólo durante los segundos que no le quitan chic a la sorpresa), vuelve a modelar ante la placa que la declara epónima, se ufana por tener nombre de calle ("Siempre he sido actriz, ahora soy calle"), el mariachi la sigue y la Doña, abstrayéndose de las turbas, sale por una callejuela sin asfaltar, donde hay más puestos de sopes que vendedoras.

Prosiguen los contrastes que harían las delicias de un cuento realista de los treintas, María asciende al automóvil de lujo, las joyas esplenden, la chiquillería persigue al cádillac por más de una cuadra. Ciudad Neza ya se internacionaliza.

(1977)

II. El origen de la popularidad es la fama

La Casa Morada, en Insurgentes Sur, es uno de esos santuarios de la opulencia que atenúan los estremecimientos del pesimismo económico. A la disposición de los evadidos de la crisis, una arquitectura de interiores dulcemente inspirada en Houston o Dallas, lo art-nouveau y lo art-deco que exotizan el ánimo, los estilos distintos que al armonizar tienden a convencer al cliente de que él —en rigor— es un viajero internacional. A eso añádase el patio central como un jardín sorpresivo en medio de la selva de asfalto, la discoteca al día con Nueva York, la ronda de atentísimos mâitres, la ubicuidad de la dueña y del encargado de relaciones públicas. La Casa Morada se inauguró este año (se habló de un costo cercano a los seiscientos millones de pesos) y es uno de esos lugares que son buenos porque son carísimos, que son carísimos porque uno va allí para dejarse ver, y se deja ver para seguir yendo.

En el jardín lateral, los invitados (Los Elegidos) aguardan, conversan, pulen y seleccionan anécdotas, con esta ocasión la vedette que se enamoró desinteresadamente de un ex-presidente, el neo-galán que no obstante no fallar a coctel alguno, ésta es la hora en que ningún mesero lo felicita por su telenovela. La impaciencia es áurea: si han llegado a tiempo es con tal de no perderse la entrada del Ultimo Mito, la Doña, Nuestra Señora de Catipoato, María Félix, quien hoy presentará en la mexicana sociedad a su compañía inseparable en París, su pintor de cabécera, su descubrimiento-dela-temporada, el pintor ruso-francés Antoine Tzapoff, experto en etnografía (y mitografía).

De alguna manera, todos se visten como filosofía de la vida. *Mira, hubo una época en que yo me cubría apenas. Ahora me visto como lección para los que empiezan, con ropa que denote seguridad, tiempo para seleccionar los colores convenientes, buen gusto sin asesores*. . . Ernesto Alonso, el Zar de la Ceja Levitadora y del Suspense Dramático a domicilio, logra combinar al cabo de una agonía visual su corbata de muchos colores (seguramente exclusiva) con el traje gris azulado. Lola Beltrán viene toda de negro, en homenaje a la canción ranchera que es lúgubre como el desamor. La coleccionista de arte Lola Olmedo porta las joyas suficientes como para financiar de nuevo el descubrimiento de América. El entrevistador de moda Ricardo Rocha, entrevistado por quien se le acerca, comprueba a su costa que la vida es un solo programa de televisión sin comerciales. . . . Filosofía de la vida: a los aquí presentes, modelos, artistas, animadores, socialités, bellezas tan intemporales como esta semana, amigos viejos y recientes de La Doña, los conmueve cada vez más su meta primigenia: ser *fotografiables*.

"Ara es esta fiesta. Esparcid, cantores a los pies de la diosa incienso y flores"

Los ojos se concentran en un punto. Las notas de "María Bonita" proclaman el arribo. En su marcha triunfal, María Félix avanza hacia el sitio del coctel, disemina a cada paso su presencia intemporal, y todos se saben de antemano vencidos y agradecidos, ella será fiel a su imagen hasta el fin —"Tengo el compromiso de ser bella para no defraudar a mi pueblo"— y su saco de seda bordado con pedrería, que Christian Dior concibió, y sus zarcillos refulgentes y sus anillos cegadores y sus anillos y colguijos de la época mística del capitalismo, realzan (a modo de reflectores) el rostro que en cada gesto revela el hábito de aceptar lejanamente el acatamiento, desde hace mucho la admiración le parece un rumor sordo, el enfadoso oleaje portátil sin el cual ella no se reconocería ni reconocería los alrededores, pero que nunca deja de ser música ambiental. *Gracias por sus palabras. Es usted muy amable*. . . y rápidamente desvía la vista o se aleja de quien, convulso, ha volcado su corazón confiándole su antiguo fanatismo.

Los reporteros y las cámaras de televisión la acosan:
—Señora, señora, ¿está usted enamorada?
—Revelar los sentimientos es impúdico.
—¿Qué es para usted el amor a su edad?
—La oportunidad de contestar preguntas estúpidas.

—¿Aún es uted la mujer más bella del mundo?

—Soy María Félix. La mexicana María Félix.

—¿Se siente usted responsable por su belleza?

—Dios me dio una cara. Yo puse el resto.

—¿Es cierto que su caballo ha ganado siempre?

—Ser el primer lugar es un destino.

—Estará en el descubrimiento de la estatua de Agustín Lara el 11 de noviembre?

—Si el flaco no bajó del cielo para invitarme, ¿cómo diablos me presento?

Las respuestas se graban y anotan. Los oyentes se apasionan y las reacciones confirman lo ya evidente. En la religión del cine, ser *"diosa de la pantalla"* es un cargo literal. Cada mirada sobre María Félix esparce incienso y mirra, cada comentario es un ex-voto, cada exclamación es un rosario laico. Lo de ella no es *presentación* sino *aparición,* el renovado milagro de quien no cedió a las exigencias del tiempo y a las perversiones de la falta de voluntad. Todo aquí está medido: la expresividad, la variedad del guardarropa, la comida, los ejercicios, las horas de sueño, el glamour (ese feliz encuentro del maquillaje, el vestuario, las joyas, las atribuciones colectivas, la personalidad).

De más allá del Cunabiche

A la directora del Museo de las Culturas (en Moneda 13) se le notan los nervios, al empezar su dicurso de presentación de la obra del pintor Antoine Tzapoff. No todos los días se está junto a María Félix en un acto inaugural. Ella nunca se imaginó, yo jamás me imaginé, nosotros. . . Es sábado 27 de octubre en la tarde, y dentro de unos instantes la exposición *La magia fascinante del indio americano* estará abierta al público. María Félix sube al pequeño estrado, deja que la aplaudan, que contemplen su atuendo, su negro pantalón de lana y seda, su camisa de seda blanca, su vasta cabellera de india brava, su maquillaje que es un autoelogio, sus brillantes. . . El pintor agradece brevemente, ella traduce, la gente se aglomera.

La Doña está radiante. Una vez más ha cumplido su soberana voluntad y la ha transformado en "un regalo al pueblo de México", que admiren su colección de retratos, el payaso zuñi; el apache mezcalero, los guerreros pimas y pawnee, el navajo, el esquimal, el kiowa. ¡Ah!, y los tres retratos de ella, el que la muestra con ojos imperiosos consintiendo la cercanía de las pirámides; el segundo que la convierte en radiante figura sioux o seminole, con el medallón incantatorio de sus iniciales; y el último, donde acaudilla a las huestes hipnotizadas por la causa sacra de unos rasgos y una voz. Como en retratos suyos de calidad distinta (de Diego Rivera, Leonora Carrington, Leonor Fini), en los de Tzapoff se advierte la combinación del artista y del feligrés: a María Félix se le percibe rodeada de los atributos de la magia y el mando, a través del deslumbramiento que requiere de las comparaciones: Circe o Pocahontas, Venus o la Bella Otero, Malinche o Ayesha. Cada retrato quiere prolongar la incandescencia del close-up, acatar la fidelidad reproductiva que acreciente la veneración.

Esplendor y dominio. Riqueza y actualidad. Nada de Bette Davis que somete sus facciones a una cámara impía y deja que las arrugas sepulten su gracia. María Félix se administra, es decir, se niega a acompañar a su edad, a la suerte previsible de las mujeres de su generación, al retiro de la vida artística. Ella es y sigue siendo el modo en que sus personajes secundarios vigorizan al personaje central. A María Félix, la belleza, la esposa de Agustín Lara y Jorge Negrete, la protagonista de escándalos y consejas, se suman Doña Bárbara, Maclovia, Enamorada, la Mujer de Todos, la Devoradora, la Diosa Arrodillada, la Bandida, la Generala, la leyenda depurada por el trabajo incesante.

He descendido a los infiernos
y he hablado con el Diablo (M.F.)

¡Ah la sensibilidad de María Félix para lo externo: su don para el atavío inolvidable, la singularización de los actos nimios, la maestría que prodiga manías y caprichos que regresan a ella como fuentes de idolatría! En el patio del Museo de las Culturas ella fuma un puro y a su alrededor, guardando las distancias, de cerca y de lejos a la vez, la contempla y examina una ordenadísima turba, recolectores de imágenes que apresan cada ademán, beatos en trance, cauda de ayates a su disposición. ¡Ah, en María "el movimiento es una misteriosa forma de la quietud"!

Ella de seguro lo ha estudiado todo, ha analizado las combinaciones de las joyas y la luz, se ha cerciorado de la calidad común e

167

irrepetible del pasmo en torno suyö. A la esteta la guía su propio brillo. Aquí es el lujo que rodea a la obra de arte, y a la biografía se le encomienda hacer desfilar sólo escenas culminantes. . . La empresa es ambiciosa y riesgosa, y las recompensas son interminables. A María Félix le bastaría con fijarse un poco en quienes la observan y captar las sensaciones de triunfo, la evidente memorización de sus palabras, la extensión de sus anécdotas como rollos de la sabiduría. Ahora niega su autógrafo —"Si doy uno tendría que dar todos. Pero váyase con mi cariño que siempre será más valioso que mi firma"— y el condecorado se aleja con la expresión atónita. Ahora le celebra un collar a Lola Olmedo —"Tú y yo somos las únicas que podemos llevar eso sin que parezca que no somos propietarias sino guardianas" —y las dos sonrisas son un convenio fáustico.

Comenta una señora: "¿Sábes lo que más me gusta de ella? María Félix nunca será pobre."

(1984)

IV

Era un cautivo beso enamorado...

Luis G. Urbina

Instituciones:
La cursilería

Y en un vaso olvidado se desmaya un país

A las Damas Bizantinas

Lo cursi es la elocuencia que se gasta.
No te preocupes
si sonreímos con tus versos dolientes
y nos sentimos hoy por hoy superiores.
Tarde o temprano
vamos a hacerte compañía.

José Emilio Pacheco,
"Una cartita rosa a Amado Nervo"

PREFIERO LA MUERTE a la gloria inútil de vivir sin ti, "México, País de los cursis", proclaman desde hace décadas analistas, periodistas y vanguardias culturales. Los ejemplos se prodigan, y las playas se visten de amargura porque tu barca tiene que partir. Antes del enfrentamiento con los villistas, el Caudillo convoca a una junta de Estado Mayor para leer las poesías amorosas que escribió al alba. Ante el cielo azul de México, el líder del magisterio gimotea conmovido y le jura al Presidente de la República que ese mismo firmamento estará allí, a su regreso de la gira de buena voluntad. Poético, el cardenal compara a los niños con azucenas y gladiolas. El dirigente sindical llora de emoción porque sus agremiados le han regalado un automóvil haciendo un meritorio sacrificio. El, mucho lo agradece pero no puede aceptarlo, no se siente digno . . . y en un acto de supremo desinterés, le transfiere el regalo a su hija.

Hoy como ayer la cursilería es el idioma público de una sociedad que nunca ha prescindido del cordón umbilical que enlaza a banqueros con desempleados, a jerarcas de la Iglesia con mártires teóricos de la ultraizquierda, a literatos con analfabetos, a nobilísimas matronas con impías hetairas. La cursilería es otra (genuina) Unidad Nacional, la no afectada por riñas ideológicas, la que en distintos escalones de la pirámide no admite disidentes, al tecnócrata o al cacique la trova los sacude de igual modo, y en los estremecimientos del amanecer el izquierdista y el derechista evocan "aquellas siluetas inolvidables como de ángel", y confiesan haber escrito en la adolescencia versos "malísimos", claro, aunque tenían algo, la autenticidad siempre es importante y viéndolo bien eran mejores que mucho de lo hoy tan alabado.

Una aclaración esencial: si bien la cursilería no es tan eterna como las rosas y las almas maravillosas, lo que en México se suele calificar de *cursilería,* es en lo básico un desprendimiento de los lenguajes (el romántico, el neoclásico, el modernista) que representan el pasado en sus versiones más ostentosamente premodernas. La *cursi* es, primero, el anacronismo que se enorgullece de serlo, y sólo en segundo término la pretensión derrotada. Por eso, hay nuevas formas de cursilería que nunca alcanzan la fama pública, por que no las incluye la definición clásica. Cursi es, en la versión semántica dominante, lo que nos acerca a sensibilidades anteriores, lo que trae siempre consigo su fecha de auge.

Las pasiones inútiles y los comentarios descorazonados

Provenga de donde provenga, de familias famosamente ridículas o de las ocultas jitanjáforas del castellano, la voz "cursi" designó en el siglo XIX la apariencia exagerada, la perturbación al hallar una flor en las páginas de un libro, el desciframiento de los mensajes de la luna. En el siglo XX, el término ya estaba satanizado, y en un ensayo magistral Ramón Gómez de la Serna definió a lo cursi: "el fracaso de la elegancia". Al popularizarse la voz en México en la década del veinte, lo cursi por antonomasia en la capital resultó en primer lugar la provincia, el recinto de lo insoportablemente antiguo, donde aún regían las pretensiones porfirianas, los códigos de maneras que se pulían ante el espejo, los ramilletes de virtudes que eran provocaciones al sentido del humor, el afán de ser culto a partir de las relecturas de Enrique Pérez Escrich (*El Mártir del Gólgota*) y Juan de Dios Peza (*Cantos del hogar*). Para los escritores de vanguardia, lo más cursi fue el culto a la inspiración, acaudillado por el poeta Amado Nervo, y el amor a la reflexión, a la vida, tal y como la desplegaba Enrique González Martínez. Los vanguardistas se rieron a placer de versos y fotografías de Nervo, con la faz indolente y el dueto lánguido de mejilla y dedos. ¡Qué increíble!, se mofaban los representantes del verso y el amor libres, mírenlo bendiciendo a la Vida como al hijo que nos sobrevivirá, maldiciendo a Kempis por escribir un libro, o cerrando los ojos para no desvariar ante raras bellezas. ¡Qué antigualla!

La renuncia a la poesía rimada expulsó de los espacios culturales a un tipo de cursilería (a la que velozmente sustituyó otra, igual y distinta). Y Nervo y sus almas gemelas se incorporaron en exclusiva al patrimonio popular. Las ínfulas espirituales se diluyeron y "democratizaron", y surgió, multiplicado, el trato placentero con el Placer Artístico jamás disfrutado por ancestros rurales y padres labriegos, con el Animo Patriótico que reconoce la esencia de México en cielos límpidos.

El sucesor evidente de Nervo fue Agustín Lara, el personaje y compositor que no fue precisamente cursi, más bien trasladó a la música comercial una actitud-fuera-de-la-sociedad (la bohemia) y su fe religiosa en la poesía. Pero estos matices no importaban. Los modernistas tardíos resultaron las lágrimas expiatorias de la modernidad, al grado que, desde el sentimiento ultrajado o desde el cálculo mercantil, ellos mismos se vieron forzados a reconocerse en la cursilería, que exaltaron en el trato, en el vestuario, en la gesticulación, en la filosofía de la vida, en las ráfagas de sus improvisaciones noctívagas ("Mi cursilería es para la exportación", le confesó Lara a Renato Leduc). De la sinceridad desgarrada al cálculo de taquilla.

Del puente me devolví bañado en alegorías

En las primeras décadas del siglo XX, a la canción popular le conceden certificado estético voces operáticas y letras declaradamente poéticas. Al desistir los poetas de la rima, la canción —que hereda las audacias modernistas y las mezcla con las tempestades insulínicas del romanticismo— difunde en gran escala hallazgos de la poesía rimada, en medios aún no intimidados por el espectro de lo cursi (de la amenaza de ser cursi). La voz preserva la dignidad del oyente, la melodía hechiza por su docilidad memorizable, la letra alaba el sentido artístico de quien la recuerda. Todo se contagia del ánimo inefable. Los sentimientos prestigiosos de antaño se refugian en la feliz desesperanza de noctámbulos, enamorados adolescentes y amas de casa. De la lírica en uso se toma primero la fatalidad "subjetiva". Recuérdense "Marchita el alma" de Antonia Zúñiga (*Marchita el alma/ triste el pensamiento/ mustia la faz/ herido el corazón...*), o "Perjura" de Miguel Lerdo de Tejada (*Con tenue velo/ tu faz hermosa*), y luego la fatalidad objetiva: *¿Por qué te hizo el destino pecadora?*

Rescatar lo olvidado y destruido por la ciudad, exaltar lo que se desvanece: la casta pequeñez de la provincia, la gallardía criolla, el silencio reverencial de las mujeres, el libre albedrío invertido en declaraciones de amor al pie de la reja. Se afirma la "actitud romántica" y el sueño minoritario del XIX deviene utopía individual: la mujer inaccesible, a la que útil e inútilmente se venera. En 1914, el maestro Manuel M. Ponce explica su canción: "'Estrellita' es una nostalgia viva; una queja por la juventud que comienza a perderse. Reuní en ella el rumor de las callejas empedradas de Aguascalientes, los sueños de mis paseos nocturnos a la luz de la luna, el recuerdo de Sebastiana Rodríguez." La lírica-al-alcance-de-todos se masifica y se diluye, se distribuye en los hogares y se estaciona, retrasando el arribo de la poesía culta. *Lo bello* es lo conocido, lo previsible.

Por eso el auge de la trova yucateca. Es la poesía sencilla, la que, en un rapto de inspiración, también pueden escribir los oyentes. *Las canoras avecillas de mis prados/ por cantarte dan sus trinos si te ven.* Y luego, vienen las letras que el oyente no podría escribir, que entreveran moral y donaire, sexualización hipócrita y las conmociones literarias de quienes nunca leen, idealización de las prostitutas y el domesticamiento de lo subversivo a cargo de arduas metáforas: *Y aquel que de tus labios la miel quiera/ que pague con brillantes tu pecado.* A las clases medias, en ámbitos cerrados y a la defensiva, les importan las canciones que sean un halago estético. ¡Oigan estas líneas!: *Temor de ser feliz a tu lado.* ¿No es bellísimo hablar de este modo?

Los arquitectos (ideales) de su propio destino (real)

Los satisfactores de la intimidad: salitas distribuidas en torno al cuadro donde la Guadalupana fosforece opacando el verde limón de los muebles, macetas que son los jardines condensados de la pobreza, reproducciones de la "Ultima Cena" de Leonardo que bien podrían representar la carga de los 600 dragones, pero que la fe convierte en *reproducciones* de la "Ultima Cena" . . . Frases de telenovela que mistifican situaciones de veras trágicas. ("No dejes que me muera, Andrés, porque eres lo único que tengo.") Escandaleras cromáticas que suplantan el sentido del color. Religiosidad traducida a oraciones sentidísimas e imágenes dulcíferas. Conmoción de la novia ante el órgano de iglesia que martilla para su recuerdo "My Way".

El curso de esta sensibilidad es transparente. Se mezclan herencias indígenas, criollas, mestizas, urbanas, campesinas; se flexibiliza a la tradición de tal modo que la tecnología sólo afecta a su esencia y deja intactos sus procedimientos selectivos; se hace del gusto la operación que comprime todo —familia, muebles, animales y adornos— en un mismo espacio restringido. En un brillante ensayo sobre la creatividad popular (en *Culturas populares y política cultural*, Museo de Culturas Populares, SEP, 1982), Arturo Warman analiza el proceso mediante el cual

> la búsqueda de distinciones permanentes entre Arte con mayúsculas y artesanías, sólo encubre y justifica, legitima y tiende a perpetuar las distinciones sociales. . . Para el ciudadano común, la entrada al espacio reservado para la creatividad 'Culta' demanda una actitud de reverencia, respeto y sumisión. Como no hay manera de echarle la culpa a Dios por la sacralización de la cultura, ésta se justifica por la excepcionalidad, por su distancia respecto a lo corriente y cotidiano. Ideas como las de excelencia, universalidad, trascendencia, envuelven y protegen este espacio, lo acolchonan.

Quienes no gozan de resguardos económicos y sociales, suelen confiarle a la religión sus vínculos con la trascendencia personal, al sexo y a la familia sus relaciones con la universalidad, y a su resignación entusiasta su apropiación de la excelencia. Los pobres no defienden razonadamente su gusto; lo disfrutan cálidamente como un agregado visual y auditivo de la sobrevivencia. Es lo que hay, y su habilidad transformista cambia *lo que hay* acudiendo a la devastación y al método acumulativo. Los espacios vacíos molestan: son ratificaciones de la pobreza. No sólo la elegancia fallida o el ánimo encantado, explican las reproducciones de la "Mona Lisa" entre quienes no tienen un Tamayo legítimo en la sala o entre quienes no tienen sala. Tras los calendarios de la belleza prehispánica o las copias en marcos garigoleados de paisajes níveos o el esfuerzo del director de la escuela primaria que al no memorizar la "Suave Patria" le regala versos, sigue agitándose el problema de la formación cultural y literaria en México, en última y primera instancia resultado de un proceso educativo que por diversas razones no ha tomado en cuenta la formación del gusto.

¿Cómo estuvo esto? Reloj, no marques las horas porque voy a teorizar. En la vida social de México (y la generalización abarca a Latinoamérica) la poesía fue elemento fundamental durante el siglo XIX y las primeras décadas del XX. No sólo era el valor cultural más elevado; también y principalmente, era la única señal de refinamiento interno, el barómetro de la Sensibilidad personal y colectiva. Un político, un sacerdote, un notario, una mujer decente, un pilar de la comunidad, un empleado menor, si en verdad se querían distinguir en un país de bárbaros, deberían en los momentos álgidos expresarse dulce, lírica, encendidamente. Quien, en algún instante de su vida, no arribase a la poesía se reducía ante sus propios ojos. Quien no hallase *lo poético* de una situación merecía ser igual al resto de los mexicanos.

La *cursilería* que tanto divierte fue durante más de un largo siglo la única sensibilidad aceptablemente distribuida, y la repartición se llevó a cabo a través de la prosa periodística (y su lectura ufana), los discursos (y su recepción enardecida), la poesía (y su fervorosa memorización), la canción romántica (y su repetición con los ojos cerrados), los sermones (y sus cielos portátiles), el teatro (y los telones que caían ocultando hogares desgarrados), la pintura (y sus escenas románticas), la arquitectura (y sus palacios mayas o californianos), la política (y su incendio de masas). Sin tal exaltación versificable, la vida cultural hubiese sido aún más pobre, sin tribunos que comparasen a la patria con la nevada y enrojecida montaña, sin obispos que reprodujeran con la voz, el santo ademán y la metáfora pía, la hazaña de redimir a los mortales, sin artistas alojados sin remedio en las madrugadas de la inspiración, sin fracasos de la técnica que se vivían como milagros del temperamento nativo. ¿Y qué hubiese sido del patriotismo y de las relaciones interpersonales sin la intervención de las Musas?

Entre los géneros culturales, son el poema arrebatado, el

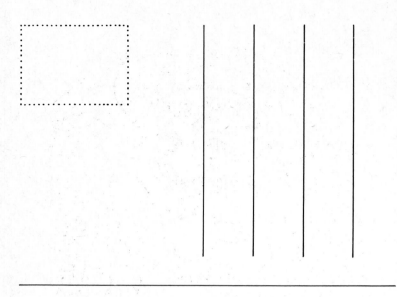

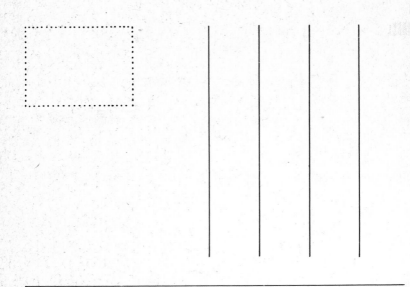

Carlos Monsiváis, *Escenas de pudor y liviandad*, © 1987, EDITORIAL GRIJALBO, S.A.

Fotografía: Juan Rulfo

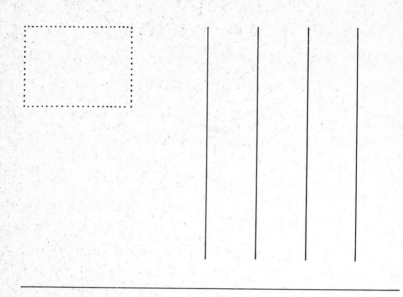

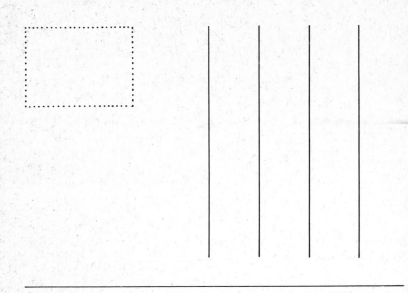

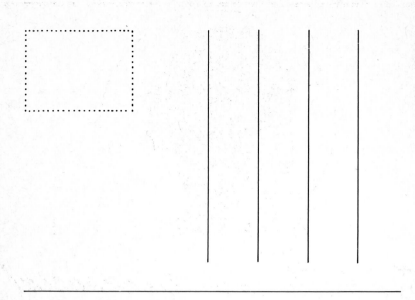

Ser bella es un deber social

La Crema Mascarilla Rosa, Du Barry, trae a usted la sensación de un moderno tratamiento de belleza en propio tocador... primero, un agradable cosquilleo; después, una exquisita frescura que hace sentir los tejidos tersos y firmes, el cutis suave y flexible. ($12.50).

El ajetreo de la vida moderna pone a menudo en el rostro de la dama de sociedad la tristeza de una flor marchita... Material y espiritualmente, la fatiga de las fiestas deja sus huellas bien marcadas. A veces tiene una preocupación más: enfrentarse al problema de rehacer su rostro, de renovar su juvenil frescura a deshoras... Por eso, quien conoce sus deberes sociales, tiene en casa un rincón íntimo bien surtido de las exquisitas cremas y de las estimulantes lociones Du Barry, que transforman rápidamente la apariencia del rostro, haciéndolo ver terso, fresco y lozano. Haga usted lo mismo y cumpla con el deber social de ser bella.

EL PUERTO DE LIVERPOOL · NIETO · EL PALACIO DE HIERRO
EL CENTRO MERCANTIL · SANBORN'S

Reg. No. 8893 T-D.S.P. ● Props. Nos. 17896 y 17808

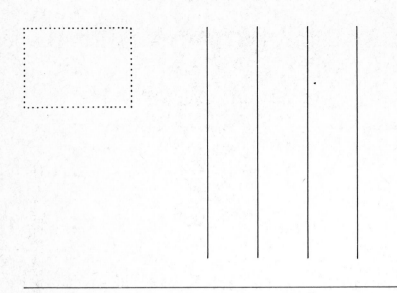

artículo de admonición nacional, la oratoria cívica y sagrada y la canción romántica los más beneficiados durante más de siglo y medio con el prestigio de *lo poético*. Se aprovechan de lo que los relegará, de la diseminación de "logros literarios" que la vanguardia desprecia, de la "grandeza de la vida cotidiana" que será presa del sarcasmo fácil (y nada estruja tanto el ánimo dolido y sublimado como el presentimiento de las risas).

"Nos convertimos en lo que contemplamos." El auditorio crédulo no se transforma en la sucesión de enredos y desdichas de la tragicomedia, ni amanece vuelto sortilegio de mujer y vendaval sin rumbo; tan sólo, en el trayecto de una sociedad semifeudal a una semimoderna, se reafirma el amor por las palabras sin las cuales los objetos languidecen y las situaciones se esfuman; la pintura adquirida a plazos tiene pleno sentido si el comprador la mira desde la perspectiva del vocablo "arrebol"; el *exquisito abandono* se entiende magníficamente si el ama de casa ha ahorrado años con tal de comprarse un sofá azul cielo donde desparramarse; el lipstick detonante es el contexto de la "púrpura encendida"; si quien sueña contigo en noche de luna no tiene cuenta bancaria, bien puede entregarte un acta matrimonial. Reinterpretado, este idioma de la cursilería (versión "estética" del habla cotidiana) es fábula que le confiere encanto a la desposesión y a la idealización de los contornos.

Aliños marchitados por un sol ardiente

A la vanguardia artística, ebria de lo nuevo y lo irrepetible, la cursilería le resultó el idioma del pasado que se niega a morir, el riesgo que les espera a quienes no cambian de costumbres mentales. Profeta incontestado, Ortega y Gasset previno contra una ética fundada en la "satisfacción de las necesidades de las masas por medio de la producción racionalizada con ayuda del progreso técnico". Ser cursi era oficiar en los altares de los *Idola Fori,* las supersticiones que reaparecen cada vez que los pueblos se sumergen en el mal gusto. "Donde quiera que las jóvenes musas se presentan, la masa cocea", insistía Ortega. A la sensibilidad popular se la juzgó la más deleznable de las *supersticiones democráticas,* y los intelectuales compartieron la fe desdeñosa del Stockman de Ibsen: "Las mayorías compactas son el enemigo más peligroso de la libertad y de la verdad."

Los primeros efectos de los medios tecnológicos vigorizaron la convicción de las élites: las masas no tienen remedio. (En 1929, escribe Ortiz de Montellano: "Lo cursi es la estética del pobre con ambiciones.") "Esto es cursi" equivalió a decir: "Esto es propio de clases bajas." En la zona de referencias culturales, *ser cursi* se tradujo sin apelación: "perteneciente a lo viejo y trasnochado, lo que inspira simultáneamente risa y compasión, el calificativo que liquida la esperanza de hermosura". Los jueces tenían razón en muchísimas ocasiones, pero las sentencias no persuadían a los afectados. Debieron transcurrir cuatro décadas para que los amantes de una versión de Lo Bonito y Lo Melodioso pagasen, respecto de sus gustos artísticos y sentimentales, la cuota de autoescarnio que es maña y rendición de la edad madura y la vejez: "Ya sé que me van a decir cursi, pero a mí me fascinan las canciones de Guty Cárdenas y Gonzalo Curiel y la poesía de antes, a la antigüita, la que uno declama por dentro a la hora de dormirse. ¿No es bellísimo eso de *Vinieron en tardes serenas de estío/ Cruzaron los aires con vuelo veloz?* Eso sí me emociona, porque la mera verdad lo de ahora ni lo entiendo ni me agrada." Y en ese instante el interlocutor contempló con cierta misericordia a su padre, a su tío, al boticario, al futuro suegro, guardó un minuto de silencio, y desvió la conversación.

Lo cursi también fue un elemento estabilizador, la prueba de que las masas no sólo incurren en la violencia; también aspiran a la sensibilidad en su afán de Valores Trascendentes (la religión como familia, la familia como religión), y en su devoción por "lo inaccesible": el Arte, la Sensibilidad. Sabedlo, metrópolis y aldeas: México no es tierra de asesinos y bandidos, y todo está regido por la fe en el porvenir individual como único futuro colectivo, y el cuidadoso arreglo de salas y comedores reales o imaginarios (el milagro: en cada habitación popular cabe también un "cuarto de visitas").

La cursilería, expresión cultural genuina y estrategia del conservadurismo. La adquisición de Espiritualidad fue un voto de confianza en la Estabilidad. A ningún gobierno le viene mal un pueblo en trance ante los nectarios perfumados (aunque, a la inversa, de poco le sirve a estos gobernados la Sensibilidad Iluminada de sus gobernantes).

¿Qué sabemos de estas décadas en donde una mayoría de la población vio en la cursilería "modernista-romántica" su habla prestigiosa, su maquillaje de identidad y su seguridad ante los cambios? Antes de la sociedad de masas, la vida no sólo imitó al arte; en rigor, la imposibilidad de distinguir entre "Arte" y "vida" le dio su fuerza a melodramas, canciones y relatos, y la clave de la "estética popular" se halló en la confusión perenne entre lo que daba gusto ver y lo que daba gusto sufrir. *Lo Bonito* proporcionaba sensaciones y visiones utópicas, y *lo-más-real* permitía soportar la existencia, mientras cundían los exorcismos: la educación del temperamento, la gratitud al cielo por el talento de los seres privilegiados, la certeza de que la poesía es un don que le sobreviene a todo ser humano, con tal de que devuelva su corazón a la inocencia.

En algo influyó el desprecio de los ilustrados sobre los productos de la industria cultural. Si nos dicen cúrsis, exacerbemos nuestras tendencias. Y en cine, teatro de variedad, industria de la canción y del espectáculo, melodramas y artesanía urbana, se deseó y se practicó una "estética autónoma", al margen de cualquier bendición de la alta cultura. Los pobres, aseguró la empresa, no creen en el arte de allá afuera, sólo les interesan el Sentimiento Puro y la Diversión. Y el premio para las mayorías fue lo funcional, lo que no será muy bello pero es bonito, lo que no será bonito pero es regocijante, lo que no es regocijante ¿pero con qué lo sustituyen?

A quienes propusieron una *estética nacionalista*, se les aprovechó con rapidez. Alimentaron las visiones turísticas, ilustraron algunas proposiciones gubernamentales y ratificaron las cualidades domésticas de la Patria, a la que hicieron la Novia y la Madre, la Cuna y la Mortaja. *México, creo en ti, porque si no creyera que eres mío...*

Clamar al cielo venganza es pedir peras al alma

En los años cuarenta, una de las décadas de mayor cursilería pública, la modernidad impone sus criterios de exterminio, y el chiste privado se extiende hasta el límite de la manía clasificatoria. Los investigadores Francisco de la Maza —"lo cursi es lo exquisito fallido"— y Raoul Fournier, le dedican al tema de la cursilería desvelos y regocijos de coleccionista e incitan al acopio que veinte y treinta años después se volverá moda: bibelots y lámparas, fotos de recintos "de ensueño" donde la nuevorricracia distribuye en vitrinas su "delicadeza", pintura de calendarios donde Helguera retrató a las despampanantes parejas campesinas y prehispánicas, versos levitadores donde el corazón rima con —y sufre inexorablemente la— pasión, tarjetas postales iluminadas a mano, fachadas de residencias que desearon ser templos aztecas o mayas, argumentos de películas seráficas donde la protagonista recobra la vista al desatar su llanto libertador, o se queda ciega al maldecir a su madre.

La empresa lúcida de Fournier y De la Maza se añade a la exploración insomne del Ser Mexicano, al "buceo psíquico" de ontólogos, psicoanalistas, psicólogos y demás aficionados al esoterismo-que-no-osa-decir-su-nombre. Los exhumadores y delatadores de traumas y paranoias nacionales, los espeleólogos del inconsciente (con sus símiles airosos que son lámparas de Diógenes y velos protectores de la virginidad), enviaron a la cursilería al paredón verbal: "huida de la realidad", "complejo de inferioridad que quiere redimirse con falsa poesía" y otras frases igualmente esclarecedoras.

Desde entonces, catalogar el "desafuero romántico" resultó en el ámbito de clases medias, un tributo calisténico al inasible "espíritu contemporáneo", el vituperio que es alabanza en boca propia. Cazar cursis era el método implacable para ser modernos abriéndole el paso al México de la tecnología, con declaración implícita al calce: "Yo sí respondo a las transformaciones sociales; yo no me quedo velando tradiciones."

La operación se puso en marcha, y la cursilería fue la víctima que acredita a los victimarios. Quien más diestramente la exhibiese, con más celeridad se evadiría de las listas mortíferas. ("Si enjuicio al pasado, neutralizo las iras del porvenir.") Uno tras otro, los baluartes de la antigua cursilería en política, prácticas religiosas, vida familiar, pintura, mística de sobremesa, decoración, arquitectura, sufrieron los embates de la parodia, la sátira, el desprecio culto. Y como el término cursi era únicamente peyorativo, para situar los fenómenos que merecían más admiración que castigo, se importó de Estados Unidos la moda del *Camp*, con su afecto coleccionista por lámparas y relojes Mickey Mouse, su deslumbramiento ante el art-nouveau y el art-deco, su amor por el desbordamiento formal, su arraigo en la sensibilidad marginal, su interesado patrocinio de las diosas de Hollywood, su culto del sentido ambiguo y excéntrico en el arte y en la conducta. Y en la puesta al día se trajo de Europa el concepto rehabilitado del *Kitsch,* la ''basura con estilo''.

''Y al fin de la jornada/ las formas de mi madre se pierden en la nada''

Creer en el Sentimiento fue, de acuerdo a las inflexibles reglas de los sesentas, el pecado sin expiación. De hecho, al diseccionarse una (vencida) educación sentimental, se juzgó cursi a casi todo el pasado. Las primeras víctimas: los gustos de los padres. Lo siguiente en la lista del exterminio: las expresiones altisonantes y epopéyicas de flechadores del cielo y robadores del fuego. El vencido vencedor: el lenguaje amoroso. La imagen sacrosanta del condenado: desde la portada de disco, con el atavío *bohemio* de fin de siglo, el declamador Manuel Bernal arenga a sus compañeros soñolientos con —estamos seguros— el muy memorizado poema de Guillermo Aguirre y Fierro, ''El brindis del bohemio''. La certeza: la declamación es la Ultima Thule de la cursilería, el limbo donde se entonan poemas tatuados-en-la-piel-del-alma, las ''inscripciones que protegen del imposible olvido las antologías clásicas'': *El declamador sin maestro* o *El libro de oro del declamador,* de Homero de Portugal. La hora de la revancha: el sarcasmo que vivisecciona los versos que han sido pedagogía del alma colectiva. Verbigracia: ''El seminarista de los ojos negros'' de Miguel Ramos Carrión:

> Cuando en ella fija sus ojos abiertos
> con vivas y audaces miradas de fuego,
> parece decirle— ¡Te quiero!, ¡te quiero!,
> ¡yo no he de ser cura, yo no puedo serlo!
> ¡Si yo no soy tuyo me muero, me muero!

Verbigracia: ''Las abandonadas'' de Julio Sesto:

> ¡Cómo me dan pena las abandonadas
> que amaron creyendo también ser amadas,
> y van por la vida llorando un cariño,
> recordando un hombre y arrastrando un niño!

Verbigracia: ''Las campanas de mi pueblo'' de Luis Rosado Vega:

181

Campanas:
clamorosas campanas de mi pueblo,
lejanas
campanas,
¡cómo parece que os estoy oyendo!

Verbigracia: "Marciano" de Juan Antonio Cavestany:

—César —le dijo— miente quien afirma
que a Roma he sido yo quien prendió fuego;
si eso me hace morir, muero inocente
y lo juro por Dios que me está oyendo;
pero si mi delito es ser cristiano
haces bien en matarme, porque es cierto,
Creo en Jesús y practico su doctrina,
y la mejor prueba de que en El creo
es que en lugar de odiarte, ¡te perdono!
y al morir por mi fe, muero tranquilo.

Verbigracia: "El Cristo de mi cabecera" de Rubén C. Navarro:

Hoy que vivo solo. . . solo en mi cabaña,
cuya cumbre ha siglos engendró el anhelo
de romper las nubes y besar el cielo;
hoy que por la fuerza del Dolor, vencido,
busco en el silencio mi rincón de Olvido;
triste la esperanza y el Encanto ido;
mustias ya las flores de mi Primavera;
rota la Quimera,
muerta la ilusión. . .
. . . ¡ya no rezo al Cristo de mi cabecera. . . !
¡Ya no rezo al Cristo. . . que jamás oyera
los desgarramientos de mi corazón. . . !

Verbigracia: "Si tienes una madre todavía" de E. Neuman:

Si tienes una madre todavía,
da gracias al Señor que te ama tanto,
que no todo mortal contar podría
dicha tan grande ni placer tan santo.

Verbigracia: "Reír llorando" de Juan de Dios Peza:

El carnaval del mundo engaña tanto

182

que las vidas son breves mascaradas;
aquí aprendemos a reír con llanto
y también a llorar con carcajadas.

Verbigracia: "La Chacha Micaila" de Antonio Guzmán Aguilera:

Mi cantón, magrecita del alma,
ya pa qué lo quero,
si se fue la paloma del nido,
si me falta el calor de su cuerpo. . .

Verbigracia: "Por qué me quité del vicio" de Carlos Rivas Larrauri:

No es por hacerles desaigre . . .
Es que ya no soy del vicio . . .
Astedes mi lo perdonen,
pero es qui hace más de cinco
años, que no tomo copas,
anqui ande con los amigos . . .

Verbigracia: "Civilización" de Jaime Torres Bodet:

Un hombre muere en mí
siempre que un hombre
muere en cualquier lugar asesinado
por el miedo y la prisa de otros hombres.

Casi fatalmente, los predilectos del choteo fueron, "Nocturno a Rosario" de Manuel Acuña, y "El brindis del bohemio". Ya convenía abjurar de las fidelidades pretecnológicas, y hacer leña metafórica del amor-pasión, de las devociones filiales, de las filosofías de la vida, de las blasfemias perdonadas desde lo alto, de la memoria enternecida del terruño. La cursilería romántica era un lastre en el salto de la patria chica al condominio (de la vecindad al fraccionamiento residencial) y, además, era tan anacrónica como las lágrimas. ¿Cómo enamorar todavía musitando: *Pues bien yo necesito/ decirte que te adoro/ decirte que te quiero/ con todo el corazón?* ¿Cómo olvidarse de la sabiduría freudiana, e incurrir candorosamente en el incesto: *brindo por la mujer, pero por una, / por la que me brindó sus embelesos/ y me envolvió en sus besos:/ por la mujer que me arrulló en la cuna?*

En el pogrom anti-cursis pagaron justos por pecadores. Bastaba la lealtad de las generaciones para condenar a priori a poemas de Rubén Darío ("Juventud, divino tesoro"), de Manuel Gutiérrez Nájera ("Las novias pasadas son copas vacías"), de Enrique González Martínez ("Como hermana y hermano/ vamos los dos cogidos de la mano"), del mismo Pablo Neruda: "Puedo decir los versos más tristes esta noche". Ser cursi: endulzar la mirada, modular la voz, venerar a Caruso, declamar alternando el movimiento de los brazos, creer que la grandeza del poema está fuera de él, en las pasiones de sus lectores y recitadores.

La persecución de lo cursi legitimó la creencia antigua: la Provincia, concepto cultural y social, es el espacio clásico de la cursilería. Ser provinciano: habitar la efusión, transpirar engolamiento, soñar con el localismo autosuficiente. Sin que así se viera, la condenación cultural, al aislar una "geografía de la insuficiencia", resultó otra táctica del centralismo.

¿Tú aquí? Yo te hacía en mis brazos

> ¿Por qué abandonar una creencia simplemente porque deja de ser cierta? Aférrate a ella y verás que al cabo, ¡no hay duda!, volverá a ser cierta, te lo aseguro.
>
> Robert Frost

¿Y quién negará los poderes del folletín del siglo XIX? *Que todo siga en su sitio mientras ella serena se desprende de sus brazos y alcanza la salida. Se alejó con lentitud mientras un muro de incomprensión y reproche crecía a su lado.*

Hay ausencias que triunfan y la nuestra triunfó. Uncidos al lenguaje donde lo terrible es puñal en el corazón que vuelve a las noches días, todavía hay muchos que acuden a la cursilería romántica para no enmudecer en lo relativo al sentimiento. Lo cursi es proferimiento estético de quienes, sin tiempo para pensar en la belleza, desearían asirla unos instantes. *¿Qué puedo hacer, Dios mío, si la desgracia azota sin piedad mi casa y mi familia? . . . Déjelo, señora, Rubén es lo único que tengo. Usted es joven y guapa y puede conseguir lo que le dé la gana. Yo. . . yo sólo puedo vivir al lado de mi Rubén el resto de mi triste vida.*

¿En cuántas ocasiones, en los medios de la pobreza, tal estilo de lo cursi no es la *elegancia fallida* sino la *elegancia disponible*?

Se hereda a hurtadillas el (averiado) sentido de la decoración y el decoro de las clases medias, y se la somete a la prueba mayor: armonizar en algo los cuartos poblados por multitudes en aumento. Lo Bonito, categoría de la-estética-de-masas, explica por su cuenta ambiciones y carencias en la desposesión. Al respecto escribió Leonardo Sciascia: "El sentimiento es parte constitutiva de la igualdad, de la que incluso la moda es fruto inconsciente; bajo el curso de la moda es esto lo que yace: lo sentimental como elemento de la igualdad, como elemento de la revolución." El feroz sentimentalismo encerrado en el ghetto de la *cursilería*, prueba que un Sentimiento Puro es igual a cualquier Sentimiento Puro, si la sinceridad es la norma y no tiene por qué no serlo. Pero el Sentimiento Puro de hoy depende también de las aglomeraciones urbanas y del culto por la tecnología, y va siendo inevitable ("Métase en lo que le importa, viejo pendejo") bañar en luces evocativas los valores que se defienden, proteger a la tradición con el prestigio de la nostalgia, envolver con el sacramento de la "identidad nacional" a fórmulas del melodrama del siglo XIX.

Ser cursi. La aplicación indiscriminada del término lo ha gastado mellándole sus filos correctivos. Esto se agudiza al tornar la crisis económica prescindibles (suntuarias) muchas pretensiones estéticas. Sin incorporarme a la meditación catastrofista ("Ser cursi pronto será una aspiración"), sí preveo que el desastre añadirá lo Bonito a las zonas indiferenciadas de la sobrevivencia, y que se dependerá crecientemente de los medios masivos. Antes de que se evalúen debidamente las consecuencias de la reproducción del objeto de arte, la crisis ya acosa la ilusión del progreso de una sociedad, con lo que esto implica de búsquedas de conocimiento, de preferencias estéticas legítimas, de esperanzas de estilo individual.

Kitsch: No te mueras porque te mato

¿Cómo aplicar en México la óptica del Kitsch? En Europa, el Kitsch ha sido un proceso de localización del enemigo histórico del gusto; en América Latina es un intento de culminación, la pretensión del éxtasis social e individual ante un símbolo del status, un cuadro, una figura de porcelana, unos versos en donde se "vierte el alma" del autor, y en donde el espectador se aferra a las reminiscencias de lo que jamás le ocurrió, y urde la memoria benéfica. El Kitsch, el apogeo de la sinceridad, el snobismo de masas a la deriva que inventan al pasado magnífico bajo cuya protección se formó el gusto artístico. El Kitsch en Latinoamérica: ya estuve aquí, ya gocé ese cuadro, ya me deleitó la estatua; la resistencia a empezar desde cero, la creencia en el largo ejercicio de la sensibilidad a la que la gran mayoría se asoma por vez primera.

¿Cómo funciona la noción admonitoria del Kitsch en medios donde el mal gusto suele ser todo el gusto existente? Quizás la proliferación del Kitsch se explique por la certeza (nunca verbalizada, nunca oculta) de que en la calificación de Lo Bello nadie tiene la primera o la última palabra. Aún no pesan demasiado la didáctica de los museos, y la educación artística, como lo prueban el lenguaje lírico de los locutores, los conjuntos de la escultura cívica, el Cristo de mirada móvil que venden en los atrios de los templos, los restos de la oratoria sacra y de la oratoria patria, la emoción de oír "bien declamado" un corrido.

A fin de cuentas, el Kitsch consuela a un espectador inseguro, desencajado por el crecimiento urbano y sus rápidas y violentas transformaciones: "Cálmate, mientras sostengamos tan intactas como se pueda las visiones y las concepciones del mundo (de *tu* mundo) podrás estar tranquilo. Acepta las modificaciones, te sirven, no contradicen en lo fundamental lo que has vivido y en lo que has creído. Y no tengas miedo si te dicen cursi, la cursilería es Tu amparo y Tu fortaleza, el pronto auxilio contra la opresión que no comprendes. Conmuévete el Día de las Madres y suspira en el Día de las Novias y atiende las peripecias televisivas de la sirvienta que quiso ser buena y convéncete de que la risa es también el suspiro del alma." Este mensaje funcionaba admirablemente hasta hace poco, y sólo los sacudimientos económicos han renovado la cursilería sexualizándola, obligando a los corazones de oro a desvestirse y fornicar, sin apartarse en lo mínimo del chantaje sentimental.

La verdad última del llanto no son los sentimientos sino los espectadores

Los pequeños cambios —ya se sabe— son los enemigos de los grandes cambios, y sexualizado o semipornográfico, el melodrama sigue al servicio no de situaciones explícitas, sino de los dispositivos idiomáticos que vuelven cursis con rapidez a expresiones antes "obscenas" y "provocadoras". (¿Cuánto tardaremos en incorporar el "chinga tu madre" a la lista de frases de ternura?) Si los límites del lenguaje son los límites de la visión del mundo, los empresarios de la cursilería aún disponen de aquello que el habla unifica y la realidad individualiza: lágrimas, arrobos, exasperaciones. *Lo amo tanto que moriría si me dejara. . . En realidad, quien se ha portado profundamente estúpido he sido yo. No tengo más disculpa que mi dolor. . .* Plataforma de una estética vencida o ficticia, la cursilería que propagan actrices de voz llorosa y actores de llanto contenido, la cursilería que describe con satisfacción de ganadero el cuerpo femenino, es lo que, desde la posesión de las alternativas, se le entrega como único vocabulario a un país (y a un continente), en especial a las víctimas del analfabetismo funcional. *No pretendía amor, no buscaba esposo, sólo quería vivir su vida. . . ¡y tener un hijo!*

Magnificado el impulso lírico, engrandecida la reverberación de las palabras fatales, aceptado entre lágrimas que los hombres no lloran y que el sentido de la vida es el recuerdo, la antigua cursilería resiste y asimila los embates de la modernidad y la posmodernidad. *¿Era amor o sólo gratitud lo que esa bella mujer inspiraba a ese tierno jovencito?* . . .Y quien no sufra con la respuesta, no por eso automáticamente dejará de ser cursi.

Dancing:
El California Dancing Club

Este es, como te digo, un baile elegante y fino

EL JOVENAZO SE peina tranquilamente. Es la cuarta vez que acude al baño a peinarse y su olfato tolera y vence cualquier conspiración úrica y fecal. Sir Galahad contra las miasmas. Todo con tal de normar su cabellera, de estudiar ángulos, de revisar estilos, de ajustar esa magnífica mata a las dimensiones de la actualidad tal y como lo establecen los galanes de la TV o los cantantes gringos, de sentirse en armonía con el cosmos (o sea, con las miradas a las que invariablemente se tiene derecho). El olor traspasa o taladra pero el jovenazo persiste en los acomodos, en el examen bélico de los equilibrios del copete. Su olfato resiste lo que sea, de otro modo no se acude a ese maremoto de humores y sudores, a ese hongo del apiñamiento, el California Dancing Club en la colonia Portales, en plena calzada de Tlalpan.

El domingo es día ritual. Y a la ceremonia no la ordenan tanto la vestimenta, el estilacho al bailar, la prestancia o el juego amistoso de grupo, sino la personalidad tal y como la define y regula el peinado. No es cierto que da igual, el peinado es el hombre; del trato que le des a tu cabellera se desprenden informaciones sobre tu vida familiar y tus proclividades más insaciables.

¡Cuántos adolescentes! De dieciséis, o diecisiete o dieciocho años, indistinguibles a primera o tercera vista, marcados por el estoicismo (''Vuelva mañana'') y la premura (''Rapidito, rapidito'') o transidos de *juventud,* de esa sensación que los sociólogos les niegan a los marginados pero que ellos creen vivir a todo lo que da, son *jóvenes* porque su aspecto biológico responde más o menos al de los comerciales donde ''el concepto Edad'' se acurruca en suéteres, camisas, pantalones y refrescos. Son *jóvenes* porque son demasiados, y del danzón y de los ritmos tropicales les atrae sobre todo la probabilidad de diversión a bajo costo, cualquier alegría a mi alcance es una alegría interminable.

Fíjense en esta escena

—Aquí hay ron, no se haga.
—Si me acabo de sentar. Ese vaso no es mío.
—Vamos a verlo. Acompáñeme, señorita.

En su solemnidad inquisitiva, el policía arresta también al vaso culpable. Nadie se inmuta, ni siquiera la sospechosa. El California Dancing Club es —cuatro veces a la semana, solamente se venden refrescos— un sitio pacífico donde (aproximadamente) dos mil o dos mil quinientas parejas por noche se agitan respetuosamente, el respeto al derecho ajeno es el roce y el frotamiento excesivos que trascienden incluso los pensamientos mórbidos.

A los presentes los cimbra el saberse juntos, así su éxtasis sea tan moderado que a uno, seguro de que regocijo no pregonado no existe, le resulta enigmático, un residuo de esa calma forzosa que nos ha ido sobrepoblando. Aunque un momento: ellas y ellos son hieráticos en el dancing, porque bailar es compostura del rostro y descompostura de vientre y cadera, pero a la salida, al invadir la calzada de Tlalpan las parejas que prolongarán eternamente su acoplamiento de tres horas, brota el relajo, el desfigure, el gusto por tocarse y empujarse, el baile los devolvió a la niñez, y la niñez les ha recordado que amistad es erotismo, el deseo los sacude, son lo más cercano a *la vitalidad juvenil* en las clases tradicionalmente carentes de ese concepto amable y consumista.

Regresen a la escena

El policía y su rehén se abren paso en la densidad oleoginosa, un estallido de olas sedentarias, o cualquier expresión fácil y fallida para un apiñamiento donde ni siquiera caben las miradas. ¡Cuánta gente hay en una multitud! . . . y la aguda reflexión se interrumpe en homenaje a la discreción de los movimientos, lo opuesto digamos a una discotheque de lugar veraniego, donde el exhibicionismo es variable de la fe en la mirada ajena, la mutua contemplación construye la Buena Sociedad. Apretujados, los del Califa no se enteran de Los Demás. Con tanta gente no hay sitio para Los Demás.

Resignada, la compañera acepta la expulsión del paraíso. Chin, y ya no hay muchos ¿eh?, cuando que antes había el resto de salones. La Eva-sin-Adán se fastidia, para qué carajos se prendió durante la semana a sus estaciones consentidas, Radio 6 de la Tropical de México, Radio Onda, Radio A.I. ("es más sabrosa, cascabelera... y cosquilleante"), entrenándose a ratos perdidos y ganados para el brincoteo dominical. Lo que más me friega, mana, dirá mañana, es que yo de veras me acababa de sentar, no bailé ni cuatro piezas y el cabrón que llama a los gendarmes y me partió la noche, donde que estaba cantando Chelo, la Unica Voz Tropical, la que a ti y a mí nos encanta.

Continúa el galán de la primera escena

El sigue peinándose, y no se le ha olvidado que invitó a una amiga del trabajo, pero las mujeres deben aguardar, si no para qué son mujeres, si tienen tanta prisa háganse hombres. Además, ella no se angustia, ya se acostumbró, si no aguarda, ¿qué hace? Desde que se acuerda espera a alguien, y lo del peinado es locura que comparte, el peine es a su vida lo que la rueca a las existencias de otras épocas, ella se peina siempre a lo largo de la primera telenovela del día, si no se perdería el sentido de la trama. Peinarse es sentir que alguien te necesita y piensa en ti.

Reflexión para darle tiempo al galán de que vuelva a su lugar

¿Quién ha oído hablar de la famosa Chelo y de las Estrellas de Acapulco, los Santos, los Astros del Ritmo, Luces de Acapulco, los Ases del Trópico, Combo los Diplomáticos, Palmera Tropical, la triunfadora Premier, Costa Mar, Costa Grande de Acapulco, Tropical América? Muchos al parecer, cientos de miles, los que el día entero oyen radio en la cocina o en el taller o en el carro de ruleteo o en la fonda o aprovechándose de la resignación de los vecinos. Muchos la oyen, el numeroso público "impaciente" que adquiere esas grabaciones prácticamente anónimas e indaga en los mercados de discos por "lo nuevo en la música tropical" el otro día transmitieron unas melodías buenísimas.

191

Ni Travolta en su momento, fíjense. Aquí nada vale el chantaje de onda moderna. Vienen y pasarán los conjuntos norteamericanos o ingleses de gran pegue, y persistirá un público ávido de cumbias de Colombia y boleros fatales de México o Puerto Rico y canciones de rock que recuerdan cumbias, fanáticos hambrientos de voces antioperísticas que alargan las palabras con ternura rígida y contenciosa. Inexplicable —argumentan los editorialistas de la tarde— el éxito de estos conjuntos, cuyo sonido indescriptible y cuyas fachas no dejan lugar a dudas de la cercanía de México con sus orígenes. Véanlos, pónganlos a hojear revistas extranjeras, háganles comprender que así nunca llegarán a ser modernos. A estas alturas y andar todavía de prófugos del cine nacional. No es creíble. . . Lo que sea su voluntad, pero en barriadas, pueblitos, academias comerciales o vecindades, a lo pre-moderno se le llama "gusto" y la gente no renuncia a viejos meneítos y pasos cadenciosos, reserva aún para lo tropical el mismo sagrado amor que otra generación destinó a "El teléfono" o "Nereidas".

Ni modo, estetas. A *lo tropical* lo afianza un dato inmutable: entre lo muy propiamente urbano y nacional (en el sentido cuantitativo, la Identidad también es una suma aritmética), está la admiración que circunda voces, las voces que oscurecen y aclaran las letras donde un mono invade la recámara, un tiburón apetece bañistas y alguien duda sobre si la futura esposa será bonita o será fellota. . .

Pero qué falta de cachondería tan cachonda, la chava aclara a carcajadas su disponibilidad, y ese cuate si no es "vulgar" se queda mudo, en los tratos rápidos la intención honesta es puramente genital. El chavo mide los movimientos de la chava, se asegura de que ninguno de los dos es un buen partido, va hacia ella imprimiéndole a su paso las promesas nocturnas de Lo Tropical, aquello que se trae en las venas si de veras se es hombre o se es mujer. Y en el camino se autocritica: debo verme más firme, que advierta desde ahora quien manda.

—¡Quiúbole!
—¿Qué pasó?
—¿Quieres un refresco?
—Orale.

Anoten y estudien estos movimientos ambulatorios. Eva fuera del Edén. El Edén fuera del Paraíso

La Inculpada y Expulsada pasea en las afueras del Dancing Club, indiferente a requiebros y seducciones. Es ya presa mayor —¡debe tener 25 años!— y eso la vuelve más codiciable en un orbe adolescente, que ya no conoció las glorias del burdel y se aquieta con encuentros ocasionales o sistemas de desahogo. La población aumenta de modo geométrico mientras la prostitución apenas crece aritméticamente. (Y además cuesta.) En el apremio, se disminuyen los controles morales, al cabo ya la auténtica tragedia es ahogarse en un vaso de agua, ni quien se muera por tener varios hijos de padre irreconocible, o por abortar para no tener ninguno, o por fingirse doncella con tal de negociar.

—Y allí me enteré de que nunca había estado con nadie.

—Sáquese, no mientas, cabrón.

—Me cae que era debut. Te juro que sangró. Y lloraba. Y decía: "¿Y ora qué digo en mi casa?"

—Pinche exagerado.

—Te lo juro. Y me suplicaba que no se lo contara a nadie.

—De ésas ya no hay. No inventes.

¿Quién le creerá que en un salón de baile conoció una virgen? Hoy el candor radica en la ignorancia de los motivos, no en la conducta misma. Una virgen no es la desprovista de toda experiencia sexual sino la que ignora la naturaleza y la extensión de sus motivaciones psíquicas... *¿Entonces no lo hice por amor?*...

—¡Ya déjala!

—Si no me la estoy llevando.

Retorno al peine. Desilusión de los invisibles

El jovenazo complace con un chiste a su célula social básica (antes llamada "palomilla brava" o "chorcha"), pero ya le urge volver a peinarse. Miento. No "volver a peinarse" sino "peinarse" por vez primera, porque su cabello nunca es el mismo, jamás, ni siquiera por dos segundos, y un copete en mal estado equivale a una noche en blanco, a la falta de respeto a los mayores, a la disminución de la hombría. Qué incomodidad, el cabello se resbala, si uno se fija con cuidado se alteró un milímetro

193

la perspectiva, qué joda, pero no se vale la glostora, habrá que terminar esta pieza, el galán se controla y baila despegado, bueno si es que alguien se separa de alguien en esta aglomeración, donde estar junto o pegado les da lo mismo a quienes sólo han vivido hombro con hombro, en la única recámara, en el único baño, en el salón de clases donde el de junto también se llama "ese" o "compa", en el empleo, en el hormigueo a la caza de chamba, en los vagones del metro. Si la primera vez que se acostó con una chava estaban en el cuarto dos hermanos y tres amigos. Si él quiere casarse nomás por estar solo en el cuarto con alguien nueve meses, si la verdadera privacidad se da frente a un espejo peinándose. . . *El espejo*. Eso es lo único que no quiere compartir en la vida. Quédate con mi chava, pero frente al espejo nomás quiero estar yo.

La sensualidad en el California Dancing Club. Es como es, la risa ingenua y jactanciosa, la codicia disfrazada de humor, el humor revestido de apetencia, el apretujamiento que es a un tiempo cortejo y consumación, vente, aléjate, regresa, apriétate, apártate, júntate hasta que desaparezcas, no ostentes lo que a nadie le importa, roza y deja rozar, repégate y piensa que soy otro para que ambos nos entusiasmemos. Esa es la onda, el baile con faje no es algo distinto del sexo, tal vez menos jadeos y menos teatro, quizá menos espectadores a la hora del triunfo. El orgasmo es victoria celebrada de antemano y la pareja no cae en éxtasis alguno, prefiere la indiferencia actuada y la indiferencia real. Ya es tiempo de decir la verdad, aunque les duela a los inmoralistas: la cópula imita al dancing, uno hace sexo para compensar la falta de orquesta y la distinción entre baile y coito equivale a lo que la vida prometió esta tarde y lo que la vida les cumplirá. Un hotel de paso es un dancing sectorializado. . . y aquí en el California, las hijas de familias pobres, las prostitutas, las sirvientas, las jóvenes recién venidas de los pueblos, las desempleadas y las desprovistas de esa vigilancia familiar que vuelve más deseables a las doncellas, se felicitan por haber venido, esta noche la pasarán a todo dar, el cuate es comprensivo y simpático, se mueve con soltura y no está mal, nadie está mal, ni siquiera ella está mal, el juicio no deriva de cómo se ve sino de cómo se siente.

La Expulsada del Paraíso sigue furiosa

El jovenazo se enardece y pospone su ingreso al local. La chava —para compensarse— le da jalón, le permite sentirse atractivo sin que, ni por un momento, se considere "objeto sexual". El no se da a desear, él anda caliente y si es correspondido qué a toda madre. De cualquier manera, desde que hay tantas algo le toca, a nadie le aflige querer ser lo que es, y nomás por eso, aquí no tiene cabida el dandismo popular. Eso se deja para otros sitios, donde los chavos le apuestan más al aspecto que a la satisfacción. En el Califa, las pretensiones de esta noche son tan nítidas que la vestimenta habla de más. Lo que no diga la mera presencia, ya nada lo dice. Además, la ropa ajustada no pregona: insiste; no insinúa: informa. *No estaré muy bueno pero quién se fija./ No seré una rubia superior, ¿pero quién de ustedes me lo echa en cara?*

Otros dandismos populares informan de rebeldías e inconformidades. En el California, la singularidad del deseo redime la uniformidad del atavío. Sin tiempo y sin dinero, ¿quién consigue algo distinto de las camisas en serie y los tenis Adidas y los pantalones Jordache y las camisetas de "Usted dice si la embarazó" o "Sigo siendo solo" con su ingenio docilizado a la tercer lavada? En los cuarentas o en los sesentas, un dandismo popular expresó nuevas percepciones. Se alcanzaba con el aspecto el crecimiento de la ciudad, el salto de lo rural a lo urbano, o el matrimonio de la mariguana y el rock, pero después el aspecto fue insuficiente para diferenciarlos a todos, y se impuso la evidencia: ya *lo excéntrico* también se masifica. A eso se añade la ropa idéntica que ayuda —se supone— a disminuir la anomia o a colectivizar un mundo fragmentado, ¡*El maoísmo de la mezclilla*! Y la mezclilla y la pana y el dacrón persisten sobre las andanadas de trajes de tres piezas y los pregones industriales de las ventajas morales del casimir. (¡*Fiebre de prestigio en la calle*!)

Así como nosotros recurrimos al peine

Perdone que insista. ¿No me explica eso de que el Jovenazo *no se siente "objeto sexual"*? No hace falta, observe su técnica, su manejo virtuoso del peine, la ductilidad y la destreza. Los "objetos sexuales'' florecen en medios más reprimidos y menos reprimidos, en donde el hacinamiento es noticia y en donde, tal y como se oye, el juego predilecto es la Amplitud de Criterio versus la Moral Escandalizable. Quien se propone cotizar sus atractivos requiere de espacios mayores, conversaciones a la vera de albercas, autos aerodinámicos, epidermis bronceadas a las horas justas, señales de status en cada gesto y en cada habitación. Sin esto, sin reunir en un solo cuerpo la deseabilidad y el ascenso, el prestigio físico y el social, no se producen los ''objetos sexuales''. En su turno, en el California Dancing Club nadie le trae muchas ganas a nadie, todos y todas le traen muchas ganas a todas y todos, y, de acuerdo a las reglas del machismo popular, quien se cree ''objeto sexual'' está a las puertas del afeminamiento.

Por afanarnos en el rollo, hemos olvidado al galán, que ahora investiga cómo peinarse sin despeinarse, cómo conjuntar la obsesión por el acicalamiento con la virilidad a la moda. El examina la distribución de los rasgos y humedece los labios para honrar al espejo imaginario (él casi podría suplir al espejo en la tarea de reproducir su rostro); y el peine traza conflagraciones y demoliciones capilares, el cabello se encrespa y se subleva, y a la postre se rinde a la voluntad de su propietario, ya incapaz de disfrutar por entero el sometimiento. No, no quedó bien, ¿qué no me vería mejor, si me peinara así? A ver si reorientando el fleco ya se compone.

Guías para entender lo evidente

—Lo que hagan saliendo ya no es problema de la empresa ni de nadie.

—Aquí no se viene a coger. Se sale a coger, que no es lo mismo.

—Los domingos muchas chavas no tienen donde quedarse a dormir. Quedaron de volver a sus trabajos hasta el lunes. Quien las recibe pues se cobra como puede. Por eso tanto taxista. Por eso, tanto chavo que viene de tan lejos. Muchas chavas duermen en los taxis. Y de eso se trata.

—Se cansan bailando y cuando menos se lo esperan el efecto del sudor les cambia la intención. No todos los que vienen aquí consiguen pareja, pero un buen número sí. ¿Y qué tiene de malo?

—En la semana se matan trabajando o se azotan imaginando que ya resolvieron sus problemas económicos. Llega el viernes y lo único que se les ocurre es buscar ondas para contárselas a los cuates el lunes. En esto todos los mexicanos son iguales.

Qué pasó, qué pasó, si ustedes son mis cuates

El maestro de ceremonias saluda: "¿Qué hay, mi borregada?", y de inmediato se desdice, qué pasó, qué pasó, si ustedes son mis cuates, aquí sólo hay amigos. El se considera estrictamente eso, el portador de la estafeta, el que anuncia el cambalache de liturgias, de una voz chillona como el amor de la familia a otra, de un aplauso a un ensordecimiento, del congestionamiento de sudor al alivio de la ropa húmeda. Humilde, el director de la orquesta oye el derramamiento de elogios sobre su trayectoria. Su papel es sencillo y grandioso: él es un conductor de multitudes. Sin ufanarse jamás de ello (¿ante quién?), las orquestas de México, Carlos Campos, Acerina, Alejandro Cardona, Arturo Núñez, Emilio S. Rosado, Ismael Díaz, Pepe Castillo inspiran y, literalmente, conducen a las masas a recrear en una sola velada todas las etapas de su vida amorosa, presentación, cortejo, primeros pleitos, arrejuntamiento, separación, reconciliación, resignación. En un faje se condensan autobiografías enteras, las que se despliegan en pueblitos, ciudades o barriadas, al cobijo de sílabas ardientes o de gritos legendarios, en la exasperación de galpones y cabarets, al aire libre de las festividades cívicas o en el día de la virgen o del santo patrono, en las posadas, en la despedida del año escolar, en la víspera de las elecciones. Allí *lo tropical* es la licencia para los (modestos) carnavales instantáneos.

Del peine como conciencia

El Jovenazo abraza a su novia. Tiene más chiste decirle "novia", es más noble, un compromiso inocente que mejora con un apodo infantil y él exclama "véngase mi Cuchuperta", ella se ríe, es bonito lo de "mi Cuchuperta", le impide extrañar otras frases y otras situaciones, las leves diferencias entre la vida y las fotonovelas, ninguna de sus amigas ha muerto de ataque al corazón en una residencia presidida por el egoísmo, y ninguno de sus galanes ha regresado del aeropuerto confesándole· "No me interesa Europa ni el dinero de mi padre. No puedo vivir sin ti,

197

Judith'' y, además, ella no se llama Judith o Dinorah o Deborah o Jeanette y a su rostro no lo transfiguran las lágrimas, por eso le gusta lo de "mi Cuchuperta", es más personal que *María*.

Cuchuperta se ríe de pronto. Se acordó ahorita de las frases que le enseñó una amiga, muy útiles si se sale a hacer la calle. Ejemplo: si un señor inquiere "¿Cuánto?", la respuesta será instantánea: "Mira viejito, si tienes que preguntar, es que no tienes con qué pagar." Si un tipo le propone "Vamos a tu cuarto", deberá contestar: "No, porque allí está mi hijo estudiante, mi madre inválida, la Guadalupana rodeada de velas y una hermana ciega." Y así sucesivamente. Tendrías que ver las caras, galán, imagínate a tu Cuchuperta defendiéndose en la Vida.

Eramos tantos que ya no había dónde peinarse

¡El Diluvio Poblacional! La esperma crece al ritmo de los tambores, y miles y millones de niños se gestan, se plasman en los arrebatos de la música, los niños que demolerán los últimos resquicios de cordura y civilización. ¿Qué no habrá quién extermine la orquesta? Obliguen al Jovenazo a continuar peinándose, que no vuelva a la pista a restregarse, y si lo hace, apaguen ese sonido, vil afrodisíaco, comparsa del suicidio colectivo. Cada que se repegan se filtra el desastre, no hay suficientes alimentos, se acaban las reservas de agua potable, se quebrantan las infraestructuras, paren ese danzón, quiten la cumbia, eternicen el uso del peine, liquiden la voz desafinada de ese solista, ya no los inciten, la miseria y el robo nos acechan y estos tipos siguen bailando, cada vez más juntos, empalmados, fundidos, frotándose como cerillos, enardeciéndose a la primera rozadura, abrazándose al margen de los actos nupciales, sin esperar a que la oscuridad del hotel o del aire libre le aparten un cuartito a su lujuria. Cada semana, los jóvenes sufren amnesia patria al bailar.

¡ ¡ ¡ *La Explosión Demográfica, carajo*! ! ! ¿Por qué esos ritmos de monotonía incitadora? ¿No les han informado de las abstinencias de la austeridad? La Expulsada se resigna y abandona las cercanías del California Dancing Club con un amigo nuevo y el Jovenazo, antes de pedirle a su compañera de la noche que lo seduzca, se peina una vez más.

(1976)

Tómate esta botella conmigo
y en el último trago nos vamos

DEBERIA DARTE VERGÜENZA tanta letra de canciones en tus croni-
quitas, aunque a la mejor tienes razón, las infames no se dejan
expulsar, amueblan este lugar tan nítidamente como las fotos y
los carteles de corridas y la cabeza violenta del toro junto a la sinfonola, el toro que se dispone a embestir en el recinto sacrocerve-
cero, y a quien congela en su bravura la información de quienes
lo rodean: su muerte no fue inmortal, fue una muerte doblemente perecedera porque no lo torearon Liceaga o Manolete o
Domínguín ni —a la vera de Hemingway— Antonio Ordóñez ni
—enmarcado por León Felipe— Carlos Arruza en una de esas
tardes clásicas que arrebolaron a la afición. . . no, lo ultimó un
novillero bisoño, que después renunció a los ruedos para meterse
a la política y fracasar de nuevo y terminar de administrador de
hoteles.

 Pero te extraviaste en uno de tus típicos laberintos y no es para
tanto, mejor acércate al bar taurino, típico refugio plebeyo, salón cerveza corona donde todo —cabeza de toro, carteles y
fotos— evoca con reverencia esas tardes áureas y plateadas, qué
ritmo en el porte, el más mestizo de to Cuajimalpa y, para su
público, el torero condensa todas las elegancias pero no te
desvíes, acepta que el mariachi te aburre, el mariachi anuncia la
génesis del sonido nacional, así se escuchó el ruido que dejó a
Tenochtitlan envuelta en pañales y reclinada junto a un nopal, y
te arrepientes de inmediato del símil, y juras respetar al conjunto
mexicanísimo a-pesar-de-la-apariencia-sólo-para-turistas que
ahora le aconseja a un grupo jubiloso y deprimido: "cúbrete tú

la espalda con mi dolor'', más letras ya no por favor, júrame que ésta es la última, no puedo jurártelo porque su inclusión de veras es como una cuenta de ahorros, un modo de evitarnos la descripción de este orbe gastado y roído, los chavos que se asoman al bar y se retiran no sin cerciorarse de que no buscaban nada, la inmensa gorda desamparada en su minifalda y su compañero que la abraza y besa con resignación golosa, *todo esto me tocó pero nomás a mí* y le da un abrazo de monopolista, de acaparador, de latifundista y la omniabarcante devora —más que bebe— una cerveza y la ciñen las mayúsculas (la Inmensa Gorda) gracias a su eficacia para silenciar sin demagogia sus estrepitosas carnes.

(Siete días a la semana en estas vastas cervecerías de todo el país actúa la mezcla generacional: viejos y jóvenes discuten, contemplan sus mutuas embriagueces, se insultan, riñen, aceptan con humildad y altanería sus verdades más intransferibles, aquéllas por las que uno da la vida o su equivalente, aquellas que desgarran el alma, aquellas que se ocultan a la mañana siguiente, creerás que no me acuerdo de nada. Cambian o persisten los personajes, se espesa o se distiende la atmósfera: los salones cerveceros son, a su manera, el gran teatro del mundo con un único y celebrado repertorio.)

Miren al tipo de la entrada. ¡Qué bárbaro! ¿Cómo le hará para manejar ese bamboleo? Carajo, está hasta atrás, hasta el gorro, hasta la madre. Admira sin coloquialismos a este prófugo del electroshock. Rapado, el único adorno es un coágulo de sangre en la base del cráneo que quizás explique por qué el tipo se tambalea, la ebriedad es un barco ya lo dijo alguien, la ebriedad es una cuerda en medio del abismo que Laurel y Hardy se disponen a cruzar. El Borracho Sangrante se desploma sin caer, se abate de pie, como un derrumbe en el vacío, o mejor, como el ruido de una caída que nunca toca fondo, él sigue de pie por necedad aunque todos sabemos que ya hace rato que se desplomó, así se aferre al espejismo de la ley de gravedad y al encanto de la vertical. Pero nosotros sólo vemos un cuerpo derruido, obstinado en desafiar certezas y pronósticos: ¿qué no habrá alguien que lo levante antes de su caída?

Ejercicio sin énfasis, presentación de Nuevo Personaje. Carencia de miedo, acciones mecánicas, vetas simbólicas. Con ustedes el desempleado profesional, agresivo, tenso, irritado. Características ostensibles: largo tiempo de no atender a la opinión ajena, de no enterarse de comentarios sobre su figura. Desapasionamiento: lo que digan de él no importa y le da igual que no lo miren. Técnicas no para llamar la atención sino para seguir concentrando las desposesiones de este mundo: el sujeto se quita su camiseta y la rasga con minucia. Observa el resultado y se enfunda el andrajo crédulamente como tomando posesión de alguna frase sobre el lujo oriental.

En el fondo del salón, está arrumbado el Borracho Sangrante y un joven vestido como Superfly lo atisba, lo espía, se acerca a él con una caja de betún y se abisma en la tarea de pintarlo minuciosamente, es el demiurgo en el Séptimo Día y el lienzo viviente no se da cuenta, gime como desde el centro de una pesadilla, ignora la remodelación de su rostro, la máscara negra que oculta el desvanecimiento de sus rasgos.

Un hombre se acerca a la sinfonola y le murmura al vacío: "Si no te vas conmigo te desaparto del mundo."

Entra un mariachi con paso sigiloso (¿a quién inquieta su presencia o ausencia?). Se interrumpe la sinfonola y alguien solicita, en el plebiscito del ruido, la canción "Madrid".

Un travesti feliz en su imposible borrachera (¡Qué caras las cervezas!) improvisa un abanico con servilletas y crea la ilusión de estar creando una ilusión. Toda Maja es Sarita Montiel y Sarita Montiel es el eterno femenino y el travesti sobrio a pesar suyo es Sarita y la Maja y la representación colegiada del eterno femenino. Los allegados corean: "Madrid, Madrid, Madrid." El cantante sonríe y con voluble giro del abanico de papel, emplaza a duelo o convite y fascina no por su destreza sino por la inhabilidad de quienes lo contemplan.

Un pleito. Insultos. Caras amenazantes. Brazos que se entreveran buscando desunirse. Aleteos. Reclamaciones. Energía verbal. Ira que movería montañas (en el caso de que las montañas se intimiden ante las malas actuaciones). Una palabra de más o de menos desata una reacción ritual, la de quien aguardaba desde su imperio inédito la ofensa que justifique su intervencionismo. (Como algún día me ofenderás, te invado desde ahora.)

El punto y aparte es convención tipográfica que le da tiempo a los aspavientos de quienes desgajan a los contendientes. Pero eso no ocurre y un boxeador amateur se calma y se aleja herido por el egoísmo humano, y el otro se sosiega al descubrir que no hay quien los distancie por la fuerza. . . "Luego nos vemos hijo de. . ." ¡Qué secuencia tan malamente acabada!

El incidente no le preocupó a nadie. ¿Cómo entender las reglas de juego de estos sitios? Uno, ávido de comparaciones culturalistas, se imagina el mismo episodio filmado por John Ford, los puñetazos como hachas de John Wayne, el villano aletargado junto al bar y el amigo de Wayne, Ward Bond o Victor McLaglen, se apresura a servirse un trago doble antes de derribar a otro adversario. Pero no estamos en un set, o a lo mejor sí, todo salón cervecero es set donde se escenifica la tragicomedia de la pérdida de la razón. La Pérdida de la Razón. ¡Qué frase tan grave! Entrenle a su escenario mis cuates, mis manitos; mecánicos o empleadillos o profesionistas frustrados o pintores de brocha gorda o plomeros o carpinteros tan torpes como sus manos laceradas o vendedores en abonos o desempleados que únicamente conocerán la indolencia al hallar chamba. Lléguenle a su mero foro, un salón cervecero, pidan otra bien fría o la siguiente cuba libre y si vivieran en esta cuartilla y no en la medianoche del bar se preguntarían qué hacen estas palabras juzgándolos, por qué no se ocupan de otro tema, quién le garantiza a su autor que comprende la acción, pinche clasemediero con su distribución de la realidad en comas y puntos seguidos y "ritmos verbales" y técnicas de introspección. Al carajo, mirón, sólo vino a delatarnos, a falsear nuestro sentido del tiempo y de la conversación, a incorporarnos a la mala en sus relatos de turista medroso.

Cálmense, no me echen bronca, ustedes nunca advertirán esta confiscación. Intentaré distraerlos señalándoles un nuevo actor: aquel mismo, a la orilla de la catatonia o por lo menos eso delata su insistencia en la misma canción, las reiteraciones *le amplifican el alma*, sólo lo repetible es verdadero. ¿Cómo se intuyen o se describen sus sentimientos? Atribúyanles lo que se les ocurra, sin miedo que todo es a distancia: él es profesor de primaria y atiende tres turnos y dos hogares, ninguno más importante que el otro, son dos casas chicas, no hay dinero para una grande. Si no te alcanza el sueldo, ¿qué haces aquí? Qué chingados te importa.

Un anhelo común: que la embriaguez nos resulte maravillosa. Qué lindo que nada me hayan enseñado los años, qué bien me veo brindando con extraños, llorando por los mismos dolores. En pulquerías y cantinas el ritmo de la embriaguez (la briaga / el pedo) fija las características sin las cuales la representación no tendría sentido: angustia, desesperación, rabia. En pulquerías y cantinas el hombre se relaciona, el hombre se distiende, el hombre llora. Usted mismo lo dijo: quien no enseña no vende y hay que enseñar la autoconmiseración, el abandono. En su desafío el habitante de esta noche alcohólica se siente cumpliendo un acto bellísimo. ¿Qué no ven que gasta su vida y la hace rodar por la pendiente? Su mayor orgullo es la caída. El se da el mayor gusto de todos, mandar a la chingada enmiendas y progresos.

¡Sáquese! O si se queda, no anote. A ver, que estará pensando el profesor: Uta madre, veo todo nublado pero muy clarito, me entienden, ¿no? Si uno no se desahoga se ahoga. Me cae que todo está del asco, soy maestro de primaria, tengo siete hijos, tres con una y cuatro con la restante, tú me entiendes y ya me jodí. . . y antes de que enliste sus privaciones económicas, uno abandona su técnica de introspección, lo malo de las quejas es que siempre parecen inventadas, mejor que diga: "Tú si eres mi amigo, dame un abrazo", y se desmorone uniéndose al cuerpo de su amigo recientísimo cuyo nombre aprendió de modo vario, Ernesto o Enrique. . . ya sé que es una salida apresurada pero nos ahorra el monólogo de las carencias y su lenguaje paródico, "no me alcanza el dinero, estoy endrogádísimo, voy de un lado a otro chambeando todo el pinche día y por las noches me emborracho para no pensar".

A golpes de Karma se deshace aquel parroquiano. Anda tan jodido que ni siquiera aprovecha su enorme parecido con el pintor Diego Rivera. Desde su languidez profundiza en el vacío, capta detalles invisibles para los demás sin darse cuenta de su perspicacia. Es un pronóstico viviente, una advertencia, un mal agüero, soy lo que serás a *menos que*. . . A menos que abandones este sitio por ejemplo. Pero ninguno se estremece ante el signo ominoso: "La derrota es siempre superior estéticamente a la victoria." Mis respetos a quien lo dijo, pero caray en estos casos es muy difícil aprobar la frase, no se trata de un caudillo al frente de sus últimos leales y rodeado por turbas canallescas, sino de un tipo que se deshace a golpes de Karma. Y, ¿cuál es la superioridad estética de las derrotas que nacen hechas y se afinan hasta la perfección, sin concesiones al espíritu triunfalista? Los vencidos de antemano no provocan por lo general sentimientos catárticos. Son demostraciones circulares: si toda su existencia es una derrota el ejemplo se anula a sí mismo.

Un niño ofrece toques: el falso muralista abre los ojos para devorar ese vacío de sombras y carcajadas, su "sonrisa se agranda como la noche" y contrata el servicio. *Toques eléctricos.* Diego vibra y la descarga lo estremece y a él la agonía le pela los dientes y tras el sacudimiento intenso Diego atisba espasmódicamente el infinito.

En los descansos de la sinfonola un grupo canta.

El salón cervecero se esparce y divide en tríos, en mariachis, en la rockola que atesora canciones de todas las épocas, en mozos solícitos y confianzudos, en cuates del alma, en el Espíritu de la Superación, en los personajes caídos y reventados, en la gana de llegarle a la desvelada, que no me quiten tu recuerdo, que no me abandonen aquí, en esta conversación, en este largo diálogo circular donde el punto de partida es la frase de despedida, me cae que aquí no pasa nada interesante, siempre es lo mismo, yo quisiera pirarme para la frontera, esa película de monstruos aguanta el resto, la chava Yolanda canta muy bien, cuándo vamos con esas viejas, me cae que aquí no pasa nada, lo mismo de siempre.

Y el salón cervecero se pierde en la noche como las malas metáforas en los poemas de los amigos que uno, al fin discreto, elogia con fervor procurando pasar a otro tema.

(1978)

Crónica de sociales:
Es muy molesto / tener que llegar a esto /
tener que menear el tiesto /
para poder mal vivir

Del Diario de trabajo de la investigadora
Laura Rincón Fajardo

Lunes 20
ESTOY MUY EMOCIONADA. En verdad, mi plan es muy ambicioso y
audaz y me entusiasman sus enormes posibilidades. Sé que en
Estados Unidos se han intentado muchas veces técnicas parecidas, pero que sepa yo inauguro el estilo en México. Le referí el
proyecto a mi asesor de tesis y se quedó impresionado. "¡Qué
audacia metodológica, Laura!", fue lo único que se atrevió a de-
cirme. Por lo demás, aprovecharé las vacaciones trimestrales de
mis padres que parten hoy a las islas griegas.

Martes 21
A las cinco de la tarde de mañana veré a Paco, el dueño del lugar. La cita me la arregló Jimmy Belanzaurán, de los Belanzaurán de Querétaro. Sería terrible que Paco se enterase de mis
verdaderas intenciones. Intentaré disimular lo más posible. He
estado leyendo un trabajo sobre modelos de comportamiento en
la clase media baja lumpenizada del Distrito Federal. Me vestiré
conforme a sus revelaciones estadísticas: blusa amarilla (38% de
las entrevistadas), falda roja (71%), polvera verde con incrusta-
ciones doradas (28%), chicle mascado suavemente (49%), pestaña
china (31%), aunque también hay mucha preferencia por la pestaña "liza". . . Mientras, aprendo vocabulario. Vr. gr.:
"afánala" significa "trabájala" (creo que es así).

Jueves 23

Hoy empiezo. Por lo visto, Paco se convenció de mis aptitudes y no advirtió nada raro aunque me equivoqué varias veces de lenguaje y hasta creo que le dije en un momento: "Son muy desideologizados, don Paco, los parámetros de su charla." No se dejó porque sólo respondió: "Dime Paco, muñecota, para que nos llevemos de a cuartos." El pintoresquismo de la expresión es típico de la desinformación manipulada. En fin. A este respecto yo me pregunto: ¿Qué pasaría si mis compañeros de generación o mis amigos de sociedad se enteraran de mi debut en un centro nocturno, en el mismísimo Caldo de Terciopelo del que oíamos hablar como símbolo de infamia? No quiero ni pensarlo. Como carecen de espíritu científico, tal vez desaprobarían mi proceder. No me inmuto: mi vocación es un sistema de hipótesis que la realidad confirma y pule.

Domingo 26

Un momento de tranquilidad. ¡Qué días tan intensos! La noche del debut me puse nerviosísima, por lo cual, desde mi perspectiva de investigadora, me autocritico. No podía ponerme el liguero ni ajustarme el sombrero de plumas ni colocarme los "botadores" para los senos. Lo único que hacía era frotar las escarolas del vestido. En la tarde, en el ensayo, las muchachas se habían portado muy amables conmigo. Lo único que les extrañó fue la frecuencia conque yo anotaba en mi libreta. Para salir del paso les dije que como soy muy desmemoriada, necesitaba apuntar los encargos de mi mamá y de Mamá Severiana. Mejor mentir. ¿Tendría sentido informarles el título de mi tesis: *Consenso social, teoría conductual de la desocupación disfrazada y enajenación urbana. Las coristas de México, un caso sintomático*? No lo entenderían. . . Desde el ensayo me hice amiga de una chica Gladys Rivadeneyra, quien me mostró las artes del rímmel y me aplicó la base del maquillaje: "da igual, mi amor, avón o max factor, lo importante es que el cutis resista". Luego Gladys me dio indicaciones, y me enseñó los pasos fundamentales. Todo es tan distinto de la academia de Coyoacán donde estudié danza clásica. (Desarrollar lo anterior en una nota sobre clasismo y coreografía.) Bueno, resulta que me tocaba entrar en el número ese de "Leidi leidí leidi leidi leidi leidí". Oía el rumor del cabaret lleno y me inquietaba. (¿La angustia como magnitud estructural del contraste social?) Sin embargo, cuando Rudy, el coreógrafo, nos dijo: "A mover cadera, negras, al galope mis ye-güitas" (frase machista que retuve mentalmente para el capítulo de expresiones urbanas de afirmación psicológica), me lancé feliz detrás de Gladys que, seguramente debido a la debilidad de los impulsos inhibitorios en las clases bajas, es muy rumbosa y trepi-dante. ¡Y a qué espectáculo me asomé! La atmósfera del cabaret me pareció densa y conceptual y muy de acuerdo con las visiones despolitizadoras de la realidad. Advertí distintos componentes del desclasamiento, entre ellos una marcada tendencia a asociar las bebidas alcohólicas con la aceleración de estados de ánimo *(desarrollar la idea)*. Los parroquianos gesticulaban, demostra-ban anhelos referidos al término o durabilidad del instinto (confrontar Jung, *El hombre y sus símbolos)*. Por ir detallando la extracción de clase perdí el ritmo, me atonté y tuve que soportar una exhortación: "Ponte changa, güereja, métele pedal, des-quita la papa." Gladys me sonrió y yo le puse la mano en el hombro para recobrar la pasarela. "Leidi leidí leidi leidi leidi leidí." La musiquita es muy pegajosa. Lo único que me molesta es tener que concentrarme en los pasos y no poder tomar notas mentales aunque, indudablemente, entre las clases bajas el sen-tido del ritmo es si no innato sí una función de su variabilidad dependiente.

Agenda: En lo referente a la índole de relaciones sexuales y al hablar o ideolecto normativos en estos sitios, mis informantes (las compañeras) han sido inesperada y vastamente autobiográfi-cas. De acuerdo a esto, su comportamiento por estratos se divide en dos: "fichar" y "talonear". Lo que llaman "fichar" (o sea, involucrarse con la clientela acrecentando el consumo) es prácti-ca obligatoria, que supongo originada en un deseo empresarial de comunicación entre artistas y público. Así, la costumbre tribal más extendida es la de asediar totémicamente en el nivel poli-morfo perverso a las bailarinas (confrontar Berger, "La responsa-bilidad del conjunto" en *Nuevas direcciones de la sociología in-ductiva,* Prentice-Hall, 1965). Al respecto, al terminar mi show se me obligó a involucrarme conversacionalmente con algunos asis-tentes que respondieron de modo incoherente y un tanto forza-do a mi interrogatorio sobre creencias colectivas.

Domingo 2
La semana ha estado agitadísima. Los ensayos, las citas fuera

del trabajo, la perenne urgencia de no perder la objetividad que Max Weber demandaba para el científico en su famoso opúsculo. . . y la enajenación empeñosa de estos no muy meditados bailables. Ayer estrenamos uno con la música de The Philadelfia Sound. El resultado fue irregular y yo me sentí, profesionalmente, a disgusto. No consigo explicarme la indiferencia del público ante la impericia artística. Pero eso no fue lo peor. Lo peor fue que anoche vino Joaquín Landgrave, mi compañero de toda la carrera. Joaquín creyó reconocerme, se asombró y como estaba medio tomado se acercó a la pasarela para verme de cerca y gritarme "Laura, ya la hiciste". Nomás que se tropezó y le tiró un vaso a un tipo gordo que me dijeron que es agente de la policía. El gordo se enfureció, le dio un empujón, se hicieron de palabras y salieron a la calle. Hoy hablé, sin dar mi nombre, a casa de Landgrave y me contaron que aún sigue en el hospital. No puedo evitar sentirme culpable de algún modo.

Por lo demás, la paso bien. Rudy es muy amable y ya me dijo que me quiere en un número solita que vamos a ir preparando "porque tu tipo físico, galana, enardece a los nacos, nomás echa para adelante los pechos y las nalgas". Todo esto me da material para el capítulo sobre Desempleo e Incentivos Eróticos. He observado que hay cuerpos que influyen más que otros en la respuesta de la masa.

Jueves 6

Entre semana, también viene mucha gente al Caldo de Terciopelo. He continuado mis entrevistas con aquellos lumpen especializados en extracciones ilícitas de dinero a cambio de servicios sensoriales (el término vernáculo, aún no aceptado por la Academia de la Lengua, es "padrote"). También descubrí que lo que definitivamente carece de utilidad metodológica es consentirles maniobras físicas para indagar en la conducta sicosexual de las clases marginadas, porque esto me aleja del tema de mi tesis.

Ayer ensayé toda la tarde mi strip-tease. Rudy se impacienta conmigo, porque según él no doy la impresión de que voy a exhibir algo sabroso. "Véndeles el meneíto, pendeja, mucha pulpa" me gritó y reproduzco en su populista literalidad la frase (confrontar "Mecánica del chiste obsceno entre mecánicos" en *Gestos y sintagmas de la clase obrera,* Editorial Sólidos Fundamentos Dialécticos, 1974).

Domingo 9

Ayer me inicié como strip-teaser. A ratos me pregunto si efectivamente todo esto redundará en el rigor expositivo y crítico. El caso es que salí a lo que aquí llaman el "despechugue" con mucho ánimo. Estas son mis observaciones:

a) La relación social y el espacio de clase que hay entre el grito y la consecución del objetivo suelen ser de índole visual. Ejemplo: la consigna voyeurista "Pelos, pelos" que me fue emitida múltiplemente;

b) Entre la población flotante que constituye gran parte de la clientela de estos reductos diversionistas, se da con prodigalidad una tendencia internacionalista, fomentada comercialmente. Por ejemplo, a mí se me anunció del modo siguiente: "Señoras y señores, con ustedes la diosa platinada Ivonne Iglú, el bombón escandinavo, que llega hasta nosotros después de una gira triunfal por Estados Unidos. Ivonne, la consentida de Miami y Nueva Orleans, está de paso en México rumbo a Centroamérica adonde va contratada por una famosa cadena hotelera." Cinco inexactitudes seguidas: mi pelo es natural, me llamo Laura, nací en la ciudad de México, nunca he estado en Miami y no pienso ir a Centroamérica. (*Desarrollar hipótesis sobre Mentira y Publicidad*.)

c) La prescindencia de prendas de vestir congrega impulsos catárticos y exhibe tendencias del inconsciente colectivo. Para poder concluir mi strip-tease tuve que decirles: "Espérenme tantito que hace mucho calor" porque había dos por lo menos que amenazaban con subirse al foro y entrar en acción, lo que hubiera perjudicado el orden de mi *research*.

Viernes 14

¡La catástrofe! No me explico cómo pasó todo. La Coordinación de la Facultad rechazó el tema de mi tesis por "su excesivo empirismo". ¡Empirismo! ¡Canallas y reformistas impresionistas reduccionistas! ¡Torpes y manipuladas bestias académicas! Llegué furiosa al cabaret dispuesta a concluir mi investigación y a publicarla aparte como un desafío. Me tocaba salir a cantar, no lo hago bien pero le pongo ganas y para la rumba flamenca Rudy me puso el movimiento de las manos. Bueno, pues resulta que estaba yo con eso de "Una lágrima cayó en la arena" cuando de pronto creí ver visiones. ¡Allí estaban Papá y Mamá! ! ! . . . y Papá parecía congelado del espanto. Me callé y murmuré: "los hacía en Creta". Papá alzó la voz histérico: "Laura, vístete y vámonos." Los clientes empezaron a meterse con él y yo salí corriendo del escenario. Paco me sacudió furioso: "Si te largas ahorita te me vas para siempre." Le contesté desfallecida: "No, Paco, es mi tesis, es mi prestigio profesional." El apocalipsis. Papá y Mamá se metieron al camerino, dijeron que habían tenido que regresar antes, que venían del velorio de Joaquín Landgrave, que lo mío se había convertido en un verdadero escándalo y que habían ido al Caldo de Terciopelo para cerciorarse con sus propios ojos de que todo era una vil calumnia. No quisieron dar más explicaciones y me prohibieron volver a la casa. Para mi fortuna, Paco es muy comprensivo y no me corrió y por el momento estoy viviendo con él. En cuanto a la investigación, no me doy por vencida. Mi libro será un shock científico. El mundo académico me reconocerá unánimemente. Por lo pronto, mañana estreno la danza de los Siete Globos.

(1975)

V

Las novias pasadas son copas vacías

Manuel Gutiérrez Nájera

Instituciones: ✓
Dolores del Río.
Las responsabilidades del rostro

UN ROSTRO DESLUMBRANTE, intemporal no por inmune a las devastaciones de la edad sino por mantener en quienes lo contemplan impresiones radiantes. Una figura trabajada con denuedo, cumplida en la sinuosidad y la lentitud de los movimientos, en el cuidado de una piel magnífica, en la incorporación de la elegancia al juego facial, en la inmovilidad que es incapacidad de languidez, en los pómulos de herencia indígena que mantienen la tensión o el reposo imperial. Un don —que llamamos *fotogenia*— de administrar sabiamente las facciones ante la cámara. Un vestuario donde la moda rinde homenaje a la perfección de los rasgos. Una mujer, la propietaria de un semblante, que encuentra en la preservación de la belleza el mayor sentido de su acción artística.

"Nadie deja nunca a una estrella"

No sólo los nostálgicos se someten a las Diosas de la Pantalla, esos seres hoy quintaesenciados en unas cuantas películas y unas cuantas imágenes. En el gozo renovado del espectador, en la imposibilidad de apresar por entero al objeto de su veneración ("Ah, que tú escapes en el instante / en el que ya habías alcanzado tu definición mejor"), radican las persuasiones del *star system,* del culto a quienes han resistido al tiempo, a la crítica, a los vuelcos del gusto, a su condición de productos industriales, a los endebles vehículos fílmicos en que participaron. Varían las estéticas, las tramas se pulverizan al ritmo del desvencijamiento de la moral que las hizo creíbles, el recuerdo es piadoso o hilarante. . . pero, en verdad proteicas, en cada exhibición nacen de la espuma celuloidal Greta Garbo, Marlene Dietrich, Jean Harlow, Bette Davis, Katherine Hepburn, Vivian Leigh, Ginger Rogers, Joan Crawford, Mae West, Marilyn Monroe, Audrey Hepburn, María Félix, Lupe Vélez, Dolores del Río. . . En *El ocaso de una vida* (*Sunset Boulevard*, de 1950), la película de Billy Wilder, la reflexión ácida que es culminación mitológica, Gloria Swanson se encarna y se niega a sí misma en el papel de Norma Desmond, la diva del cine mudo enfrentada a esa muerte que es el olvido de su propia gloria, y que —desvanecida para la industria y arrinconada junto a su primer público sigue evocando gestos, ensayando salidas faraónicas.

"Nadie deja nunca a una estrella. Eso es lo que las vuelve estrellas." La frase de Norma Desmond condensa el señorío de los grandes mitos femeninos: abundancia de maneras para incitar y someter, rostros que son ofrecimientos místicos, modulaciones de la Eva Eterna, emanaciones de una sensualidad indistinguible del *high living*, poses de abandono ante una cámara que continúa (por otros medios) la tarea de los pintores renacentistas de Madonnas, modos de andar o de usar la voz que describen marginal o centralmente una época, una nueva visión de la mujer, un catálogo de bienes codiciados. "Nadie deja nunca a una estrella. . ."

Sunset Boulevard es anotación múltiple sobre el cine, la soledad de Quien Algo Fue, el estrellato, el pasmo elegido para detener el paso del tiempo o desvanecer la conciencia del fracaso. "Yo soy grande —dice la Desmond—, son las películas quienes se han empequeñecido." Al perderse el hilo conductor de la reverencia, al "secularizarse" o "democratizarse" el cine, las Estrellas quedan libradas a su suerte en la memoria y en los juicios culturales. Sólo algunas (Greta Garbo, Bette Davis, Katherine Hepburn, Marlene Dietrich, Dolores del Río, María Félix) no conocen jamás el abandono.

Sunset Boulevard es el resumen más cruel y exaltado de las apoteosis de Hollywood. El vehículo mitificador de Judy Garland, *Nace una estrella* (*A Star is Born*, de George Cukor en 1954) es el recuento elegíaco. En su exigencia de sumisión incondicional Gloria Swanson encarna el desenfreno de la diva. En su frágil elocuencia, Judy Garland sintetiza el salto de un ser "perecedero" a la condición deificada, cuyo ámbito de credibilidad describe la frase de Kenneth Tynan: "Lo que otros suelen ver en las mujeres estando borrachos, yo lo veo en Greta Garbo estando sobrio." La diosa y el feligrés. La pantalla como templo.

Por décadas, se ignora la ubicación sociológica de estas mujeres, y únicamente constan las variadas transfiguraciones de una dependienta de almacén, una starlet, una damita de sociedad, una bailarina de teatro frívolo. . . Las elegidas abandonan casi de golpe sus personalidades primerizas, renuncian a su fisonomía original que era su psicología candorosa y, en lo que tarda el éxito nacional o mundial de sus películas, reaparecen como lo deseable y lo inalcanzable, los seres enmarcados por adjetivos incandescentes, la foto reproducida un millón de veces, el desfile de carátulas y carteles, las entrevistas inventadas, los escándalos diluidos o magnificados, la mansión en Bel Air o Beverly Hills, los viajes incesantes, la veneración universal.

"Glamour, dijo el cineasta Josef Von Sternberg, es el resultado de los claroscuros, el juego de las luces sobre el paisaje del rostro, el uso de lo circundante a través de la composición, a través del aura del cabello y la creación de sombras misteriosas en los ojos."

En Hollywood, estrellas tan distintas entre sí como Marlene Dietrich, Carole Lombard, Rita Hayworth y Dolores del Río, poseen y adquieren glamour, la técnica y la voluntad de refinar la belleza propia. Son —en *Shanghai Express*, *Ser o no ser*, *Gilda* o *Ave del Paraíso*— magia indescifrable del cine, substancia de los sueños de una generación y del encuentro admirativo de las siguientes. Ellas reafirman que, al menos en un sentido, *lo mítico* es aquello que no admite la familiaridad que desgasta. Nunca extenuaremos un film de Griffith, de John Ford, de Lang o de Eisenstein; nunca agotaremos un gag de Chaplin, Laurel y Hardy o de Buster Keaton, un close-up de Greta o Marlene o Dolores. En forma exaltada (recurso legítimo ante las creaciones cinematográficas), se advierte que el arte sostiene al glamour, lo fija y lo trasciende. El cine de una época, así sea de modo maltrecho, resiste a las historias convencionales, a la ideología reaccionaria, a finales risibles, a incongruencias y arbitrariedades. No sobrevive en cambio, a la falta de presencias arrebatadas, de rostros con aura, de órdenes imperiosas que el actor que las recibe transfiere al espectador que las acata.

215

De los inconvenientes de la Buena Sociedad

La biografía oficial de Dolores del Río es escueta. Nace en Durango el 3 de agosto de 1905 (según otras versiones, en 1901), la hija única de Jesús Leonardo Asúnsolo y Antonia López Negrete. De su infancia, la actriz conserva una visión idílica:

> La casa en que nací —la recuerdo ahora como si estuviera allí en estos momentos— era pequeñita, de columnas sencillas y cuartos alrededor. Tenía un patio y un jardín por donde aprendí a caminar asida a las macetas. Dentro, en la sala y en el comedor, había dos ventanales a través de los cuales veía pasar a la gente, sentada en el regazo de mi nana. Me gustaba pasear por el campo y ver pastar a las vacas, el aroma de las flores, caminar entre los surcos y sembrar coles. Desde niña aprendí a querer a mi tierra y hasta la fecha ésa es mi pasión. Era muy pequeña cuando mi mamá me trajo a la capital a conocer a su primo don Panchito —como le llamaba cariñosamente— Madero, entonces Presidente de la República, quien me sentaría en sus rodillas y me regalaría un enorme globo rojo (en *Dolores del Río. La vocación de la belleza,* de Jorge Guerrero Suárez, 1979).

A la familia la Revolución no la afecta de modo irreversible (aunque un tío Asúnsolo, general zapatista, es asesinado en campaña). El padre de Dolores, director del Banco de Durango, huye en 1910 con su familia a la capital para alejarse de Pancho Villa, posesionado del banco y de la residencia familiar. A Dolores le corresponde la educación inescapable de las privilegiadas: monjas francesas del convento de San José, clases de baile con la ameritada maestra Felipa López, frecuentación de las Buenas Familias. El cuadro de la púber Dolores que pinta Alfredo Ramos Martínez (entonces en gran auge) la muestra bellísima, distante, a la moda, una adolescente de John Singer Sargent en un *foreign country.*

En 1921, se casa con el abogado Jaime Martínez del Río, educado en Inglaterra y Francia, de familia considerada "aristocrática". Su retrato en traje de novia (diseñado por el pintor Roberto Montenegro) es engañoso: una joven sujeta a las convenciones sociales se dispone a seguir el rumbo lujoso e impersonal marcado por su clase. El viaje de bodas es, naturalmente, a Europa. Dolores baila en una función social para los heridos de la campaña de Melilla en la guerra de España contra los moros, y en 1922, es presentada a los reyes de España. (Información en *More Fabulous Faces* de Larry Carr.)

Al regresar a México, Dolores, alentada por su marido y con tal de exorcizar el tedio, estudia danza y prepara "ballets íntimos. . . Era mi único escape emocional. Al bailar, me di cuenta de que también quería actuar". No sin tributos a la Sociedad. Una foto, de "esplendor conyugal", divulga no la vida de una pareja, sino su idea del respeto social. Frente a la chimenea, Martínez del Río se concentra en la lectura; Dolores lo contempla con atención solícita. El homenaje a la estabilidad se distribuye en poses.

Un amigo, el pintor Adolfo Best Maugard, lleva a la casa de los Martínez del Río al director Edwin Carewe. Escena-de-película-de-la-época: Dolores baila tango, Carewe se entusiasma, Dolores sigue bailando, Carewe persuade a don Jaime que le permita a Dolores acompañarlos a Hollywood. Luego, forcejeos, disgustos de la familia del esposo, dudas intensas sobre los inconvenientes sociales de ser actriz.

Dolores desafía a los prejuicios y su marido la acompaña. "Jaime ansiaba escapar de un medio que no satisfacía sus inquietudes, y esperaba desarrollar sus inclinaciones literarias escribiendo scripts para Hollywood." En agosto de 1925, la pareja llega a Los Angeles.

Lo primitivo permanece y dura

Hollywood en los veintes y los lugares comunes que aún no lo son: la edad del jazz, el apogeo del cine mudo, las orgías que divulgan los entretenimientos de los reyes, las flappers a quienes acompaña la mirada anhelante de los filósofos. Carewe, el descubridor, dirige las tres primeras películas de Dolores: *La muñequita millonaria* (*Joanna*, de 1925), *La vida alegre* (*High Steppers*, de 1926), *Uno para todos* (*Pals Firt*, de 1926), ya en manos de la amnesia misericordiosa. El primer film importante es *El precio de la gloria* (*What Price Glory?*, de 1926), dirigida por Raoul Walsh. Allí Dolores interpreta al personaje que Hollywood hará suyo, el adjudicado también a sus compatriotas Lupe Vélez y Raquel Torres: la "belleza exótica", el rostro inmaculado que, al ponerse en movimiento, denuncia el primitivismo, el ímpetu jamás condicionado por la civilización. Dolores, en *What Price*

Glory? o en *Bird of Paradise* o en *The Red Dance* o en *The Girl of the Rio,* es una fiercecilla domable, la salvaje a la que redimirán el amor. . . y la cultura occidental.

El "exotismo" de Hollywood es tan entendible (una vez asimilado su impacto grotesco) como los relatos de Marco Polo o las cartas geográficas de la Edad Media. Este "azoro inducido" se funda en el deseo de urdir palmo a palmo una geografía de la imaginación con sus decorados, lenguaje, orografía, hidrografía, música, reglas de urbanidad, nociones eróticas, vestuarios, signos cabalísticos, picaresca, moral pública, dioses y gobernantes crueles. *Tlön, Uqbar, Orbis Tertius.* Con persuasión sólo advertible a mediano plazo, el cine norteamericano escenifica continentes, países, ciudades y costumbres ignorados por las enciclopedias. Invenciones calumniosas y muy estilizadas, Bagdad, Casablanca, Estambul, Shanghai, Cantón, Zanzíbar, Marruecos, las islas del Pacífico, la antigua Roma o la Sevilla del siglo XIX, poseen en la reconstrucción de Hollywood la autenticidad de las fantasías de la infancia, la concreción de los sueños redimidos por la obsesión del viaje.

A Dolores se le solicita que anime esa geografía lujuriosa, racista y pueril (no obligadamente tropical) que bien puede ser el México de pandereta o una "South América" vagarosa o la corte de Luis XIV o las islas del Pacífico o la virginidad del Amazonas o las campesinas de la Rusia zarista. En acatamiento de la consigna, ella será la Carmen de Merimée, la infortunada Ramona, la bailarina roja de Moscú, la salvaje Luana, la caprichosa Madame Dubarry o la Españolita, *Broadway dancer.* Por lo general, al personaje lo movilizan la exaltación y las iluminaciones de la sensualidad. A una hermosura insólita y "ajena", le corresponden una psicología del desafuero, las emociones propias de un nativo aterrado ante la ira del dios del volcán, o de una hispana cuya sofisticación se detiene en la ropa. Para Hollywood, la lujuria en los "nativos" es indistinguible de su religiosidad.

Queen for a Century

Por décadas, la industria del cine se beneficia de un status místico. Los grandes estudios, la Paramount y la Metro Goldwyn Mayer y la RKO y la United Artists y la Warner Brothers y la Twentieth Century Fox y la Universal comprueban que, ante los

Monstruos Sagrados, el espectador suspende cualquier racionalidad, y difiere sus ansiedades laicas (de las religiones del siglo XX, el cine es la que mejor aprovecha el culto por vírgenes y vestales). Con un arte que ya tiene mucho de ciencia, se negocia y procesa el pasmo y la Estrella resulta espacio sacro y bursátil y, de los años veinte a los cincuentas, a la teología celuloidal se dedican los publicistas de Hollywood, los grandes directores como Cukor, Von Sternberg o Minelli, los maquillistas y los modistos y los sombrereros, los encargados de producir el glamour a través de los efectos de luces y sombras, los escenógrafos que idealizan la opulencia que es, desde la pantalla o desde la mitología cinematográfica, el mensaje de consolación para las masas. (Dolores, especializada en papeles de campesinas, en las fotos publicitarias encarna el lujo y los dones de la fortuna.) Cada estrella dispone de equipos que se afanan en la creación quirúrgica de la Personalidad Radiante, los secretarios y peinadoras y costureras que eliminan de su Objeto Paradisíaco los rasgos cotidianos con tal de prolongar las fantasías fílmicas.

"We had faces then!", grita Gloria Swanson en *Sunset Boulevard*. Y es tan sorprendente el rostro de Dolores que determina, de modo simultáneo, la apoteosis y la imposibilidad de desarrollo artístico de su poseedora. Nadie le exige seriamente a una Estrella dotes interpretativas y, desde el inicio, desde la promoción anual The Wampas Baby Stars of 1926 (que la reúne con Mary Astor, Fay Wray, Janet Gaynor y Joan Crawford), a Dolores únicamente se le solicitan acciones decorativas, refrendos de su belleza, la adecuación de su figura con los retorcimientos faciales del melodrama. Dolores es sensual y conmovedora, canta con gracia en *Ramona* o *Evangelina*, acepta y dirige las demandas de los fotógrafos, prodiga los tocados orientales, los sombreros que hacen juego con el color de la alberca o las poses de abandono que la hermosura desexualiza. Es el Rostro Latino de Hollywood, y eso implica devoción y sacrificios, la conciencia incesante de los rasgos-bajo-vigilancia. En el retrato de Cecil Beaton (1931), Dolores es el fruto prohibido, el hechizo ante el cual se quiebran las armas de la civilización. En un escenario velozmente "tropical", ella es el delirio de los sentidos, la consagración de una Naturaleza a la que la técnica destruye sin remedio.

De 1925 a 1942, Dolores del Río participa en veintiocho películas norteamericanas. Su presencia es magnífica, pero no alcanza a redimir tramas ineptas, descuidos, torpezas. En una revisión contemporánea, sostienen el interés (por razones diversas) *What Price Glory?*, *Resurrección* y *Ramona* (dirigidas por Carewe), *Ave del Paraíso* (*Bird of Paradise*, de 1932, dirigida por King Vidor), *Volando a Río* (*Flying Down to Rio*, de 1933, dirigida por Thornton Freeland), *Cabaret trágico* (*Wonder Bar*, de 1934) y *Por unos ojos negros* (*In Caliente*, de 1935, dirigida por Lloyd Bacon, con coreografías de Busby Berkeley), y *Jornada de terror* (*Journey into Fear*, de 1942), iniciada por Orson Welles y concluida por Norman Foster. *What Price Glory?*, un excelente melodrama sobre la Primera Guerra Mundial, revela su despiadada vitalidad; las siguientes películas atenuarán su energía o le darán cauces pueriles.

En la rígida distribución de roles de Hollywood, Dolores es la irrupción del instinto o es la serenidad de la belleza. Nada más. En *Flying Down to Rio*, baila con Fred Astaire, suspira románticamente. . . y termina siendo adecuado paisaje del debut de la pareja Astaire-Ginger Rogers. En *Wonder Bar* y en *In Caliente* interviene en las prodigiosas ''coreografías ópticas'' de Busby Berkeley, y se somete a las necedades del guión, y a la distribución racista de instintos y capacidades. *Ave del Paraíso* es el escaparate ideal de las ''bellezas exóticas'', *In Caliente* es denuncia lateral de la rapacidad y el descaro de los mexicanos, eternos tañedores de guitarra, y *Volando a Río* es mero pretexto de formidables números musicales. El racismo no permite excepciones, lo ''tropical'' es sujeto de perenne descrédito, y una película de Dolores, *Girl of the Rio* (1932, de Herbert Brenon), es considerada ofensiva en México donde se exhibe censurada. Dolores se disculpa: ella exigió que la acción se desarrollara en cierto lugar de la costa mediterránea, y he aquí que a la postre resultó México. Ya escarmentada, rechaza un papel en *¡Viva Villa!* de Jack Conway, *for mexican reasons.*

De las obras de arte en vivo

El triunfo de Dolores en Hollywood es indiscutible. *Ramona* y *Resurrección* confirman su calidad de gran estrella, al grado que la compañía Pullman bautiza tres de sus carros dormitorios en honor de Dolores: ''Del Río'', ''Dolores'' y ''Ramona''. A mediados de 1928, ella firma con United Artists un contrato excepcional. Filmará 7 películas a razón de 100 mil dólares cada una, siendo la primera de ellas *Ramona*. Además, seis meses de vacaciones al año con goce de sueldo. (Información en la excelente investigación de Gabriel Ramírez, *Lupe Vélez. La mexicana que escupía fuego*, Monografías de la Cineteca Nacional, 1986.) Dolores pertenece al selecto grupo que se escapa de la tiranía concentracionaria de los estudios, y filma en uno o en otro sin padecer represalias.

Para Dolores, 1928 es año de encumbramiento. Participa en la magna transmisión radiofónica que organiza United Artists con tal de demostrarle al público que las voces de sus grandes estrellas cumplen con creces los requisitos del cine hablado. El maestro de ceremonias es Douglas Fairbanks, John Barrymore recita un soliloquio de *Hamlet;* Gloria Swanson informa de las posibilidades de una joven en Hollywood; D.W. Griffith discute "el amor en todas sus fases, menos la sexual"; Charles Chaplin se inhibe; Mary Pickford le habla a las mujeres "en forma íntima", y Dolores canta "Ramona".

La imagen se divulga por doquier, y los grandes fotógrafos asedian a *The Native Beauty*. Pronto deja de ser la fierecilla domable de *What Price Glory?*, y adquiere un aire lejano y una fama de "inaccesible" (a diferencia de la vital, indomeñable Lupe Vélez). Ella modifica su aspecto. "Creo —sostiene Larry Carr— que la apariencia de Jean Crawford a principios de los treintas, influyó en Dolores." En 1930 y 1931, cuando Crawford surgió como belleza vívida, en todo el mundo, pero especialmente en Hollywood, las mujeres imitaron su estilo de vestir y maquillarse. Desaparece el tipo de belleza apastelado de boquita-de-corazón. En su lugar, el rostro con angulosidades, el semblante escultórico. La cámara, auxiliada por cambios de maquillaje y diferentes estilos de iluminación, produce un nuevo tipo de belleza del que Dolores del Río es precursora. . . Ella hace a un lado su estilo de los veintes, suelta su cabellera, agranda la forma de sus labios, altera el estilo de sus cejas y subraya su exquisita estructura ósea. El suyo se convierte en uno de los genuinos Grandes Rostros.

En 1928, Dolores se divorcia de Jaime Martínez del Río (quien al parecer, se suicida años después). En 1930, se casa con Cedric Gibbons, el muy prominente director artístico de la MGM, y vive, desde una posición ventajosa, el "Hollywood Babilonia": fiestas de disfraces en el Xanadú de William Randolph Hearst, torneos de tenis, ascensos y descensos sociales, el horizonte de la alta frivolidad en donde nadie se fija en su protesta por la sucesión de roles decorativos, de argumentos centrados en su físico. *Resurrección*, ella asegura, se aproxima a su ideal artístico, y *Resurrección*, es un melodrama sin mayor relieve. "Mis películas de Hollywood casi me arruinaron —declara—. Se me forzó a interpretar personajes glamorosos, lo que yo detestaba." Pero el glamour le da a Dolores el aura de mujer al día, inobjetablemente feliz y sin prejuicios inútiles, que encarna y prodiga la atmósfera chic, el gusto ultramoderno que en México carecía de contextos.

En México, la carrera de Dolores del Río en Estados Unidos es motivo de (inevitable) orgullo periférico. La compatriota-que-se-ha-impuesto-en-Hollywood, el producto autóctono que es deleite de la pantalla universal. Mientras se escudriñan con celo detallista sus películas (y las damas la imitan no sin graves impedimentos) se le declara miembro de honor de ese club selecto, los Mexicanos Universales, no más de siete en cada generación. Como tal, se le invita el 29 de septiembre de 1934 a la inauguración del Palacio de Bellas Artes. Desde un palco, Dolores y Ramón Novarro (Ben-Hur) lo atestiguan: el arte nacional ya traspasa las fronteras.

La realidad es un tanto distinta. El *cine hispano* en Hollywood va de más a menos, el "exotismo" deja de interesar y ya desde 1932 Dolores es una figura con gran status pero sin consecuencias en la taquilla. Sin embargo, cuando se le propone filmar *Santa*, declara (con otras palabras) que ni soñar en integrarse a un cine que como el mexicano todavía no está a su altura.

En 1940, la relación de Dolores con Orson Welles causa escándalo. Welles, el *boy wonder* de Hollywood, el director de teatro, el creador del "pánico marciano", con su versión radiofónica de *La guerra de los mundos,* dirige con gran sigilo *Citizen Kane,* y se dispone a revolucionar el cine. Al éxito de *Citizen Kane* sigue la furibunda persecución de la cadena Hearst, que afecta parcialmente a Dolores, a quien Welles también piensa dirigir, con él actuando, en *Cortés y la Malinche* y en *Journey into Fear,* un *thriller* basado en la novela de Eric Ambler. A mitad de la filmación, Welles renuncia y lo sustituye el muy convencional Norman Foster. El resultado, una película interesante y fallida.

Las oportunidades en Hollywood se agotan y Dolores decide regresar. Declara: "Deseo escoger mis propias historias, mi propio director y camarógrafo. Creo que todo esto lo puedo conseguir en México." En 1940, en vísperas de la partida, Salvador Novo la describe en Hollywood:

> Si existe en muchos casos la consoladora creencia de que el talento es una forma de la belleza, en Dolores del Río se da el caso de que su extraordinaria belleza sea solamente la forma material de su talento. Dotada de una gracia, de una elegancia, de una soltura fresca y vibrante que en fuerza de ser natural resulta exótica, las más exorbitantes revistas de modas se disputan el último retrato en que luce el sencillo peinado que acaba de ocurrírsele y que las familias empezarán a imponerse; el brazalete de gruesas amatistas, único adorno de su simple tocado negro, que riman quietamente con el estambre morado y ordinario que sostiene su diadema de pelo negro; o las sandalias con que sale al jardín a vigilar las ranas y los patos de que lo ha poblado, o el lugar en que ha prendido una orquídea en su traje. Se crea a sí misma, igual y diferente, tal como un artista va creando su mejor obra.

"Como tú queras, Lorenzo Rafail"

El regreso de Dolores en 1943 es inmejorable augurio para la cinematografía nacional. La Del Río: garantía artística, centro de la vida social, anfitriona de lujo. En su residencia en Coyoacán, trasplante del California Style, los Notables encomian su gusto perfecto en los modales y el vestuario, o imploran su presencia en banquetes próximos con el Presidente de la República, el secretario de Educación, el director del Instituto de Bellas Artes. Si Cecil Beaton o Weissberger la retrataron en el solitario esplendor de la Bella Salvaje o la Mujer de Mundo, Fito Best Maugard, José Clemente Orozco y Diego Rivera pintarán su inocencia conmovedora, el candor y el señorío intemporales, la doble representación prehispánica y mestiza del símbolo de la altivez que se justifica.

Ya en México, Dolores se convence de la necesidad de modificar su imagen, y por eso acepta la suprema convención: ser la humilde, ignorante indígena descalza. Para convencerla del proyecto de *Flor Silvestre*, Emilio Fernández —cuenta de modo verosímil su hija Adela en el recuerdo biográfico *El Indio Fernández. Vida y mito*, Editorial Panorama, 1986— le asegura: "Si a su belleza y a su fama le agregamos el espíritu trágico del pueblo mexicano, téngalo por seguro, Lolita, que conquistará Europa." Y la reconviene:

Usted tiene que ganarse el cariño de los mexicanos que andamos muy resentidos con su actitud de menosprecio, y no es fácil curar agravios. Necesita expresar que es mexicana y que se siente orgullosa de serlo, y es más, que tiene simpatía y filiación con las clases oprimidas y maltratadas. Usted no puede ni debe sustraerse del drama de la Revolución y de sus ideales, y si por el contrario usted participa en una película que exalta y se conduele de esos hechos históricos, pues México no solamente la va a volver a querer sino que llegará a idolatrarla.

Se hayan dicho textualmente o no, las frases corresponden a situaciones verificables. Según Adela Fernández, la intervención de Diego Rivera persuade a Dolores: "Tienes en la puerta una afortunada oportunidad con eso de intervenir en una película de tintes tan mexicanos porque los europeos están redescubriendo México y se sienten atraídos por todos los misterios que hay acá. A México se le califica de país de fascinaciones." Dolores acepta, y sin quererlo y sin saberlo a ciencia cierta se involucra con la izquierda nacionalista, que ve en *Flor Silvestre* un acto reivindicatorio. A continuación, y ante la resistencia de Dolores a los temas revolucionarios, el Indio le ofrece "una historia de amor y dolor, de indígenas, de flores y de muerte: *María Candelaria*".

Ante el tema, Dolores se desconcierta y el Indio se apresura a convencerla: "Con esta película, Lolita, usted va a ganar más gloria de la que tiene anhelada." Dolores replica: "Dije que el argumento es interesante, pero no que yo me interesara en él. Primero una mujer de rancho y ahora. . . ¿quieren que haga a una indita? Yo. . . ¿descalcita?" La respuesta del Indio hace pensar en la caminata expiatoria de Ana de Ozores en *La regenta*: "Por supuesto, sus pies serán el más grande desnudo de todas las obras de arte; sólo bastan sus pies." *María Candelaria* triunfa en los festivales de Cannes y de Locarno, y asegura la segunda carrera de Dolores.

Sufrir para justificar el close-up

¿Qué función darle a Dolores del Río en el cine mexicano? En Hollywood se le pidió ser *profundamente espontánea* (es decir, "primitiva") en melodramas o comedias, y la cámara registró sus exaltaciones súbitas, su dolor agitado o ancestral, sus alegrías y caprichos infantiles que se expresan a través de danzas o, en *Ma-*

224

dame Dubarry, de la exigencia que deja sin sal a París con tal de crear en Versalles la ilusión de la nieve. Pero en México, a tan prominente "flor del exotismo" no se le concederá la espontaneidad. Sucede una operación de "ideología facial", o que así se advierte a la distancia. Para disculpar la hermosura irrepetible de una nativa, el racismo interno la vuelve hierática, negada al júbilo, arca de sufrimientos y dignidades. La idea sexista de la madurez femenina cancela cualquier naturalidad.

A Dolores se le confina en el melodrama, la teatralización de las tormentas familiares que es júbilo por la tragedia y pacto inevitable entre la industria cinematográfica y el público que de estas modestísimas catarsis desprende conclusiones didácticas. Casi sin transición, e iniciándose en el juego de envíos expresivos que en *La malquerida* conoce su autoparodia, Dolores pasa de la gesticulación forzada del cine mudo a la pasividad gesticulante. La diferencia es notable. Ella ha sido Ramona, enferma de amor por el indio Alejandro; Luana, arrebatada de los brazos del amado y cedida al apetito de los dioses del fuego; Katusha Máslova, la heroína tolstoiana. Ahora, sólo excepcionalmente le tocarán personajes sólidos (*La otra, Doña Perfecta*). Por lo común —la ceja en alto, la voz extenuada por las emociones— Dolores será la gran criatura del melodrama, un género sin compromisos con seres o situaciones reales, engolosinado con las Víctimas del Destino o, en el caso del cine del Indio Fernández, con los emblemas nacionales.

Si Dolores le resulta al público tan admirable y tan distante, es por su perfección de dama de sociedad y por el delirio sucesivo de sus papeles de Sufrida Mujer, sometida y devastada. . . No es fácil aceptar a Dolores del Río, la gran belleza de México, como la hembra afligida de *Flor Silvestre* que en el suelo arrulla a su niño, a la joven de *Bugambilia* que se confiesa: "¿Sabes, nana, con quién me gustaría bailar el primer vals? Con un hombre que sólo con mirarme me dominara, uno de esos hombres que no piden jamás porque todo les pertenece, un hombre tan fuerte como los ríos, un hombre que a su lado yo me sintiera pequeñita."

Suspensión de la credulidad: en última instancia, jamás convencen las entregas sin condiciones de las Diosas de la Pantalla. ¿Cómo creerle a Dolores su frase en *Las abandonadas*: "¡Juan, déjame ser tu sombra enamorada!", si allí mismo al aparecer ella resplandeciente en lo alto de la escalera, Armendáriz declara: "¡Baje. . . baje por favor, para que me convenza que no se trata de un sueño!"? ¿Cómo aceptar su docilidad ilimitada si en *Bugambilia*, su enamorado le atribuye el color y el carácter milagroso de la Virgen de Guadalupe: "¿Bonita? Lo que nosotros estamos acostumbrados a llamar bonita, no. Es. . . como una aparición."

En sus mejores momentos (*La otra, Doña Perfecta*), Dolores es imperativa, cruel, no la humillada sino quien humilla, la apología invertida del machismo, la mujer cuyo albedrío va en dirección contraria a la tradición de la feminidad. La Naturaleza —infiere la lógica del melodrama— le concedió la hermosura para realzar su hambre de mando.

En el cine mexicano, Dolores del Río trabajará con tres directores importantes: Emilio Fernández el Indio, Roberto Gavaldón y Alejandro Galindo, y con los extraordinarios fotógrafos Gabriel Figueroa y Alex Phillips. Gavaldón la convertirá en Virgen del Melodrama, Galindo la usará en una insólita empresa anticlerical, y el Indio Fernández verá en ella al objeto improfanable de su nacionalismo, tributario de Eisenstein y su camarógrafo Tissé, de los muralistas (en especial Orozco), de las costumbres regionales, de la canción popular y del redescubrimiento de paisajes y atmósferas. Y de lo que entonces no se acepta como visión turística. El Indio cree descubrir o redescubrir literalmente a México, cuya esencia combina la grandeza inesperada (un rostro, un crepúsculo) y la actitud del macho que es la síntesis de la Tradición y de la Revolución.

El principio deslumbrante de una "Estética de lo Mexicano": Dolores del Río y Pedro Armendáriz, Adán y Eva de este paraíso de incendios y arrebatos donde según el Indio, se funda literalmente una nacionalidad ya libre de esclavitudes. En un tiempo mítico que en algo corresponde a la etapa que va de mediados del siglo XIX a 1913 o 1914, se sitúa a la Típica Pareja Clásica, cuyo deber será encarnar al límite —símbolos, arquetipos, mitos— la Masculinidad y la Feminidad.

Las cinco películas que el equipo Fernández, Figueroa y Mauricio Magdaleno (guionista y dialoguista) consagraron a la Pareja Primigenia son importantes y, por momentos, extraordinarias: *Flor Silvestre* (1943), *María Candelaria* (1944), *Las abandonadas* (1944), *Bugambilia* (1944), *La malquerida* (1949). En especial *Flor Silvestre* es, pese a sus fallas, una obra clásica, que fija el tono del cine sobre la Revolución y hace del delirio melodramático el "neorrealismo posible" en México. Esperanza (Dolores), nieta del peón Melchor

226

(Eduardo Arozamena) se enamora de José Luis Castro (Armendáriz), el hijo de doña Clara (Mimí Derba) y don Francisco (Miguel Angel Ferriz), terratenientes despóticos que veneran el apellido y no admiten a la hija de un campesino en la familia. Esperanza y José Luis se casan en secreto, los padres de él se oponen a la unión e insultan a Esperanza en la fiesta del pueblo, ella da a luz a un niño. Estalla la Revolución, de la que José Luis es partidario convencido, y se apoderan de la hacienda de don Francisco las gavillas de los falsos generales Ursulo y Rogelio Torres (Manuel Dondé y Emilio Fernández). Enterado del saqueo, José Luis acude demasiado tarde: el lugar en ruinas y su padre asesinado. En venganza, él cuelga el cadáver de Ursulo, muerto de tifo. Rogelio captura a Esperanza y su hijo, y le envía un mensaje a José Luis: o te entregas o los mato. Este se rinde y es fusilado, en medio del llanto y el desmayo de Esperanza, quien años después, ya vieja, le cuenta a su hijo las tragedias que permitieron esta nación moderna y progresista.

La sinopsis dibuja un trazo un tanto demagógico, y un gusto "operático" rodeado de lugares comunes, pero no informa del brío de la dirección, de las imágenes portentosas de Figueroa, y de la elocuencia visual que culmina en los rostros de Dolores y Pedro, más Acontecimientos que Ideas, más Instituciones Fundadoras que Acontecimientos. Ni refiere tampoco la decisión estatuaria de Dolores: sonrisas leves, movimiento facial al servicio de la tragedia, predisposición al ánimo consternado.

La hipótesis "ideológica" de estos films —la perfección física y moral de la Pareja es el mayor obstáculo de su felicidad— persiste en *María Candelaria*, drama cuyo lirismo se salva a duras penas de las caídas argumentales, y del lamentable "modito indio" de hablar, que se les endilga a los personajes. La trama es, en su género, ya clásica. En 1909, en la no tan idílica comunidad náhuatl de Xochimilco, Lorenzo Rafael (Armendáriz) desea casarse con María Candelaria (Dolores), a quien el pueblo rechaza por su condición de hija de prostituta. Don Damián, un tendero ruin y explotador (Miguel Inclán) desea a María Candelaria, y hostiga a Lorenzo por unas deudas. El único patrimonio de la pareja es una cochinita, que el resentido Damián mata de un tiro. Hay epidemia de paludismo, y del gobierno le envían a don Damián quinina para que la reparta gratis. María Candelaria enferma de paludismo y se les niega la medicina. Desesperado, Lorenzo sustrae de la tienda la quinina y un vestido de boda para su amada. Ella sana y en el momento de la celebración del matrimonio, Damián y dos policías irrumpen y detienen a Lorenzo, acusado de robar el vestido y un dinero que él no se llevó. Se le condena a un año de cárcel. Un pintor (Alberto Galán), atraído por la hermosura de María Candelaria la invita a posar para él, y se dispone a pagar la fianza de Lorenzo, pero el juez está ausente. María Candelaria se niega a desnudarse, el pintor usa a otra modelo para el cuerpo, una vecina chismosa atisba el cuadro y el rumor se esparce: ¡María Candelaria posa desnuda! El pueblo, lastimado en su católica moralidad, quema la chinampa de la desdichada indígena, la persigue y la mata a pedradas frente a la cárcel. Lorenzo se escapa de la cárcel, y se precipita hacia María Candelaria, que fallece en sus brazos. El la conduce en el lecho de flores de una trajinera por el Canal de la Muerte.

A esta distancia, son ya risibles apreciaciones de la época, en el estilo del crítico stalinista Georges Sadoul: "La película vale por su autenticidad en la pintura de la vida rural mexicana", y de los nacionalistas que encomiaron el "hallazgo del México poético" (y que Novo caricaturizó el día del estreno rebautizando la película: *María Calendaria*). Pero muchas de las imágenes retienen o acrecientan su esplendor inicial, en especial las secuencias bucólicas, y la presentación "indigenista" de Dolores, con rebozo y vestido de percal. Estas son ilustraciones definitivas de un empeño mitológico entonces en boga: la reverencia ante la Mexicanidad abstracta y pura, que de las personas se difunde hacia los objetos.

Desde el punto de vista argumental, *Las abandonadas* mezcla fragmentos del caso político-policiaco de la Banda del Automóvil Gris (el hampa en la capital protegida por generales), y de *La Mujer X*, de Fanny Hurst, la historia de la mujer que cae muy bajo por educar a su hijo, quien, ya abogado brillante, la defenderá sin saber que ella es su madre. En *Las abandonadas*, Dolores se ve magnífica como hetaira de lujo o como prostituta arrabalera. Es la belleza inaccesible, pese a lo que diga el argumento. Es, de nuevo, el ave del paraíso.

En el rodaje de *Bugambilia*, "la película más lujosa que se haya hecho hasta ahora en México", un melodrama situado en el siglo XIX, y la más débil de las cinco películas del equipo, Dolores rompe con el Indio. Ya dominado por su propio y semiapocalíptico personaje que lo devorará, éste injuria a quienes le rodean, se emborracha, se enfurece porque sí. A Salvador Novo, la agraviada le da su versión:

Luego, dice Dolores, siguió así de altanero con todos los artistas de la producción; hizo llorar a Alberto Galán, y trató a los extras con la punta del pie; hasta que le llegó su turno a la propia Dolores, en la última escena de la locación de Guanajuato. Frente a todos los extras, artistas y curiosos, la humilló. Desde ese día, ella no volvió a dirigirle la palabra sino para lo profesionalmente indispensable en el set, y sus próximas películas las dirigirán Julio Bracho y Momplet, que si menos repentinamente geniales, pueden ser más correctos.

¿De modo —pregunté— que ya estuvo suave del Indio?

Ya —repuso Dolores—. Ya estuvo suave. (*La vida en México en el periodo presidencial de Manuel Avila Camacho*.)

En un periodo breve se aclaran los defectos básicos del cine nacionalista del Indio, sus cargas sexistas, la inconsistencia de las alegorías. Y se cae críticamente en el exceso opuesto, en ridiculizar y menospreciar la obra. Hoy, ya lejos de la sacralización y la desacralización, advertimos también las aportaciones de un movimiento, en especial la manera en que rostros y temperamentos privilegiados le infundieron algo de lógica a tramas delirantes, y promovieron la metamorfosis estética de lo que siempre había estado allí, invisible y desdeñado.

Y el Sueño, autor de representaciones

En una década, al lado de su colaboración con Fernández y Figueroa, Dolores hace tres películas de enorme interés: *La otra* (1946), *Doña Perfecta* (1950) y *El fugitivo* (*The Fugitive*, de 1947), dirigida por John Ford. En *La otra*, Gavaldón, todavía en busca de un "cine de calidad", aprovecha las lecciones de Orson Welles y Robert Siodmak, la complejidad del guión de José Revueltas y las posibilidades de una Dolores del Río no inmovilizada en la estatuaria cívica y familiar. La historia de dos hermanas gemelas, una de las cuales asesina a la otra guiada por la frustración y el rencor, es un laberinto de sensaciones, metamorfosis y salidas falsas. La manicurista María mata a la millonaria Magdalena y poseída por la personalidad de la víctima cae en un ritmo alternativo de modestia y arrogancia, de indefensión y agresividad. Ante sí misma, ella será siempre *la otra*, y sólo se recobrará psicológicamente cuando se le acuse del crimen que no cometió. Sin la necesidad de representar alguna Esencia Nacional, sin la autoridad del macho que la arrincona, Dolores alcanza en *La otra* su plenitud melodramática.

En un momento de reaccionarismo avasallador en el cine mexicano, *Doña Perfecta*, adaptación al medio mexicano del siglo XIX de la novela de Benito Pérez Galdós, es un acontecimiento singular. Al pueblo de Santa Fe llega el joven ingeniero Pepe Rey (Carlos Navarro), liberal darwiniano, de mentalidad abierta, lector de Spinoza. La desconfianza hacia el recién llegado se transmuta en odio cuando éste permanece de pie al paso del viático. Y la primera en hostilizarlo es la hermana de su padre, Perfecta (Dolores), presidenta de la Vela Perpetua, la conciencia vigilante de la moral comunitaria. Rosario (Esther Fernández), la hija de Perfecta, se enamora de su primo y es reprimida con frialdad. Al final, la beata implacable, pronta a extirpar la "cizaña", manipula los celos del pueblerino Cristóbal Ramos (José Elías Moreno), que asesina a Pepe Rey. Rosario huye de su madre, y ésta se queda sola, al mando de su fe exterminadora.

Alegato en favor de la tolerancia, *Doña Perfecta* es quizá la mejor oportunidad interpretativa para Dolores. Sin la brillantez de *Flor Silvestre* o *El fugitivo*, sin el despliegue reverencial de *Las abandonadas* o *La otra*, el film de Gavaldón le permite a una actriz serlo al margen del apoyo constante del close-up, y del aviso al espectador (en cada secuencia) de la presencia del mito. Severa, transfigurada por el fanatismo, la Doña Perfecta de Dolores es su mayor aproximación a la falta de concesiones.

En contraste, *El fugitivo*, adaptación hipócrita de la novela redentorista de Graham Greene, *El poder y la gloria*, no se salva ni por la maestría de Ford y Figueroa ni por las presencias de Henry Fonda, Armendáriz y Dolores. Es un alegato clerical que se inventa un México de "altares ensangrentados" y desolación existencialista. Pero en *El fugitivo* Dolores, la campesina que baila "El Balajú" con tal de proteger al cura perseguido por las fuerzas del gobierno, es casi una estampa devocional. Fotografiada en penumbras, capturada por una iluminación santificadora, Dolores da testimonio de los años en que la Diva prolongaba a la Madonna.

La necesidad y el deseo consciente

Otras películas: *La selva de fuego* (1945), *Historia de una mala mujer* (1948, filmada en Argentina), *La casa chica* (1949), *Deseada* (1950), *El niño y la niebla* (1953), *Señora ama* (1954), *¿A dónde van nuestros hijos?* (1956), *La Cucaracha* (1958), *El pecado de una madre* (1960), *Casa de mujeres* (1966). Se trata —con excepción de *La Cucaracha*— de melodramas malamente construidos, orgías del gesto y de la situación tremendista, donde Dolores se responsabiliza por la dignidad posible en medio de la catástrofe de actuaciones y diálogos. *La Cucaracha*, en cambio, es el -esfuerzo-legendario-a-como-dé-lugar. El director, Ismael Rodríguez, congrega a las estrellas sobrevivientes de la "Epoca de Oro": María Félix, Dolores, Gabriel Figueroa, Armendáriz, el Indio Fernández, y los usa en su idea de la Revolución como grand-guignol. Por única vez se reúnen los dos grandes mitos del cine mexicano, opuestos y complementarios, María Félix será la Cucaracha, la revolucionaria bragada, y Dolores la señora Isabel, cuyo horizonte de vida se destruye en un segundo, obligándola al salto de Mujer Decente a soldadera.

En Estados Unidos, Dolores filma *Estrella de fuego* (*Flaming Star,* de 1960), donde es la madre india de Elvis Presley, y la excelente *Otoño cheyene* (*Cheyenne Autumn*, de 1964), dirigida por John Ford. En España filma *La dama de alba* (1965). En Italia, *Y vivieron felices* (*C'era una volta*, de 1970), de Francesco Rosi. Su última película es la coproducción mexicano-norteamericana *Los hijos de Sánchez* (1977), dirigida por Hall Bartlett. A lo largo de este periodo, Dolores sigue siendo la estrella, no la eterna juventud sino la hermosura perdurable, la figura que le da realce a un acto, el inevitable punto de referencia, la ganadora de cuatro Arieles a la mejor actriz, la presidenta del Festival Cervantino, la directora de la guardería de la Asociación Nacional de Actores. Interviene en programas de televisión en Estados Unidos, se casa por tercera vez, hace teatro (*El abanico de Lady Windermere, Querido embustero, La dama de las camelias*).

Con excepción de *Cheyenne Autumn,* de las películas de esta etapa se rescatan sólo momentos de su fotogenia y su elegancia. En el caso de las películas mexicanas, no es sólo el deterioro de la industria, sino la intimidación ante la leyenda, ya entregada sin remedio a sus fórmulas consagradas, en el desistimiento de sus recursos interpretativos. A partir de *Doña Perfecta*, ella ya únicamente interpreta a Dolores del Río, la institución fílmica y social. Es en todo una excepción; sobrevive a su época, a sus contemporáneos, a la tentación de dejar de ser un solo instante esa obra de arte renovada a diario, el rostro, la figura y el comportamiento de Dolores del Río.

En ella, la necesidad de la belleza fue un deseo consciente y una victoria inacabable.

Dancing:
El Hoyo Fonqui

Dicen que no se siente el subdesarrollo/
compáralo si quieres, cielito lindo, con este hoyo

GENARO NO SE confunde. El no ha leído a Lobsang Rampa ni ha oído hablar de la sociología de movimientos juveniles y le valen madre los proyectos de ''alternativa existencial'' y las trampas del Sistema, de la Enajenación y de la Manipulación. El radica en la colonia Moctezuma, quiere agarrar empleo, tiene 19 años y su camiseta bien cotorra (que lleva a todas partes) a la letra dice *Let's Fuck.*

Son las seis de la tarde, el momento justo de entrar al salón llamado Siempre es lo Mismo, y Genaro no está friqueado ni aburrido. ¿A cuenta de qué? El friqueo y el aburrimiento son otra onda, implican diferentes nociones del tiempo y de la velocidad y del Haberla Hecho en la Vida. Quien nada tiene no se friquea.

En 1968 y en 1969, empresarios presumiblemente jóvenes y dinámicos examinan las posibilidades del mercado, y llegan a una misma conclusión: el rock gusta mucho, pero no hay dónde oírlo a bajo precio. Facilitémosle la afición a los pobres, alquilemos o compremos galerones, almacenes en desuso, casas viejas, gastemos algo en pintura y unos cuantos pesos en volantes, contratemos grupos que no cobren caro, evitemos las bebidas alcohólicas, y démosle a estos chavos arraigados a la fuerza en sus colonias la oportunidad de una discoteque. A estos sitios sin prestigio imaginable, se les bautiza como *Hoyos fonquis,* y el nombre es parte de la fortuna de estos lugares. Lo ''fonqui'' (de *funky,* voz anglosajona traducible como ''grueso'', vulgar, rudo, intenso, espeso) le conviene descriptivamente a los antros que aparecen y desaparecen, reditúan y quiebran, falta el permiso y se fijan los sellos, son demasiadas las multas y las mordidas. . . y con todo, estos Centros

Alivianadores persisten y se convierten en necesidad social apenas transcurrido el festival de Avándaro. Allí, cada semana, en atmósferas privadas de oxígeno, los grupos instalan sus catástrofes acústicas, el rock nacional admira a la distancia al rock internacional, y los chavos *se prenden* como oyendo otra música en otra parte.

—Claro (dice nostálgico un rocanrolero de la buena época, cuando los grupos se decían a sí mismos los Locos del Ritmo y los Rebeldes del Rock y los Teen Tops), ya nada es lo mismo. Fíjate, mano, antes las tocadas eran, si nos iba mal, en Narvarte, y si no en Las Lomas, El Pedregal y cuando la cosa valía la pena, el garden party junto a la alberca, nosotros tocábamos "Sobre las olas" a ritmo de twist y los padres de la quinceañera, ya un tanto zumbos, intercambiaban con quien se dejara rollos sobre la vida y nos pedían una diana para el padrino, que el 73.50% de las veces se caía con todo y smoking a la alberca. Pero luego, seguros de ser la puritita onda, llegaron los de la frontera con la greña hasta el hombro y el olor de apretujamiento al mediodía en un camión de segunda. Allí empezó el desastre y ahora los hoyos fonquis quedan por la Industrial Vallejo o por la avenida Ocho cerca de Zaragoza o por Netzahualcóyotl. ¡Qué bajón social del rock!

El Personal/impresión

Genaro invitó esta tarde a su cuate Armando. Ir solo no tiene mucho sentido. No se liga a gusto, no se ríe uno de todo, no se extrae de los hoyos su mayor beneficio, rolarla en compañía con la música que no deja oír ni la música. A la entrada, adolescentes ubicuos descargan amplificadores, mueven guitarras, se internan en la gruta de las camionetas; a la entrada, alineaditos en la pared, solicitan dinero para entrar los chavos de siempre, inmóviles, con aspecto de recién horneados, familiarizados con algo allí ausente.

—Coopera con una luz.

En las escaleras, unos chavos —amigos de amigos de los de la tocada, *groupies* sin saberlo, conocidos de sí mismos— festejan un chiste y comentan la última grabación del Three Souls. Genaro los saluda, algo platicaron cuando aquella detención colectiva en el Estado de México. Fue la vez que ni los nombres pidieron, eran muchísimos. Armando reconoce a una antigua "torta",

una chava que es demasiado de todo, la que asegura ser la en-
cuerada de Avándaro, aunque es evidente que jamás anduvo por
allí, la habrían vestido entre todos. La saluda e intercambia con
ella ese sustituto de las vibraciones, la "vaga información de
índole personal". Genaro examina científicamente el cartel, él
conoce bien a cualquiera de los grupos que aguantan en México
(salvo que no se hayan disuelto la semana pasada, la inestabili-
dad es la norma), así ya toquen en discoteques de la burguesía.
Y no discrimina: también sabe de los conjuntos que nadie pela
pero con nombres de eficacia concentrada: El Perro de las Dos
Tortas, La Epoca de Oro de María Conesa, Camarón que se
Duerme, La Decena Trágica, La Constitución de 2017.

En el hoyo, los letreros anuncian:

—*HERMANO, Aliviánate con tu chambra o cobija en el
guardarropa. ASÍ Danzas mejor
(YOU KNOW).
Bienvenidos al guardarropa. Un peso por pañal o garra.*

En los rincones, se improvisan grupos. Así, más o menos, debió surgir la sociedad (*cualquier* sociedad): algunos ya estaban,
muy pacientes, aguardando confiados a quienes descendían de
los barcos o de las montañas, y las primeras conversaciones
fueron tímidas, cargadas de información esencial: me llamo de
tal modo y vivo en tal parte. Luego —cumplidos los deberes ante
los vecinos— a seleccionar temas y amistades, y a esperar los
grandes acontecimientos, comentando los sucesos de ayer. Así
hicieron acto de presencia las sociedades de Aztlán o de la Nueva
España, con sus jóvenes cariacontecidos y sus mujeres frívolas.
Así debió ser, como en este hoyo. Me cae de madre.

Presiones/precipitaciones/descensos

¿Qué lugar ocupan los hoyos fonquis en la subcultura juvenil?
Vaya uno a saberlo, mejor verifico en este infierno tan al margen
de la teología, el papel redentorista del sudor: marejada
apocalíptica, clima artificial, trastorno ecológico, resurrección
del cuerpo gota a gota. En el sudor germinan las razones que
identifican rock y sexualidad, y se consolida el instinto; gracias al
sudor se transparenta la nueva moral de una generación.

Todo baile sin regla es exaltación de la tribu. Toda acción tribal impone reglas. Los chavos se juntan y separan agresivamente, saltan, rugen, invocan a los dioses del deporte y del orgasmo. Para ellos el baile es la gran aventura a que tienen derecho, el riesgo de los desfiladeros y las cataratas, el vértigo de las profundidades. El baile es una trama siempre cambiante, donde el cuerpo es héroe y villano, y en cada sesión las coreografías intentadas en el apretujamiento son culpa y expiación, ponte teológico Eulogio, crímenes y castigos de la falta de espacio. Genaro baila y su condición febril lo tranquiliza, así está mejor, qué lástima que lleve tres semanas sin nada de sexo con que saciarse o como se diga, pero primero fueron las molestias mensuales de la chava, y luego el pleito idiota por una película, y al final la historia de los asaltos a las parejas en el hotel que frecuentan. Pero bailando restaura las energías, vigoriza el temple viril, recupera el sentido del tiempo.

Intimidad/proximidad

La chava baila sola, va sola, sigue siendo sola, entre giros y simulaciones del ballet. Nadie le falta al respeto entre otras cosas porque aquí no rifa concepto semejante, de eso nunca se trata, aquí se viene a oír las grandes rolas, y si alguien, en una canción, le pide a la nena que sea buena y a la niña otro besito, los asistentes escucharán otra cosa, pornográfica de seguro, en estos tiempos el candor es inaudible. ¿Un besito en dónde?

A extraer del sonido grueso todas sus ventajas. La chava baila abstraída, inmersa, *muy acá*, ni un milímetro de alejamiento entre tú y yo, o entre mis vibraciones y yo, inmovilizarse es comprender el rock del alma, no te extiendas ni te zafes del reventón, la tocada es aquí justamente, la chava es *muy acá*, mueve su cuerpo sin meterle demasiado ritmo para no caer en la rumba, todo *muy acá*. Genaro y Armando bailan solos, entre sí, con todos los demás, solos y acompañados. Este domingo, entre organizaciones y estrategias de un sudor dividido en estalactitas y estalagmitas, al compás del rock macizo, el hoyo fonqui está *muy acá*.

El Norte de la Ciudad

Las novedades populares acontecen primero en el Norte de la·

Ciudad, en el laberinto de loncherías, tlapalerías, autoservicios, vulcanizadoras, estudios de fotografía, refaccionarias, billares, baños de vapor, estanquillos, misceláneas, camioneras, ricas carnitas, mecánica automotriz, cementerios de automóviles, perros callejeros. Se venden flechas y diferenciales. Despojado de espacios verdes y zonas residenciales, el Norte de la Ciudad es compacto, tenso, homogéneo por tan diverso, cerrado a la comprensión de la estética tradicional y de la estética vanguardista. En este reino de la opresión visual, los edificios agonizan desde el día de su inauguración, y a nadie deprimen las fachadas lúgubres y ruinosas, prematura y logradamente ruinosas. Desde fuera, en el turismo de la psicología social, el Norte de la Ciudad padece el ruido como mortaja, el agobio, la ira, la indefensión, el odio, la impotencia. Desde dentro, es lo que hay y al que no le guste que se vaya a Dallas.

Aquí, entre otros museos instantáneos, perdura el más antiguo de los hoyos fonquis, el Salón Chicago (sito en la calle Felipe Villanueva) que albergó alguna vez, seguramente, a una familia provinciana ejemplar, que deseó salirse del rumbo y se fue frustrando por los años de ahorros sin provecho. Vagamente inspirado en las casas de huéspedes del cine mexicano (el día que Anita cumplió 15 años), el Chicago es pasión inútil de sus habituales, dos décadas antes *la muchachada* y hoy meramente *el Personal*.

Soltar vapor

En el Salón Chicago se congregan semana a semana de mil a mil quinientos chavos, ansiosos de emociones a todísima, y deseosos de soltar vapor. En la semana los regaña y friega el agente de tránsito, los maltrata el maestro del taller o el gerente del almacén, los fastidian en su casa porque no consiguen chamba, los insulta la novia porque no tienen dónde. Llega el domingo y lo único que se les antoja es soltar vapor.

La aparición del naco

Desde fines de los años cincuenta, se desentierra en la ciudad de México una insolencia quintaesenciada, *naco*. Los nacos, aféresis

237

de totonacos, son la sangre y la raíz indígena sin posibilidades de ocultamiento. El término se pretende más allá de la ubicación socioeconómica (como antes se dijo: "tendrá mucho dinero pero en el fondo sigue siendo un pelado", ahora se declara: "ni cien millones más le quitan lo naco"), y la naquiza, el género implacable, alude por fuerza a la nación sumergida, distante incluso de la óptica de la filantropía, allí donde se extiende y renueva todo el desprecio cultural reservado a los indígenas. ¿Quién se preocupa por la vida de relación de la naquiza, por los lazos entre su fisonomía y sus posibilidades de éxito? Lo que carece de poder, carece de rasgos nítidos; y los mejor intencionados acaban viendo en labios abultados y bigotes ralos la clave de comprensión política de las "hordas cobrizas". Ni relato de los orígenes ni perfiles legendarios: el naco no es mítico sino típico, no le corresponde lo ritual sino lo habitual.

Como sus antecesores, la naquiza tiene historia, vive su sociedad y dispone de una estética. *Su historia:* el desprecio imperante, el perfil de los indios zapotecas que no profieren apotegmas, el desdén ante el brillo (no verbal) de la vaselina y ante el esplendor (no tradicional) de la chamarra amarillo congo y ante la ilustración que a veces concede el certificado (no inafectable) de sexto de primaria, que respalda y encomia la voraz lectura de comics, fotonovelas y diarios deportivos. *Su historia:* la opresión, el recelo ante cualquier forma de autoridad, el arribo a la ciudad entre lavados y expropiaciones de carros, enfermedades endémicas, quemadores de petróleo en construcciones de cartón o de adobe o de material de desecho con piso de tierra o de cemento. *Su historia:* el ir ascendiendo de modo que ni él mismo lo note y el irse quedando entre la malicia de su espíritu crédulo, su reciente pasado agrario y su aprendizaje de la pequeña corrupción como defensa ante la Corrupción. *Su sociedad:* la conversación como gracia de la única pileta de agua, o de los acarreos desde kilómetros, el tendajón como el ágora, la cerveza y la mezclilla como estructuras culturales, el vecindario como la identidad gregaria que se divide en la cadena de bautismos, confirmaciones, primeras comuniones, matrimonios, defunciones, quince años, graduaciones de primaria o de academias comerciales, compadrazgos de escapularios, de coronación, del cuadro de la virgen, de alumbramientos y consagraciones. *Su sociedad:* el lenguaje extraído de comentaristas deportivos, de cómicos de televisión, de películas, de radionovelas, telenovelas y fotonovelas. . . y todo esto coronado por la "grosería" ubicua, último recurso ante una riqueza idiomática que los rechaza condenatoriamente, diversión que descifra en una Chingada las ofertas contiguas del sexo y de la muerte.

Su sociedad, visión de los vencidos: el naco quiere aprender karate, le apuesta su alma a la comprensión del futbol, le tupe al deporte llanero, le entra ilusionado a los cursos de inglés de donde nunca saldrá a conversación alguna. Seré sintético: enajenada, manipulada, devastada económicamente, la naquiza enloquece con lo que no comprende y comprende lo que no la enloquece. Y para qué más que la funesta verdad: la naquiza hereda lo que la clase media abandona.

El naco, como toda generalización a propósito de marginados económicos, es proyecto de la "mentalidad occidental" en su triunfante y temerosa versión local. (Por Occidente, entiendo aquí la forja institucional de mitos.) El caballero refinado y decente del XIX inventa al lépero y el burgués cosmopolita del XX al naco. Sin entenderlo de modo claro, sin verbalizarlo (¿para qué?), el naco lo intuye: quien lo define lo considera proyección de sí mismo, y sólo lo aprueba en la medida de su parecido a esa proyección.

Reacción de paria: en el naco "el conocimiento de sí" deriva de una contemplación resuelta del "yo" en el espejo de la cultura, y se funda en una confianza absoluta en lo contemplado. El juego es doble: el espejo y lo reflejado se ligan indisolublemente. El naco espía a quienes lo observan: según ellos su sola presencia niega y rechaza lo que más estiman en sí mismos; por tanto, es despreciable como todo primitivismo que se perpetúa. ¿Por qué no? Si el aludido mismo, en tanto naco, llega a considerar justo lo que le pasa. El, *nunca,* fuera de la industria cultural, es centro de espectáculo alguno. Es un proscrito definitivo, para empezar de la publicidad comercial. El *contamina* y su presencia física, cultural o social suscita en las clases dominantes, si algo suscita, horror o piedad, dos sensaciones de superioridad moral. En el intercambio entre el marginado económico y la élite, el tráfico emocional se encauza siempre en un sentido único que va del estupor de unos (repudio o admiración filantrópica) al resentimiento de los otros.

La tiranía del que espera. Al formarse por anticipado una imagen del naco, la élite le impone una personalidad, le obliga a "elegir realmente" en una situación de castas: será autómata o

239

actuará su papel. Por lo mismo, la élite, en su rol de empresaria psíquica, se rehusa a creer en su espontaneidad y lo acusa de sólo manifestar "autenticidad" si ha conducido y programado su "desinhibición". Un ejemplo de "espontaneidad": la borrachera como impulso patriótico o filiación nacionalista.

En el fondo, como en las ilustraciones europeas sobre América en el siglo XVI, se mueve el terror ante la confrontación, ante el acecho. A lo que nos observa desde la oscuridad, a lo que siempre ha transcurrido sin rostro, a las multitudes tan visibles compuestas de seres invisibilizados, démosles nombre (léperos, pelados, nacos), fijémosles características y obliguémosles a vivir de acuerdo a nuestro programa. Al cabo, dice la élite, éste es un país "con estómago de zopilote".

Las solicitaciones del Personal

¡*El Personal*! ¡*El Personal*! ! ! ! A los asistentes los uniforman signos culturales y raciales. Anudados a sus radios de transistores, se internan ávidos en los vericuetos de la "modernidad"; un ruido es una música distinta, es una experiencia comunal. El laberinto de la desigualdad: el instinto domado a la hora de elegir camisas y chamarras y sombreros de western y pantalones entallados o acampanados o de pata de elefante. En el principio era la publicidad babilónica, y la tierra estaba vacía y la publicidad creó el gusto.

¿Cómo traducir visualmente al Personal? Para decirlo de una vez con palabras fatales, son nacos y se les nota, aquellos que se sienten (y son) desplazados de un centro aferrado a la exclusividad que los distancia de la realidad. ¡*El naco en México*! Aquel que no niega desde su apariencia su adhesión a la Raza de Bronce *clang*! *clang*!, el prietito de los meros buenos, el receptáculo del calificativo que aísla y degrada: *naco,* que a la letra dice sin educación y sin maneras, feo e insolente, sin gracia ni atractivo, irredimible, imagen inferiorizada de un país menor, lleno de complejos, resentido, vulgar, grueso, con bigotes de aguamielero, le va al Santo, masca chicle y en su casa no lo saben.

Por más chistes que haga para zafarse del nombre, el que es naco —¿y quién no lo es en país de indios y mestizos, si el término es racial, por más que se le quiera dar la vuelta?— se mira y se contempla jodido, en la desesperanza, sin acceso a una con-

ciencia reivindicatoria. El largo abrazo de la Unidad Nacional
—¡lucha de clases abstente!— lo ha proscrito, lo deja de lado, lo
acepta ocasionalmente en acarreos, lo acorrala en el júbilo de los
festivales "cívicos" o en las terribles migraciones de una estación
del metro a otra. Desde el proletariado o desde el lumpen, desde
los mítines involuntarios que se llaman reuniones de familia,
desde esa búsqueda de agua, drenaje y electricidad del nuevo encuentro de las tribus con Aztlán, el naco se abalanza, numeroso y
avasallante, la presencia masiva que ya define al Distrito Federal.

Clama la decencia azorada. El arquitecto Mauricio Gómez Ma-
yorga en belicoso artículo declara: "Están convirtiendo a México
en la Gran Changotitlán." ¡Los changos, los simios, los nacos!
Con su rostro declaradamente torvo, con sus facciones que tanto
contrarían al ideal de clasicismo criollo. ¿Dónde la rubia superior? ¿Dónde las expresiones angélicas de quienes se abisman en
la pausa que refresca? ¡La Gran Changotitlán! Cada tres minutos
la estación del metro vomita oleadas de nacos, con su mirada indescifrable por demasiado descifrada y su risa desdeñosa para los
cuates. ¡Qué gana de molestar! ¿Cómo vamos a ser una nación
contemporánea si esos tipos arruinan, fastidian, mellan, vulne-
ran el paisaje? Por lo demás, ¿quién redime a México de la carencia de una estética que justifique y exalte el país? Grecia tiene el
Partenón y Roma la Capilla Sixtina y Francia dispone de París entero y los museos atestiguan los ideales de perfección clásica de
Occidente, pero México cuenta con grupos de señoras de Las Lomas y el Pedregal visitando ruinas y capillas pozas en medio de
difusas explicaciones de la pintura virreinal.

¿Qué tan respetable es el Respetable?

"Soltar vapor": desahogo funcional, las catarsis diminutas o má-
ximas, las extenuaciones de la voluntad, la repetición de la descarga y el desfogue, la autobiografía resuelta en gritos, palmoteos,
alaridos, respiraciones agitadas. En el escenario del Chicago, con
su clásico templete rematado por una pasarela, un grupo no muy
importante presenta a su cantante invitado, el Grueso, el personaje
cultivadamente felliniano que alienta al público, amenaza con
un strip-tease, se quita la camisa, le arrebatan la bufanda, lucha
por ella, acuden en su auxilio, alguien desciende al centro de la
masa hirviente y a golpes rescata los girones de bufanda. El Grueso

explica: era un regalo muy querido de un músico inglés de aquel conjunto que empezó en Liverpool pero no importa, el pedazo ya está en mejores manos, las del público que ama y que lo sigue.

Por último, el Grueso renuncia a su camisa, arroja el resto de su bufanda, amenaza con dejarse caer sobre la humana densidad, y repite un chiste: "La última vez que me lancé le caí a un cuate de 18 años y me lo cobraron como si nuevo." Las risas le festejan la buena memoria, y el Grueso desaparece, el Personal se impacienta y chifla, el aplauso ha dejado de ser el idioma de las reclamaciones y las admiraciones, una ovación es menos significativa que un chiflido penetrante, o la solemne enunciación de "palabrotas".

Falla el equipo de sonido, el Personal se encrespa y en solicitud de paz, el pianista/maestro de ceremonias grita "¡Viva México!" y la raza esencializa su respuesta en un rugido que aprueba la consigna y desaprueba la demagogia, y el chavo en el micrófono se repite: "¡Viva México!", y el mismo aullido positivo y negativo, y el MC contrataca y exclama a decibel limpio: "¡Viva Estados Unidos!", y la rechifla prosigue, imposible averiguar si aumentó, pero el chavo pianista dice "Ya ven, ah, ¿verdad?". Entonces, mejor "¡Viva México!", y ante este juego de controles y persuasiones el Personal se aliviana, se extiende y se comprime o se hace a un lado como cuando el Grueso prometió lanzarse y se hizo el espacio del miedo o como cuando el Grueso arrojó el último pedazo de su bufanda y los chavos revivieron el momento de la piñata o del botín en la residencia solitaria, y se arrojaron a la rapiña empujándose, aventándose, echando un relajo bien efectivo, tratando de obtenerlo todo menos el pedazo de bufanda.

N is *beautiful*

El nuevo grupo, llegando de Guadalajara, responde al ornamentado nombre de Toncho Pilatos y según uno, observador primerizo, el espectáculo sufre un vuelco cualitativo. La razón: su cantante y líder, el propio Toncho Pilatos es un naco definitivo, pómulos acentuados, tez cobriza, mata (cabellera) pródiga que acentúa el aspecto de comanche o de sioux. A la segunda canción, Toncho Pilatos ya definió su estilo y su pretensión; crear el rock huehuenche, utilizar elementos indígenas y fundirlos con la onda heavy. La figura de Toncho centra y desborda pretensión y estilo, con ocho o diez maracas agranda su doble vocación de Mick Jagger y de patriarca de los concheros en la Villa de Guadalupe, a la violencia del rock la serena la monotonía, el estremecimiento reiterativo del danzante indígena.

El mensaje, que nadie dicta y todos elaboran, es transparente: *Naco is beautiful*, ya antes *black* ha sido *beautiful* y, en ciertos sectores chicanos, *brown* demandó ser *beautiful*. Esta es la hora: los sectores marginados se allegan nociones de prestigio, que desbaratan malignidad y prejuicios de, por ejemplo, una sociedad que sólo acepta la belleza criolla, como consuelo por no poseer la belleza nórdica. El racismo mexicano desdeña a la mayoría de los habitantes de un país, les echa literalmente en cara la ausencia de atributos valederos, pondera la excelsitud inalcanzable del físico de las minorías, extirpa con brutalidad cualquier sueño de los jóvenes nacos ante el espejo. ¿Quién los defiende, si en los mass-media incluso, para representar a sirvientas indígenas o princesas lacandonas se utilizan a rubias platinadas?

Toncho, quizás a pesar suyo pero no necesariamente, es una reivindicación. *Naco is beautiful* proclaman la arrogancia y el rítmico andar de quien le ofrece al Morenita su monomanía coreográfica. Y la escenificación de aspiraciones raciales y culturales le infunde solemnidad al público, hace del baile un concierto, el Chicago es Bellas Artes, el rock huehuenche es la música clásica de esta generación de nacos que se contempla y refleja en pasos y gritos y ademanes de rechazo y desprecio. Vaga, oscura, confusamente, Toncho reitera con su presencia: *naco is beautiful*, y lo apoya con beligerancia un público vivamente preocupado por las consecuencias estéticas, psicológicas y sociales de la afirmación.

(1975)

Mexicanerías:
Burlesque

Hay teatros que sabe Onán que los ignora Don Juan

(Preámbulo más descriptivo que pecaminoso)

El tipo está al acecho. Tendida en la pasarela, imperturbablemente desnuda, la Vieja Buenota al alcance de la lengua, de las manos, de los labios, del apremio con que se aferran unos segundos, y por el mismo precio, las carnes abundantes, esos senos y sexos y piernas y muslos y caderas y nalgas que son el conspicuo obelisco del Deseo-para-las-muchedumbres. El tipo se acerca un tanto tembloroso a la pasarela y emprende con rapidez la tarea triple: detener, retener, contener. La mujer se deja, pone en marcha su cronómetro interior... y al sonar los treinta segundos se desprende, no golpea sino separa, frena el asalto de los dedos ávidos, y el tipo se regresa al asiento riéndose, logró su intención y se le cebó, la tuvo y la perdió. Así, desdichadamente, no ha sido la historia de su vida. El la tuvo y la conservó.

"Se parecía tanto a mi mujer, que la contemplé largamente para olvidarme de ella"

El Eje Central Lázaro Cárdenas, a la altura de la antigua y (onomásticamente) difunta Santa María la Redonda. Allí cada noche, ignorantes de su condición atávica, pululan los aferrados a los desplantes de la filmografía nacional, los relajientos, los disipados, los comelones, los curiosos, los presurosos, los obsesos. No tienen tiempo y no tienen prisa, se afilian a los antojitos, oyen con displicencia a los grupos de mariachis a la caza de parejitas celebratorias y de gringos, revisan las cabeceras de los diarios de la tarde, comentan el último aumento, murmuran frases tiernas que desearían ásperas y, ocasionalmente, se introducen solos o en grupitos a un teatro de burlesque.

¿Podría usted describir el sitio? Mejor lo enumero. Mire, es un jacalón a la antigua, una pasarela ostentosa, las butacas raídas, la separación de luneta y galería lograda con una división de madera, una orquesta que fue dejada al garete en el primer diluvio universal, los tres tipos encargados de que la profanación no se vuelva coito, telones malamente pintados con sus escenas de juzgado y consultorio y hogar pobre, cómicos desahuciados por la televisión y veinte vedettes o coristas o strip-teasers o anatemas lúbricos. Este es el catálogo y queda ya a cargo de la imaginación borrar escrupulosamente los detalles.

"Ya me convencí de que lo verdaderamente erótico es la ropa"

¿Qué se siente al ver a la chava desnuda, sin telas mediatizadoras, como quien dice en pelotas, sin una brizna de ropa, tal y como Dios la entregó al concepto del pecado y al aniversario de la expulsión del paraíso, sólo relacionada con la industria del vestido por unos zapatos de tacón alto, y la actitud en algo semejante a la de la mujer casi bíblica a la que todo se le perdonará porque nunca amó lo suficiente? ¿Qué viene ahora: el escalofrío de placer, la excitación viril, el disgusto moralista?

Quizá nada de esto, en el burlesque de los ochentas en la ciudad de México. Síntoma de la época, la nueva obscenidad difiere ya de la conocida por abuelos y padres y tíos libidinosos y tíos decentes, gracias en primer término a una causa posfreudiana: las reservas de arrepentimiento se van acabando, se clausuran los almacenes de responsabilidad innata sobre los hombros, se acaban aquellos sitios de aprovisionamiento psíquico donde los padres de familia adquirían las materias primas de la moral de sobremesa: la vergüenza, el autoflagelo de las noches en vela, y el más noble de los arrepentimientos: aquel que sobreviene antes siquiera de que uno sea capaz de un acto indebido. (El mayor triunfo de esta moral: un niño de siete años que, de pronto, piensa que "adulteró en su corazón".)

¿Alguno de los padres fundadores de esta nación soñó en

arrancar al desnudo femenino de la zona de influencia del sentimiento de culpa? ¿Alguien imaginó que acabaría siendo gazmoña la demanda voyeurista: "¡Pelos, pelos!"? ¿Era creíble la desaparición del hielo seco del pecado ante una chava sin nada que la cubra o descubra? A diario, en los ghettos del burlesque capitalino se prodigan escenas que a un porfirista o a un ruizcortinista los hubiesen conducido al éxtasis del infarto masivo: la progresiva "invisibilización social" del desnudo y el ascenso del hambre sexual al centro del espectáculo. *Como estaba desnuda, no me fijé muy bien en ella.*

Hicieron mal, Monseñor, en menospreciar el infierno. Aún se requieren escenografías persuasivas, tridentes y llamas espectaculares y la sensación de que lo que se vive es nada en relación a lo que nos espera si le fallamos (a Ella, la negociadora de los castigos de El). Eso, o algún otro paquete de intimidaciones, se solicita con tal de que no se evapore del todo el bochorno que selló durante casi veinte siglos el incumplimiento del Decálogo, y con tal de que la pena no ceda y se mude a otros terrenos, el del fracaso por ejemplo. (¿Hay delito mayor en el capitalismo, después de haber nacido, que haber fracasado?) De lo cuantitativo a lo cualitativo: tanto Freud y tanto Marx y tanta discusión posconciliar y tanto festejar en el cine lo que aún aterra en el insomnio del paterfamilias y tanta fe temblorosa en la guerra nuclear y tantas familias condensándose en camas de un metro cuadrado, debilitaron la fortaleza del Comportamiento Debido, abandonándolo a merced de la impudicia, la desinhibición, el cinismo. Así es, Su Ilustrísima.

Los siguientes aullidos corren por cuenta de la casa

Pasan las jóvenes y las no tan jóvenes por la pasarela, se someten a la inspección ocular y entre comentarios ásperos, todas resultan aprobadas. No es que, hablando con propiedad, todas estén buenísimas, ni un gramo de más ni un centímetro de menos, pero a sus celebradores les gustaría seducir a una vecina así imaginada, senos como reservas ecológicas, nalgas que susciten ambiciones en un pintor muralista, expresión de entrega nomás-que-se-vayan-estos-cabrones.

La lógica de estas vedettes: es mejor participar en el burlesque que andar helándose en la noche por la avenida Insurgentes exponiéndose a pinches locos. Es mejor la Calle que el desamparo. Es mejor ser puta que morirse de hambre. (Y nadie, seriamente, se atrevería a clausurar contradictoriamente el círculo: y es mejor morirse de hambre que perder la virtud.) A diario, en las tres modestas Catedrales del Burlesque de la capital, la preparación psicológica de las vedettes es —uno supone— la misma: fastidio, desazón, conversaciones pasmosamente idénticas a las de la noche anterior, resignación, y al cabo de lo anterior, el cumplimiento profesional del deber, que no se manden y que no se frustren del todo, dense gusto y quédense picados, a manosear se ha dicho, y si intentan profundizar en el manoseo, mucho lo lamentamos. La orquesta culmina y ellas agradecen.

"Y ahora, Respetable Público, el platillo fuerte: ¡Naná y el Diablo!"

¿A quién se le ocurrió el burlesque? Lo más probable, en las últimas décadas del siglo XIX en Norteamérica, a empresarios seguros de que lo propio de toda colectividad exclusivamente masculina es el trueque de la frustración sexual por el íntimo regocijo. Y rápidamente llegaron las jóvenes dispuestas a correr la legua cubiertas de plumas y penachos y chaquira y lentejuelas y medias blancas con ligueros provocativos. Noche a noche, mineros, obreros fabriles, tenderos, artesanos, aullaron en los jacalones, soñaron (y a veces intentaron) violaciones tumultuarias, se golpearon salvajemente como si se desearan, coleccionaron las imágenes que revivirían en sus reposos de guerrero. Al institucionalizarse como cauce de los-castillos-en-el-aire del sexo, el burlesque se fue refinando, y alcanzó su apogeo, el *strip-tease*, el desnudo en broma, el virtuosismo en el acto de soltar la ropa, primero el saco de chaquira, luego los guantes, a continuación la falda, las medias, los aretes de falso relumbre, las pantaletas de seda... Todo en combinación con la música, los tambores que encumbran las afirmaciones de la cadera, la trompeta que realza la majestuosidad o la abundancia de los pechos. Y todo en aras de un contrato social implícito: te quitas las prendas, yo te deseo; te despojas del brassiere, yo me excito; te muestras entera por un segundo, yo me anego en la contemplación del triángulo satánico.

El espectador, en la gloria. En otra circunstancia lo declaró el *Eclesiastés* (capítulo 6, versículo 9): "Más vale vista de ojos que deseo que pasa'', o , en traducción más sonora, ''Mejor es la visión del ojo que la peregrinación del deseo''. Más vale estacionarse en este asiento, con su pésimo juego de luces y sus melodías trepidantes, y observar con agradecimiento el maquillaje, la elegancia que se deshace de las imposiciones del vestuario, el fácil matrimonio de Eros y los reproches celestiales, las tenues protecciones de los senos, los ademanes de lascivia. Y en las jerarquías del gusto un deshabillé vale mucho más, aunque satisfaga menos, que la celeridad de la prostituta, a quien —time is money— le fastidiaría demorar al cliente haciéndolo conocer a pausas los secretos de su anatomía.

Gypse Rose Lee, la reina del strip-tease, crea una leyenda y una escuela (Let me entertain you. Let me make you smile), que reverberan en México en los años treinta o cuarenta, al afinarse los espectáculos que complementan a las zonas de tolerancia. El burlesque gira en torno al strip-tease y el strip-tease convierte el mero desnudamiento en (moderado) lujo estético. Pero no avisen de esto de la estética en los lugares ad hoc, los galerones de provincia, el embravecido Tívoli de la capital, con su público cuya impaciencia remeda el jadeo apresurado del coito, y que grita ''¡Muévanse cabronas!'', para extirpar cualquier duda sobre la índole de su patrocinio.

La strip-teaser se refriega caliginosamente contra el telón. El Diablo acecha a Naná hasta arrancarle ese sustituto del alma que es la castidad. El gorila aferra antropofílicamente a Gema en un acoplamiento triturador, y el público exclama: ''¡Cuidado, King Kong, ahí vienen los aviones!'' A las bailarinas del burlesque se les dice ''exóticas'', y se les regala un aire de prodigio isleño, de remolino no tan metafórico, de pecado en vísperas del huracán, de ajenidad erótica, de mar en brama, o de cualquier imagen que al espectador ansioso nunca se le ocurriría. En las galerías, los insultos son rugidos de aprobación. ''¡Pásala pa no chambear!'', y la exótica desenvuelve sus ofrecimientos frontales, el inspector de la Oficina de Espectáculos anota un regaño más, y los jóvenes salen de allí tan activados por las informaciones del ojo que intentan de inmediato las jornadas del deseo, con sus penicilínicos resultados y su comprensión brumosa de la insensibilidad que se necesita para soportar el jadeo y las confesiones al mismo tiempo.

"De a perrito, de a perrito"

El sketch tiene un nombre que convoca a la imaginación, *Bacanal,* y pretende ejercitar el ingenio de quienes han ido a agilizar manos y boca, reiterando que —convenientemente representados— el masoquismo y el sadismo son formas del humor que no se atreve a decir su nombre. En el sketch, la idea de la Roma clásica —denotada por los nombres de los centuriones, Sacus y Metus— seduce por la "decadencia". ¡Ah, el fin del imperio! Roma arde y Nerón es cantautor. Sacus seduce a Popea, dedicada al equilibrio de la falsa pedrería y los macrosenos. Popea se rinde y se entregan al coito. Interviene Metus:

—¡Alto! ¿Qué pensarán los bárbaros si nos asaltan y nos ven entregados al cuchi-cuchi en vez de proteger la ciudad?

—Tienes razón. Pon un letrero en las puertas diciendo que hoy no se reciben invasores.

Pronto, se pierde el interés en el humor latino o hasta allí llegaron en su memorización. Una vedette cubierta sólo con camisón, se presenta y llora y le pide al cómico, ahora médico, que le devuelva su virginidad, porque quiere casarse de blanco. El cómico la "ausculta", le zarandea los pechos como anhelando salvarlos del respeto de las generaciones, y lanza unos "pases mágicos".

—Virgen volverás a ser.
Rezan los patiños:
—Ruega por ella.
—No te volverá a doler.
—Ruega por ella.
—No dejarás de joder.
—Ruega por ella.
—Pronto habrás de merecer.
—Ruega por ella.
El cómico se aburre de la letanía, y sin motivo evidente, afirma:
—Yo nunca me he parchado a un puto.
El patiño se escandaliza:
—¿Y tampoco has visitado nunca a Manuela?
—Nunca, tengo la mano recién nacida.
La siguiente pregunta se dice con alarma y prevención:
—¿Y con tu mujer... tampoco nada?
—Pues el día de la boda llegamos al hotel. Yo apagué la luz

como de rayo. Me quité todo menos la pijama que ya traía puesta. Se acomodó mi vieja. Me le arrimo... Y ¡zas!, que le grito: "¡Hay un horrible animal, sentí sus pelos sobre mis piernas!" ¿Y qué crees que me dice la cabrona? "No es nada, queridito. Así soy yo." Desde entonces, aquí me tienes.

El humor seduce por su relación orgánica con la falta de tiempo para educar el ingenio. Otra paciente le pide al cómico examine a su hijo que no tiene nunca las manos quietas.

—Luego examinamos al niñito de los deditos fatigaditos. Ahorita me urge revisarla a usted en privado.

Ella se sorprende: —¿Y a mi hijo quién lo cuida mientras?

De la gallola: —Te hacemos otro mejor.

En el escenario todos fingen masturbarse y acceder al orgasmo. Se retuercen de deseo y despiden vapor. Las contorsiones del ejercicio.

En un palco, un grupo de chavos. La sociología instantánea de los cincuentas los ubicaría en la clase media baja, chamarras lustrosas, ropa que nace anacrónica y nunca será vanguardia de nada. Deben ser comerciantes o mecánicos o bodegueros: tienen dinero, no lo ocultan y no se les nota. Es su día de excursión, el picnic lúbrico de la medianoche.

"¡Anímate, cabrón! ¡Si te quedas parado eres puto!"

En la pasarela, la mujer se extiende como la Madre Tierra o alguna metáfora menos presuntuosa. El jovencito se aferra a sus caderas y se sumerge en su sexo, manejando la lengua a la mayor velocidad, como si entrenase a diario para la gran oportunidad donde la acción de lamer arranca el secreto de la epidermis. La mujer se deshace de su secuestrador labial y le arrejunta el sexo al siguiente, y el jovencito retorna a su asiento donde, por vía de *training*, saca una y otra vez la lengua, rítmicamente, disponiéndose a la siguiente embestida. Las "lagartijas" del cunnilingus.

Son tres vedettes en el escenario y a cada una la rodean grupitos orgiásticos, manos y lenguas voraces en el aprovechamiento industrial de la oportunidad. Es la Hora del Agasajo —lo que en Tijuana, en la época dorada de su leyenda negra, llamaban "Lunch Time" — y a eso se vino, a la lengua suelta, bueno, no únicamente a eso. Quizá cada damnificado sexual se piensa espectador en una obra cómica sobre la penuria y el hartazgo. Y la conciencia del hambre y de la representación del hambre, así jamás se verbalice, despoja de cualquier pasión erótica a la velada. Esta es la verdad, satisfaga o no a nuestra gazmoñería. En los sitios dedicados exprofeso al desahogo, la ansiedad se combina con la teatralidad y eso no pasaba antes, es regalo de la última década, de la proliferación de sitios del erotismo marginal.

¿Cómo empezó este juego entre las realidades genitales y su escenificación irónica y tumultuosa? A la expansión de la sexología, la complementó la metamorfosis del cine. Ayer, espejo de costumbres; hoy, vanguardia del instinto. Y el día menos pensado, mientras los cineastas disimulaban con simbolismos elementales la variedad de cópulas, la censura se rindió, y el cine mexicano nos surtió con desnudos, ayuntamientos carnales en las penumbras, y "malas palabras". A esto se añadió en el país, y de modo muy especial en la antiguamente casta Provincia, el desvío del rumbo virtuoso de centenares de salas cinematográficas que canjearon familias decentes por pandillas deseantes, y exhibieron cada una de las pigmentaciones de *Emmanuelle*, o el tipo de film español, alemán o italiano que desborda turgencias, ropa húmeda untada a la piel de las doncellas núbiles, sofocamientos envolventes, mal gusto elevado al sitial de los afrodisiacos, virginidades cuya pérdida se planea a la manera científica de las campañas publicitarias, anécdotas de hombres onerosamente dotados que en el transcurso de una sola noche inducen a la ninfomanía a once mil mocitas, o de machos priápicos que derriban doncellas como si las talaran.

Victoria irrestricta. Al pasar delante de estos cines, ya ni siquiera se persignan las Solteronas Piadosas (especie cuya psicología mítica se inspira por lo común en la conducta de señoras casadas con ocho o diez hijos), y los fanáticos del humor involuntario añoran a la Liga de la Decencia, con sus prohibiciones que fomentaban la aglomeración en la taquilla, y sus amenazas que esmeraban el placer de lo prohibido.

¿Y quién detiene a los adolescentes y a los jóvenes incapacitados por la economía para el matrimonio? Ya ajenos a muchas de las opresiones históricas del moralismo, se dejan masajear por películas donde el frenesí del estertor gozoso, las secuencias lúbricas bajo la regadera (duración quince minutos) y los arrumacos lésbicos son más frecuentes que los recorridos por autopistas de las cintas con mensaje existencial.

Vuelco sociológico: la pornografía, o lo que aquí hace sus veces, ya no es el "espejo de urgencias" de los jóvenes, así todavía se festejen sus rasgos típicos: degradación de la mujer, show del machismo, fantasías al servicio de la posesión mecánica y de la represión "amatoria". Ahora lo "pornográfico" es un envío pedagógico, 1 200 o 12 000 lecciones de maneras y decires, poses y frases para los enterados de que el sexo existe. Al masificarse, se revela el genuino sentido de lo "perverso": representar el ideal erótico de la frustración. Así por ejemplo, lo muy "pornográfico" en este burlesque es el sexo que excluye al espectador, digamos la teatralización del acto lesbiano, antes privativo de los burdeles de lujo. ¡Qué pornográfico! Mírenlas tan tranquilas en el retorcimiento y el gemido, en la duplicación y el derroche de senos y sexos. ¿Qué no se dan cuenta de lo incompleto de su acción? ¿Por qué dejan fuera a quien sí sabe?

—¡Quiero más! ¡Más, más, más!

—Pero si no te han dado nada, pinche vieja nalgas tristes.

"Así me gusta, tan jovencitas y ya aburridas del sexo"

El cuerpo humano está perdiendo secretos y velos y armaduras morales y en el burlesque se refugia la avidez sexual anterior al estallido del desnudo. No hay contradicción en esto: aquí el strip-tease no interesa ya, pero su añoranza es fundamental: había una vez una mujer que tardaba casi quince minutos en desvestirse.

Ante el desfile casi antropofágico de la pasarela, el espectador —al menos eso informa la movilidad de sus rasgos faciales— se regresa a la víspera de su rito de iniciación, cuando cada Monte de Venus se vislumbraba como noticia sublime y los roces fugaces en el camión parecían, así literalmente, huríes y paraísos al alcance del impulso hábil o brutal. Así sucedió más o menos aquella vez en la azotea. Ella se ofrecía y se burlaba, se hacía a un lado, dejaba avanzar y cortaba, se tendía, y cuando se le sentía incondicional, saltaba y huía sin perder la mirada cómplice.

En el bosque de hervor, el chavo es cazador furtivo. Quiere atrapar a la vedette, someterla a su apetito, y su ánimo perentorio subraya la tristeza y la sordidez del espectáculo, aunque al final, se las arreglen las mujeres (la Parte Perdedora), gracias al factor clave: la entrega paródica. No sólo ellos viven el psicodrama; ellas también, los cuerpos que besan y magullan son y no

253

son los suyos, mientras dure el show serán un simulacro de sí mismas. Que las sojuzguen por el eterno segundo del tentaleo, y les aferren los senos como si robaran una cosecha o se negaran a caer en un precipicio. Ellas tienen, y nunca lo pierden, el dominio de la situación. Al cabo lo que diferencia al burlesque del burdel es el gusto por las hazañas incompletas.

¡Zas! El frotamiento de la cabeza contra la pelvis, y la prestidigitación de las manos, y la lengua que sacia su sed en ese pozo, en la aljiba perpetua. Se levanta la mujer y se va al otro extremo, donde como en el mito de Anteo, la sed se renueva y *el galán* (nunca considerado así por nadie), aguarda a la siguiente. Dispone de tiempo, el que le adjunta su existencia monótona, el deambular por entre la friega de ferreterías, gasolinerías, hojalaterías o servicios automotrices, donde, entre una tarea y otra, lo sacuden visiones en ráfagas, chavas catre, chavas-colchón, chavas-toalla, chavas-sábana. Y, junto a la pasarela, se desquita no de su apetito sino de su imaginación.

Cuando la Gana llega la Gana gana. Y acuda o no la Gana, sospéchese su descenso fulminante. Al chavo —que por lo demás está casado— se le queman las habas, y actúa convencido de esta verdad: hace meses y semanas no toca Tierra firme, no aferra entre sus dedos temblorosos a la carne, no lanza el gemido de guerra y posesión. Para complementar la escenografía interior, Ella se pinta de güero, el hambriento las prefiere teñidas, aunque como demuestra el show, el hambriento las prefiere como sea, con tal de obtener resultados a corto plazo.

"*¡Tócale la Marsellesa. A ver si así!*"

—Qué chulada de pantaleta.
—Quiero esa pantaleta para sombrero.
—Se ve que tienes hambre, cabrón.
Alguien de la galería se acerca a la pasarela.
—Ese pagó menos. Que mame menos.
Con cabal desgano, la chava se quita el sostén y la pantaleta. Si no fuera por los zapatos y la inexistencia del Edén, sería Eva. Se sienta y acepta el atropello. La luz afantasma la escena… De súbito, la venganza. Ella trepa a un joven al escenario, lo desviste casi de golpe y se retuerce sobre él, se le unta por todos sus costa-

dos. El, inmutable. Imposible la erección delante de estos hijos de la chingada. ¿Qué me ven?

—¡*Puto, puto, puto, puto*!

Ella es rigurosamente punitiva:

—A ver, un aplauso para que se le pare.

—¡Que se pare, que se pare!

—Chíflenle "La marcha de Zacatecas".

Inútil. La exhibición se matrimonia con la inhibición. Aquí, los desnudos masculinos están todavía condenados al fracaso. ¿Quién podría repetir la hazaña de aquel negro en el teatro Shanghai de La Habana precastrista, que eyaculaba sin acudir a la mano, poderoso miembro agitándose en el vacío de la falta de motivación evidente? El chavo desnudo ríe con nerviosismo, impotente como aristócrata de comedia de bulevar. A ella le arrojan un brassiere que desliza rítmicamente en su entrepierna para luego restregárselo en la cara al desnudista.

—¡Pinche puta!

—A éste ni con "La Bamba". ¡Qué se me hace que necesita ayuda por detrás!

De pie, él procura excitarse y... lo jalan y lo arrastran debajo del telón.

También la sociedad de masas es eso: la normalización del desnudo y la visión humorística de las contrariedades del apetito sexual. En honor a lo anterior, la desaparición de la censura eliminó el esfuerzo artístico en el burlesque, cualquiera que hubiese. Los cuerpos desnudos y *casi* disponibles son toda la escenografía y toda la coreografía y todos los ensayos con orquesta que se requieren. Si la vivencia sexual queda a medio camino entre la contemplación febril y el orgasmo (si la mujer-objeto está demasiado al alcance) la cachondería fracasa. Al diluirse el relajo, la "obscenidad" es lo que es: humor y didáctica del machismo. En el burlesque, el sarcasmo reordena la plenitud onanista. La semilla en la tierra y la vedette en el escenario.

(1985)

Crónica de sociales:
¿Qué le vamos a tocar?

¿QUÉ LE VAMOS a tocar? ¿Qué le vamos a tocar? No crea usted, la frase me persigue dormido y a todas horas; a veces pienso que soy un mero añadido de la guitarra, algo así como una cuerda floja, híjole, es que día con día y seguirle con las mismas canciones está un poco pesado, ya me cae en la madre el rasguidito y la voz endulzada, pero luego reflexiono y me digo que peor es trabajar (je je). No, sí que es mal chiste, de plano trabajamos el resto pero vamos contra la época, ya está grueso cantar con un trío en un bar de hotel, noche tras noche, híjole, con escasos ingresos extras: una serenata, un cumpleaños, una fiestecita íntima, vaya uno a saber qué carajos y qué tipo de pendejadas nos acomodan. . . A esta onda me metí bien chavalo, en los meritito cincuentas, cuando los tríos estaban muy de moda, cuando eran la base Los Panchos, Los Tres Diamantes, Los Tres Ases, Los Dandys. Se nos hacía que aguantaba mucho tocar y cantar y sacarle armonías a la mismísima vida. Como lo oye. Claro, lo principal era que admirábamos a los tríos, veíamos en ellos la posibilidad de ser artistas y poetas en serio. A nosotros, a Pepe, a Javier y a mí ya no nos tocó la época de los tríos agraristas, como les decimos, Los Calaveras que brotaban en las películas al lado de Jorge Negrete como por arte de magia, chistosísimos: en una película llamada *Gran Casino*, Negrete empieza a cantar junto a un pozo petrolero y luego luego se aparecen Los Calaveras o Los Tariácuris o, en la onda de la trova, Los Martínez Gil. No, nosotros éramos chavísimos cuando empezó el gran auge de los tríos como figuras románticas y brujos musicales.

¡Qué bonito! La de tríos que había. Además de los que le cité estaban Los Tres Reyes, Los Hermanos Rigual, Los Astros, Las Sombras, Los Príncipes, El Trío Caribe, El Trío Arrabal, El Trío

Embajadores, El Trío Culiacán, Los Angeles, el trío Los Montejo, el trío Janitzio, el trío Huracán, el trío Presidentes, Los Tres Marinos, Los Delfines, el trío Urquiza, Los Alabastrinos, el trío Tropicana, el trío Los Zorros, el trío Uxmal, Los Tres Caballeros, Los Viajeros, Los Tres Vaqueros, el trío Servando Díaz, Los Arieles, el trío Chicontepec, Los Hermanos Samperio, el trío Los Plateados, Los Trovadores de México. . . Le estoy hablando nada más de tríos que tenían su pegue, por poquito que fuera, se habían conseguido su publiquito y lo que más contaba, su compañía grabadora: RCA Víctor, Peerless, Orfeón o las grabadoras chafas, pequeñas y cumplidoras. Cómo no se iba a emocionar uno con el hervidero de tríos que pululaban en provincia, se hacían y se deshacían en las azoteas, ensayaban para dar serenatas el diez de mayo, se perfeccionaban en las excursiones, palabra que era a todo dar aquella época. Eramos populares, nos llamaban a todos lados, se me enchina el cuero de recordar con el entusiasmo con que le entramos.

La primera duda fue el nombre. No teníamos los tamaños para aventarnos uno como Los Alabastrinos. Eso estaba muy grueso. No íbamos a ponernos Los Solferinos o Los Abanicos. Pero tampoco Los Toños o Aldrete y sus Voces Pasionales, o cualquier mamada similar. No, si Los Panchos la hicieron a pesar del nombrecito fue porque de veras le acertaron al sentimiento de la época, a las emociones que levantaba un buen comienzo de guitarra, al romanticismo de la sinfonola. Simón, nosotros le decimos Romanticismo de Sinfonola a ese dale que dale, un veinte de aquella época, un peso de ahora, repítela que me pasa mucho. Los Panchos triunfaron en la radio y las sinfonolas por el puro método acumulativo: "Sin ti", "Rayito de luna" y va de nuez. Luego vinieron Los Diamantes que desde el nombre estaban lucidores. Me sé su biografía, carajo, empezaron en la XEW cual debe y le llegaron al repertorio de María Grever y gustaron. Eran —y son, siguen juntos, veintiocho años después, qué aguante— Gustavo Prado, Enrique Quezada y Saulo Sedano, el Curripipí o el Chivito como le decían, que era del pópolo, ayudante de mecánico. Ellos pegaron por el estilo suavecito, aflautado, dulzón, acaramelado, no sé cómo decirlo, los oye uno y parece que la voz es igualita al sentimiento, prolonga o anticipa el sentimiento, si uno dice amor la voz ya se vuelve terrón y como que se está disolviendo en el oído. Y el mmm! constante y el turururú que ratifican que la canción es romántica, no se sufre por sufrir sino porque con amor todo es más bonito, más melodioso y entonado.

Ese sí que fue éxito, el de Los Diamantes. "Usted" y "La gloria eres tú" y "Mi corazón abrió la puerta". Y en provincia todos empezamos a usar maraca con dos guitarras y a hacer bom bom bom para acompañar al solista. Bom bom bom y se golpea la guitarra y el mmmm se prolonga y el "u" se cambia a "ua" y de vocal en vocal se creaba padrísimo el sentimiento y la idea del coro angélico que celebra y elogia nuestro ligue. En las letras de lo que se trataba era de darle apoyo a la "ardiente pasión" para la hora de la serenata. Ahora que en esa onda lo mejor era "Divina ilusión" (con música de Chopin, ahí nomás), que va subiendo y subiendo y subiendo hasta el éxtasis. Los Diamantes: el delirio en las sinfonolas y el mmmm en toda la provincia. Y las filigranas de Sedano en el requinto, todos queríamos imitarlo, tenerlas en vida. Recortábamos las fotos de Los Diamantes en el Partenón de Grecia, en Japón, en Los Angeles vestidos de charros. Pero claro, a nosotros sus imitadores nos gritaban lo que a ellos no les podían decir "¡qué vocecitas!, ¡canten como hombres, vayan por vitaminas y regresen!". Pero ni en cuenta, a las chavas de entonces les gustaba ese modito y el canturreo y el guaguaguá que introducía a "La gloria eres tú". Qué buenas líneas las de Antonio Méndez, dicho sea de paso: *Eres mi bien lo que me tiene extasiado* / *¿Por qué negar que estoy de ti enamorado?*

Ya para fines de los cincuentas como que la divina ilusión de cantar en un trío se había disipado bastantito. Eramos profesionales y el nombre que nos había parecido muy efectivo cuando empezamos, Trío Los Sentimientos, debió cambiarse a uno más modesto: Trío San Miguel. Tuvimos que agarrar la onda y olvidarnos de serenatas gratis y bohemias y pasarnos el día entero ensayando por el gusto de conocer las canciones y agarrarles el *feelin* y distribuir las voces con muchas ganas. Le metimos duro a la cantada en un bar de Guadalajara y nos estuvimos tres años. Aunque no me lo crea, hubiéramos podido seguir allí lo que hubiéramos querido, pero la neta es que estábamos aburridísimos y hasta el gorro de un licenciado que se emborrachaba a diario y nos exigía que cantáramos sus canciones. "El creador del bolero jurídico" se hacía llamar. Lo acompañábamos algunas veces cuando había poca gente pero de plano desafinaba horrores y las canciones estaban para llorar, fatales. En esa época nos tocó ver el triunfo de Los Tres Ases. ¡Cómo pegaron! Y un estilo bien clarito, sin turururú. Me impresionó mucho leer que ensayaban en el jardín de San Fernando, en una banca todas las tardes, Juanito Neri, Marco Antonio Muñiz y Héctor González. Unos cuates de nuestra edad se daban a conocer y gruesísimo. Neri iba a ser cura, Héctor, líder agrario y Marco Antonio, marinero, pero les picó el gusanito y se colocaron sin tener que padecer los apuros que pasamos nosotros que nos iniciamos cantando en camiones, incomodísimo, siempre con tipos echándonos brava o aventándonos de relajo, de pura mala onda.. En cambio a Los Tres Ases les fue de fábula. Conservo un recorte de entonces. Se lo voy a enseñar. Mire, léalo:

> Los Tres Ases unieron sus voces, guitarras, anhelos, sueños, aspiraciones allá por 1952 y tan pronto como se sintieron bien seguros hicieron acto de presencia ante el inolvidable Luis Muñoz, quien les dio el visto bueno y les abrió las puertas de aquel '1-2-3', donde los muchachos causaron fuerte impacto desde el comienzo, manteniendo una temporada que se extendió hasta cuatro años, sin interrupción alguna.

Luego, se pusieron a grabar en la RCA Víctor y de allí pal real. A nosotros nos animó tanto su pegue que nos vinimos al D.F., a la mera capirucha. De plano, había que hacer el gran esfuerzo. Claro, necesitábamos trabajar porque ya estábamos casados y lo demás. Por eso aceptamos trabajar en un burdel, qué otra nos quedaba, el ambiente aguantaba, había chupe gratis, los clientes se ponían generosos y había dos cuates trabadísimos para atender a los que se pusieran pesados. Era una casa grandísima en la avenida Xola. Me acuerdo de todo: los floreros, la consola, las alfombras siempre recién lavadas por las "gracias" de los que ya andaban retepedos, la madrota que era muy buena gente. Había un saloncito para la gente importante y allí cantábamos casi siempre. A huevo tuvimos que cambiar de estilo para parecernos a Los Ases. Nuestro mejor cliente era don Fernando, un señor muy influyente, siempre solo, vestido de negro, con corbata azul marino, nunca se metía con ninguna puta, nomás iba allí a libar y a oírnos. Decían que le hacía agua la canoa, pero a nosotros no nos constó nada. Ahora que sí sabía empedarse. Le gustaba mucho "Estoy perdido". Un día se la repetimos como doce veces.

Lo del bul nos pasó a fastidiar a fin de cuentas. Chupábamos mucho, nos desvelábamos y nunca nos levantábamos a buena hora para hacer la lucha en las grabadoras. Vivíamos como en película de Meche ·Barba: Pepe y Javier se enredaron con unas güilas y se separaron de sus señoras. Yo estuve a punto, pero mi vieja andaba siempre embarazada y no tenía tiempo ni de quejarse. Fueron tres años de encerrona y parranda. Todas las noches terminábamos hasta las manos.

¿Y qué sabe la gente de lo que yo te ofrezco?
Si mi pasión te guarda con ansia y frenesí.
El sol de mis poemas, la luna de mi ensueño
'y todos los tesoros de un corazón‚ febril.
Para contar mis besos te ofrezco las estrellas
y para tus desmayos, crepúsculos de paz.
Auroras de mi sangre para encender tus venas
y dicen que soy pobre, que no te puedo amar.

Al principio, esos versos me parecían soñados, a toda madre y al cantarlos sentía que le daba muchísimo a los clientes. Luego, de tanto cantarlos, le fui perdiendo el gusto, la gana. Caray mano, le juro que a veces sueño que el infierno es un bar inmenso lleno de clientela que le exige a uno canciones que jamás ha oído: "¡La rana enamorada!", ¡tóquense "Pasión de iguanas"! No, no es cierto, eso nunca lo he soñado, es un chiste que mis compas y yo tenemos desde hace muchos años. Lo empezamos una noche que había un cliente muy enfadoso que nos pedía puras melodías desconocidas, nos desesperábamos y nos daba mucho coraje porque creíamos sabérnoslas todas y ésas ni de broma. Ya casi al final, el cuate nos pagó buena lana y riéndose nos dijo: "¡Ah qué cabrones! Pues claro que nunca las han oído. Si las compuse yo y nunca se las canto a nadie." Lo festejamos nomás porque la propina estaba súper pero nos dieron ganas de madrearlo. Aunque pensándolo bien, qué joda componer ondas que a uno le parecen sensacionales y que nunga pegan. Al principio nosotros también le hacíamos a la inspiración. Cada uno debe tener cerca de trescientos o cuatrocientos boleros perfectamente desconocidos. En Guadalajara los quisimos imponer, sobre todo uno de Javier que se llama "Ventana compañera". Nadie nos lo pidió nunca y yo creo que ésa fue una de la cosas que hizo que Javier le tupiera tanto al pomo. El le tenía mucha fe a sus cosas, creía que podía ser como Alvaro Carrillo, que en paz descanse, el compositor de moda entonces, sus canciones por cierto las sigue pidiendo mucho la clientela, mis respetos a don Alvaro.

261

Nuestro último gran estímulo fue el éxito de Los Dandys. Esos siguen oyéndose muchísimo, nomás pongan el radio. Nos sentíamos bien: los tríos seguían gozando de la confianza del auditorio, como se dice. Pero luego ya nada y van para casi veinte años de rock, de canciones españolas, de solistas que dictan consejos para vivir como ese Napoleón, que se hace llamar ''baladista''. Ahora que estuve en la ciudad de México fui al Blanquita a ver a Los Tres Diamantes y a Los Tres Ases (bueno ya sin Muñiz y sin Juanito Neri que también en paz descanse). Me sentí bien triste, pa qué le voy a mentir. Era como ver una rockola animada, un álbum del recuerdo. Las mismas frases: ''El aplauso de ustedes es el pan del artista.'' Los mismos chistes: ''A ustedes les corresponde pedir las canciones que quieren que interpretemos. Nosotros tocaremos lo que nos dé la gana.'' Ahora es un hecho que los quiere el público, ni hablar, como que brotan chispas de satisfacción cuando Los Diamantes cantan ''Usted'' o cuando Los Ases se arrancan con ''El andariego''. Pero aquí no ha habido ausencias que triunfan, puras presencias de las que ya nadie se va dando color. Sí, cuando los vi tan uniformados con esos trajes gris claro o azul eléctrico me entró algo entre nostalgia y cruda moral. Los tríos ya son cosa del pasado. Nos quedamos complaciendo a clientes cuarentones, a provincianos, a parejitas fajadoras. La última trinchera es el virtuosismo, que el requinto se oiga a todísima, sostener bien el falsete. Eso pa seguir viviendo de algo. Por lo demás, así todavía seamos muchos y coticemos en la ANDA, ya pasamos a la historia. ¡Qué friega! Sí, nos creímos ésa de que ''el mexicano, pueblo de guitarras y canciones''. La otra noche platicábamos después de la ''talacha melódica'' y recordábamos episodios chuscos y poco a poco nos dimos cuenta que ya nomás nos quedamos mirando a las anécdotas.

(1980)

VI

En tus aras quemé mi último incienso

Manuel José Othón

Instituciones: ✓
Juan Gabriel

"Quiero decirles ahora, que de verdad valió la pena haber nacido en este siglo y en este país por el bello hecho de ser mexicano y de ser Juan Gabriel"

I

EN SU CAMERINO Juan Gabriel se recobra de la fatiga y disfruta el pasmo circundante, las conversaciones interrumpidas, la atención agudizada. Hoy concluyó su temporada 1986 en El Patio, y ha llegado a felicitarlo María Félix, la Gran Estrella de la época en que las hacían una por una, y María saluda con efusividad al cantante, le extiende ambas mejillas para el beso que se vuelve roce furtivo, se desentiende disciplinadamente del efecto de su presencia y nos informa:

—Este muchacho es un genio. Lo digo y lo repito en todas partes. Y conmigo sólo ha tenido atenciones. Me canta desde que tiene 19 años. Me compuso una canción lindísima, donde me trata como a reina de los cielos. ¡Imagínate!

El aludido, exaltado por el halago del Más Allá, conversa casi en secreto con la Doña y con la cantante Lucha Villa. En el cabaret antaño indispensable, Juan Gabriel, de martes a sábado y durante dos meses, ha establecido un récord, ni un lugar vacío, y con frecuencia el desbordamiento hoy presenciado: gente en las escaleras, riñas por entrar, un *cover charge* de 25 mil pesos, el lugar utilizado centímetro por centímetro.

—No tiene límites Juan Gabriel conmigo, repite la Doña.

Las actrices en el camerino hablan en susurros. Cada una por sí sola provocaría pequeños motines, pero aquí juntas reconocen a las potestades superiores. . . Ana Martín, Sonia Infante, María Sorté, Silvia Manríquez, son nombres que hablan de telenovelas que organizan la vida familiar, de películas bendecidas con largas colas, de fotos ubicuas en la prensa vespertina. Pero la Félix es desde hace mucho lo que ellas todavía no: una institución de tal modo fijada en la memoria colectiva, que ya no depende de caprichos del reparto, de oscilaciones del gusto, de críticas objetivas o subjetivas sobre el valor de una actuación.

Juan Gabriel atiende a María y le jura que en Ciudad Juárez la contempla todas las noches. Así es, él le compró al doctor Álvarez Amezquita el célebre retrato de María pintado por Diego Rivera, y lo tiene en su casa, al alcance de las plegarias del encantamiento.

—¡Qué lindo eres, Juan! Tú y yo sí nos comprendemos, ¿verdad? Nosotros sí sabemos que la envidia también es un aplausote.

Y el entusiasmo también es una ovación. Esta noche Juan Gabriel cantó durante 3 horas 10 minutos una porción de su repertorio, y la apoteosis se sostuvo de principio a fin. Servilletas, flores, pañuelos, exclamaciones del canibalismo amatorio ("¡Cántala nomás para mí!"), las canciones entonadas a coro, el agradecimiento del personal de El Patio por una temporada a sala llena, y la palabra *genio* sostenida de mil maneras.

—Es cosa muy severa tener tu talento, añade María. No quiero instalarte un jardín de flores al oído, pero tú todavía nos debes muchas maravillas.

El aludido la atrae a un rincón y le deposita sus confidencias.

II

Un Idolo es un convenio multigeneracional, la respuesta emocional a la falta de preguntas sentimentales, una versión difícilmente perfeccionable de la alegría, el espíritu romántico, la suave o agresiva ruptura de la norma. Sin estos requisitos se puede ser el tema de una publicidad convincente, el talento al servicio de las necesidades de un sector, una ofuscación de la vista o del oído, pero jamás un Idolo.

En forma súbita, en las conversaciones accidentales y en las discusiones, un nombre empieza a oírse con énfasis, con reconocimiento, con el alboroto ante lo muy singular. Al percibir el rumor apreciativo, los dueños del espectáculo rodean al actor, a la cantante o al compositor (para ellos *el producto*) de campañas monumentales, lo mitifican (es decir, lo convierten en industria), estudian con detalle la promoción —en demasía, asfixia: si es escasa, ahoga— y el tumulto del deseo ciñe al Idolo que, por unos años al menos, ya nunca estará solo, en su recámara hay un estadio con todo y vendedores de cervezas, en el baño instalaron asientos extras, en el refrigerador invernan los cazautógrafos.

En la sociedad de consumo, el Idolo (la mayúscula, certificado de licitud) es quien retiene el Falso Amor de las multitudes más allá de lo previsible, más allá de los seis meses de un hit, de los dos años de la promoción exhaustiva, de los cinco años del impulso que no termina de desgastarse.

> El Falso Amor —explica George S. Trow— es la Estética del Exito, que se engendra en el trato familiar. Lo que es amado es un éxito. Lo que es un éxito es amado. ¿Qué es lo más poderoso en el mundo? El amor de millones de seres. ¡Es un Exito! ¡Lo amamos! ¡Y el Exito te ama porque tú lo amas porque es un Exito! [. . .]

Y el Idolo, que lo es desde el principio porque de otro modo no lo amaríamos, no conoce los descensos súbitos de la popularidad, las telenovelas de bajo rating, los discos que apenas se venden, la sorpresa de quien al cabo de una vida de tratarlo se entera de repente de su condición de artista. No, el Idolo es lo opuesto al Prospecto, al que pudo haber sido y no fue, aquél cuyo destino se evaporó entre una grabación y otra, entre una sonrisa inerte y el aire incrédulo de quien descuidó su training y se asoma de golpe a la desdicha, el descenso lento, el tercer crédito en el programa, el último crédito en la fotonovela.

III

Había una vez una ciudad llamada Juárez en la frontera de México con Estados Unidos. Allí vivía un adolescente solitario, ajeno a la política y a la cultura, aficionado irredento de las cantantes de ranchero, de Lola Beltrán y Lucha Villa y Amalia Mendoza la Tariácuri. . . y ese joven, furiosamente provinciano (cosmopolita de trasmano, nacionalista del puro sentimiento) creaba por su cuenta una realidad musical nomás suya, la síntesis de todas sus predilecciones que no existía en lado alguno, y para su empresa disponía de la memoria (en donde resguardaba las melodías que no podía llevar al papel pautado), del ánimo prolífico, de una guitarra, de muchos sueños y de la casualidad de que en el país decenas de miles intentaban lo mismo: componer para hacerse famosos, componer no por hacer arte sino con tal de representar sentimientos y situaciones (enamorarse, desenamorarse, frustrarse, narrarle a todos el dolor de no poder contarle a nadie el sufrimiento, desahogar el rencor, aceptar que todo acabó y todo empieza).

El y miles como él urdían canción tras canción para largarse del cuartito con la familia idiotamente junta, y evadirse del trabajo monótono y de la colonia en el culo del mundo. Y al adolescente de Juárez, que responde al nombre de Alberto Aguilera Valadez, su inspiración le llevaba a diario melodías que silbaba, con letras adjuntas, y él las cantaba en un lugar llamado Noa-Noa, y lo que hacía agradaba, pero él no se resignaba a la modestia de la periferia, y se dirigió a la capital monstruosa, a pasarla mal como un trámite en el camino de la superación. Si no supiésemos del *happy end* sería triste lo que sigue: hambres, malos tratos del egoísmo urbano, noches sin sitio para dormir, una temporada en prisión porque un malvado lo acusó del robo de una guitarra, días y semanas aguardando en las afueras de las grabadoras, sin que siquiera las secretarias lo saluden.

Y la luz al final del túnel: un ser humano excepcional, la cantante de ranchero Enriqueta Jiménez La Prieta Linda, lo recibe en su casa, le graba los frutos de su inspiración, y le insiste a los directivos de su compañía: "Tienen que contratarlo. No se arrepentirán." Ya entrado en los gastos de la metamorfosis, Alberto padece un segundo bautismo. Ahora será, con resonancias arcangélicas, Juan Gabriel así como se oye, según conviene en la época donde los apellidos no interesan porque el impulso demográfico taló todos los árboles genealógicos. En 1971, el debut profesional: Juan Gabriel es tímido y protegible, es vulnerable y expresivo, y sus primeras composiciones celebran a una juventud alegre, intrascendente y levemente anacrónica, cuya limitación esencial es cortesía de la realidad:

> No tengo dinero, ni nada que dar.
> Lo único que tengo es amor para amar.
> Si así tú me quieres, te puedo querer
> pero si no puedes, ni modo qué hacer.

De inmediato las quinceañeras lo adoptan y lo adoran, si el verbo *adorar* describe de manera adecuada la compra de discos, *no se ha dado cuenta que me gusta, no se ha dado cuenta que la amo,* los canturreos que ocupan semanas enteras, los telefonazos a las estaciones de radio, los suspiros ante la sola mención del nombre, la formación de clubes de fans... Y la lucha moral contra la intolerancia de padres y madres y novios: ¿Pero cómo puede gustarte ese tipo...? Muy mis gustos...

Y sí, hay razones del gusto que se esparcen, las chavas persuaden a sus novios, a las madres se les desarrollan hábitos que muy pronto dejan de ser clandestinos, y el inflexible paterfamilias se descubre una mañana tarareando: *En esta primavera/ será tu regalo un ramo de rosas/ Te llevaré a la playa, te besaré en el mar/ y muchas otras cosas*. La prensa informa del fenómeno de letras reiterativas y pegajosas y melodías prensiles, y reconoce un filón: el compositor más famoso de México es un joven amanerado a quien se le atribuyen indecibles escándalos, y a cuya fama coadyuvan poderosamente chistes y mofas.

¡Ay si tú! Y Juan Gabriel ocupa la primera página de los periódicos amarillistas, en fotos sensacionalistas, digamos en traje de baño en la playa de La Condesa en Acapulco. *¡Ay si tú*!, y los cómicos se benefician en sus rutinas: "Un día iba caminando Juan Gabriel con su perrito y se encontró a un marinero...". *¡Ay si tú*! Y la mamá, afligida por los modales de su hijo le cuenta a su hermana: "Ay, ay, ¿no me irá a salir como Juan Gabriel?" *¡Ay si tú*! Las aportaciones del morbo afianzan la singularidad, y Juan Gabriel se instala, sin declaraciones ingeniosas o audaces, sin concederle atención a bromas y rumores, sin el apoyo mitológico de la Bohemia o de la Parranda o del Culto a la Autodestrucción. El es un Idolo Real que desplaza fantasías producidas en serie.

IV

A Juan Gabriel nada le ha sido fácil, salvo el éxito. En 1971, el primer año de su vida profesional, el auge del rock liquidaba al parecer las esperanzas postreras de la canción romántica. El rock es el idioma juvenil por excelencia, el acompañamiento más adecuado para el deseo de huir del subdesarrollo. Si quieres ser verdaderamente moderno (digno del espejo donde tus padres y tus abuelos ya no se reflejan aunque se lo propongan), no oigas tonterías que entiendes pero ya no sientes, mejor adáptate a lo que muy probablemente no entiendes pero que sientes cada segundo.

Los jóvenes talentosos se afanaban en nacionalizar el rock, en aprender del jazz y del blues, en verter el impulso juvenil en letras que fueran manifiestos, en añadirle a la música la dinámica corporal. . . Este acelere de la cultura juvenil no inmutó a Juan Gabriel, aislado por la miseria y por la provincia. Su experiencia era otra, más pausada y encadenada a la realidad, y él la sabía compartida por millones. Es falso que se pueda prescindir de la letra. La gente necesita enterarse de lo que canta, porque sigue enamorándose y sigue tronando, y sin frases que delaten el ánimo real o ideal, ni el amor ni los fracasos se viven con holgura. Y una línea afortunada es un mundo abierto. Canta Angélica María:

> Porque el que amo
> contigo tiene un parecido.
> Pero es distinto el sentimiento,
> porque él es bueno
> y tú sigues siendo el mismo.

Durante un tiempo no se le hace mucho caso a Juan Gabriel. Lo suyo es el territorio de los mercados de discos, de las estaciones radiofónicas que a sus oyentes no les regalan status sino quejas de los vecinos y recados de novias y novios, de las loncherías y bares llamados Mi Ranchito o Los Abedules, de los bailes con tocadiscos prestados y pésimo equipo de sonido, de las sensaciones al margen del prestigio. "Fíjate en lo vulgar de estas melodías, en la madriza a la sintaxis de estas letras. ¡Qué horror!" En su programa del Juicio Final del acetato, el locutor Jorge Saldaña rompe los discos de Juan Gabriel. Al comentarlo, los editorialistas se interrogan sobre la salud mental de la juventud, y los intelectuales, al preguntárseles sobre el compositor responden de inmediato: "Es basura." Pero las canciones cunden en disquerías, rancherías y loncherías, algunas se desvanecen con rapidez, y otras se convierten en *standards* que los muy modernos admiran entre pretextos y sigilo. Deseoso de variar, Juan Gabriel recorre todos los géneros e incursiona en la canción ranchera (tal y como la definió en la práctica José Alfredo Jiménez: mariachis, desolación, regaño al ser ingrato, poesía popular y atmósferas cerveceras), y surge "Se me olvidó otra vez":

Probablemente ya
de mí te has olvidado.
Y mientras tanto yo
te seguiré esperando.
No me he querido ir
para ver si algún día,
que tú quieras volver
me encuentres todavía.
Por eso aún estoy
en el lugar de siempre,
en la misma ciudad y con la misma gente,
para que tú al volver
no encuentres nada extraño,
y sea como ayer
y nunca más dejarnos.
Probablemente estoy
pidiendo demasiado.
Se me olvidó otra vez
que habíamos terminado.
Que nunca volverás, que nunca me quisiste.
Se me olvidó otra vez
que sólo yo te quise.

Ya no únicamente las jovencitas memorizan a Juan Gabriel. Los tiempos cambian y el machismo se adapta. A principios de 1977, en la inaudita entrevista de prensa al ser nombrado embajador de España, el ex presidente Gustavo Díaz Ordaz declara: "Aquí me tienen, como dicen ahora, en la misma ciudad y con la misma gente." ¡Santo Pedro Armendáriz! ¡El hombre del 68 cita a Juan Gabriel! ¿A dónde iremos a parar, Seño Eduviges?

V

Mayo de 1981. Siempre en domingo, la serie culminante de la televisión latinoamericana, dedica un homenaje a la primera década de vida profesional de Juan Gabriel. El festejado, con el tono lánguido que todo lo desdramatiza, despliega su vía crucis ante la reportera Patty Chapoy: "Mi papá. . . parece ser, me platicaba mi mamá, que se había vuelto loco y se fue de la casa, desapareció, se mató, lo mató un tren y mis hermanos lo buscaron hasta que se cansaron de andar dando vueltas." De la miseria a la cúspide: el hijo de un enfermo mental es uno de los reyes de México:

Nosotros somos de Michoacán, pero mi mamá empezó a trabajar con una señora. Se fue a Juárez de sirvienta[. . .] De mi infancia yo no me acuerdo. Estuve internado en la Casa del Refugio de los tres a los cuatro años, y a los cinco años en la Casa del Mejoramiento Social[. . .] Me internaron porque era muy vago, era completamente insoportable[. . .] Soy el más chico de mis hermanos.

Al tanto de un hecho (el único e intransmitible secreto es el del éxito), Juan Gabriel no escatima detalle, y evoca golosamente los oprobios de infancia, la penosa trayectoria, las horas anteriores al triunfo avasallador. Quien no la hace, no tiene biografía; dispone, si acaso, de materia prima para la telenovela que nadie se interesa en producir.

Juan Gabriel persiste en su relato dickensiano:

Mi madre me engañó. Cuando vio que yo era incorregible, que le pegaba a los otros niños, que a ella misma la dejaba encerrada, se decidió. Me dijo que me llevaba a un internado de monjas. Yo sufría mucho por la soledad, cualquier niño quiere estar con su mamá[. . .] Pero ella me dijo: 'No me queda otra cosa más que internarte.' Les dijo a mis hermanos: 'Si ustedes quieren hacerse cargo de él, vayan y sáquenlo pero yo no puedo.'

El conductor del programa, Raúl Velasco, interviene y señala cómo la ciencia moderna demuestra que los padres deben tratar bien a sus hijos. Y suaviza su reflexión indicando el tránsito de Juan Gabriel de la amargura al contentamiento. Luego prosigue el relato del Oliver Twist mexicano:

Me sentía triste de estar solo pero me fui acostumbrando. (A todo se acostumbra uno menos a no comer.) En el internado había una hojalatería y allí conocí a Juanito, el encargado, que era sordito y él me enseñó a hacer muchas cosas de lámina. El tenía una banda en Zacatecas, y tocaba el piano y el violín. Tenía un piano con las teclas dibujadas[. . .] Sí, creo que yo buscaba el cariño y el cariño que he recibido siempre ha sido de gente grande. Cuando tenía yo seis años, Juanito me dijo: Tú eres muy inteligente, y cuando te dicen por primera vez que eres inteligente, tratas de demostrártelo. Yo tenía una sed de aprender, de saber cosas[. . .] Cuando tenía ocho años, me fijaba en los que tenían trece. Ahora, a mí no me afectó lo del internado, con todo lo que pasó y a pesar de que allí me dejaron, quiero mucho a mi mamá.

Ahora viene la parte más conocida de la historia, y uno proyecta en su videocassettera mental la película (la haya visto o no). . . Ciudad Juárez le queda chico al adolescente llamado Alberto, que vivía de lavar carros, según se acostumbra en la frontera, y ayudaba en restaurantes limpiando trastes y sirviendo mesas, y Alberto deja su pueblo adorado, no sin su itacate de filosofía vital. "Me gustaba mucho fijarme en la gente grande y aprendí bastante." Raúl Velasco agrega: "Hemos oído la conmovedora historia de Juan Gabriel" y señala su falta de imagen paterna y cómo tal carencia se volvió acicate, la abundancia viene si los humanos transformamos positivamente nuestra experiencia: "Juan Gabriel se ha forjado en el crisol del dolor."

VI

El segundo programa especial de *Siempre en Domingo* dedicado a Juan Gabriel, a quien Patty Chapoy entrevista en el jardín de su casa de Ciudad Juárez.

—Cuando yo era chiquillo, decía: "Esta casa la voy a comprar y de aquí me van a sacar muerto."

Hay que acercarse a la entraña del Idolo, a sus predilecciones profundas:

—Lo que más me gusta son los muebles. . . El francés es bueno, bonito, fino. Me gusta mucho lo fino. Trabajé como un año en Parácuaro. Tenía 13 años, después de que salí del internado. Aprendí a sembrar. En el estado más bello de la República, ¿y por qué no?, del mundo entero. Cuando volví a Parácuaro lo que más me gustó fue sembrar, andar a caballo.

La tarea del promotor de Idolos es sencilla: mostrar al Idolo en momentos banales, a él sólo lo separa de los demás su genio, su fama, y su cuenta bancaria. Pero baila tan mal y tan frenético como todos, come raspados, es sencillo, va al supermercado, ofrece refrescos. Un niño le da grasa y él le da grasa a un niño. Y su voz reafirma el mensaje: *La gente es más sencilla y más sincera/ Aquí todo es diferente en la frontera.*

¿A quién le importa que Juan Gabriel declare a la bugambilia su flor preferida, o afirme que "se va a ver divino" el kiosko en su jardín, o se incline por la combinación de "antiguo y conservador", ya que le "gusta mucho lo íntimo"? ¿A quién le apasiona que juegue billar, barajas o la lotería, a las maquinitas y al dominó, vea televisión, duerma hasta muy tarde, y siga "dormido y dormido"? ¿A quién le interesan las pasiones gastronómicas del Idolo?: "Es muy mala la carne roja. Como pollo, pescado, frutas, verduras, pepino, limón, jícama, el mango verde. . . Ay, te lo juro que son divinos los mangos verdes. No como nada de latas. Me gusta mucho la comida natural." ¿A quién le concierne, en el horario de lujo del canal 2, la sabiduría de quien declara: "No me gusta enfermarme porque se siente uno muy mal"? Según los ratings, a la mayoría le importa, le interesa, le apasiona y le concierne todo lo relativo a Juan Gabriel.

La cámara hace las veces de la curiosidad de un país, absorto en los movimientos de un cantante que, recién levantado, cocina y se desayuna. Patty Chapoy le solicita: "Descríbenos un día." Y seguro del sano morbo que él provoca, el Idolo responde: "Me levanto tarde. Oigo música. Me baño, me aseo. Me baño en regadera. (La cámara lo toma enjabonándose.) Si hace falta voy al super. Cuando me voy a comer un chocolate, no como nada en todo el día. Engordo con facilidad. He pesado hasta 71 kilos."

Aceptamos la banalidad. Es el imperio de los sentidos de los medios masivos, y al ser tan inocua como la ausencia de alternativas, lo obliga a uno a interesarse sólo en hechos fundamentales, por ejemplo, la incapacidad del Idolo de ocuparse en temas ajenos al triunfo: "No tengo tiempo de leer. Parece muy tonto lo que voy a decir. Leer me parece muy aburrido, pienso en otras cosas. No me concentro. Hasta el día de hoy nunca he leído un libro." ¿Por qué escandalizarse ante esta feliz ignorancia? Muy probablemente un Idolo sólo puede ser así, necesita declarar cada tres meses: "Siempre he vivido solo. Nunca he vivido con nadie. Me gusta vivir solo." La cámara exhibe al Idolo trepando a su auto deportivo, la camiseta dice "Te quiero mucho, Juárez", y ya se propagandizó lo suficiente el triunfo económico, el amor al terruño, el desparpajo, el talento inagotable, el aislamiento del triunfador.

VII

El ritual sin ritual

Julio de 1982. En el frigorífico llamado Auditorio Nacional, un público congelado le aplaude al Compositor de Moda; el representante del sentimiento que-le-queda-bien-a-esta-época, sencillito, cariñoso, querendón, de vocabulario reducido, de ritmos variadísimos y emoción resucitada cada tres minutos.

El Vencedor Inequívoco es generoso: "A todos los que tienen bellos sueños. . . deseo de todo corazón que les vaya mejor que a mí." La religión de la sinceridad es propia de la temporada de verano, ser sincero es no tener ni qué ocultar ni qué revelar. *Corazón, amor, querer, olvido, divino, soledad.* Unos cuantos vocablos forjan el mundo. ¿Quién requiere de más palabras para deshilar y rehacer los impulsos y la realidad? Ahora Juan Gabriel desea deveritas que nos vaya mejor que a él, aunque sepa que eso es difícil, él es su propio cortejo triunfal, el promovido por el pueblo y por Televisa, que dice: "Quiero decirles que de verdad valió la pena haber nacido en este siglo y en este país, por el bello hecho de ser mexicano y de ser Juan Gabriel. . . Y les orrezco la canción que me ha abierto las puertas de muchos países y de muchos corazones."

En el alucine, la chava se da por enterada: está viendo a Juan Gabriel y oyendo a Juan Gabriel, al mismo tiempo, sin necesidad de la tele, y algo le afecta tal coincidencia. Por un momento, se olvida hasta de su propósito, y sólo poco a poco lo recuerda, ¡ah, sí!, vino a decirle que ahorita te digo mi amor, que se me hace que ya te dijeron lo que te iba a decir, ¿a poco no? ¿En serio? Por eso mejor no te lo digo. ¿No te lo habían dicho? Pues como te iba diciendo, orita te lo digo, ¿no?. . . y eleva su instantmatic para tomar una buena foto del Idolo entre rosas, y muchos hacen lo mismo, no preservando lo inolvidable, sino ahorrándose la selección de sus propios recuerdos, siempre tan borrosos, que la cámara nos dispense de trámites evocativos y fije a nombre de nuestra memoria al Vaquero de Chamarra Negra y camiseta roja.

LLoviendo está. . . Muchos levantan sus grabadoras y capturan los sonidos de la orquesta (siete músicos), mientras el coro (7 chavos, 6 chavas), se balancea de manera que sólo un observador descuidado calificaría de *cadenciosa,* exhibe sus chamarras blancas y sus camisas y pantalones negros extraídos de un comercial deportivo, y presenta al Idolo: "Es su vida, muy su vida, es Juan Gabriel."

—Gracias, estoy muy orgulloso de trabajar para la mejor gente de mi país que son todos ustedes. . . Quiero aprovechar para que me regalen una sonrisa y el mejor de sus aplausos. . . La gente es muy especial, es un amor.

El compositor Juan Gabriel no cree en la durabilidad del cantante Juan Gabriel. El fuerza la garganta, trata sin piedad a sus cuerdas vocales, azuza el alma a fuerza de decibeles, su fuerza es la emotividad con ganas, no la imagen juvenil al día. El no emblematiza ese júbilo de rendir al universo a golpes de perfil que le da su tono único a las *parties* en colonias residenciales. Pese a sus frases en inglés y su desenfado, el de Juan Gabriel no es un comportamiento que remita a clases de karate, yates, bronceado californiano genuino, hábito de computadora y demás. Según el código prevaleciente, Juan Gabriel es y no es joven, y ultradinámico; es algo distinto, ligado a la vitalidad para sobrevivir a las muchedumbres en la calle y en la habitación, y al flujo migratorio que moderniza a pausas a los indocumentados.

En beneficio del ánimo familiar, el Idolo insinúa movimientos de Elvis o Mick Jagger y los complementa con rutinas de Eulalio González el Piporro o Cornelio Reyna. Su confianza es inamovible: todos lo conocen, y aplausos y silbidos son parte de la docilidad casi instintiva que sigue y memoriza sus *éxitos* (que lo son antes de serlo, y lo son por ser suyos), porque él ha formado a tal punto ese gusto, que si no lo alimenta el gusto tiende a desvanecerse. El Idolo no es un pretexto, pero el alborozo al oírlo, el múltiple inacabable gemido de alegría es satisfacción ajena a causas y contextos y, por eso, enamorarse hoy en día en función de las canciones es canjear la credulidad amorosa por la impunidad emocional. O algo así.

Una chava exhibe un rostro catatónico. Otra se ruboriza cuando se prenden las luces para el coro unánime.

—Vamos a cantar ''Siempre en mi mente'' todos juntos, si tienen ganas.

Curiosamente, nadie ignora la letra. *Tú, tú, tú, siempre en mi mente. . .* Para distraer mis afanes de abandonado cronológico, observo a Juan Gabriel revolotear en torno al detalle escenográfico: la mesita con un florero y una rosa.

—*Así me gusta ver la alegría de un país.*

A la salida, las jovencitas se apiñan en torno al que vende calendarios o fotos. Juan Gabriel es su novio ideal, o algo más, el amigo inaccesible, el novio inalcanzable. El es lo que jamás obtendrán, y por lo mismo, el ideal que se nulifica con la admiración excesiva.

VIII

*Cepo para nutrias: tres chavos conversan
en el intermedio del concierto de Juan Gabriel*

—El año que viene no salgo de México porque voy a hacer mi servicio militar.

—¿Por qué no pagas y te evitas hacerlo?

—No, yo sí lo quiero hacer derecho.

—¿Para qué? En mi familia ninguno lo ha hecho. . . Ni mi papá, ni mi tío, ni mis primos. No sé si había servicio militar cuando mi abuelo. Entonces a lo mejor los mandaban derechito a la guerra.

—Ah, si ninguno de tu familia lo ha hecho entonces tú eres igual.

—¿Qué edad tienes?

—15.

—Ah, entonces ya no vas a hacer el servicio. Leí en el periódico que a los de esos años ya no les toca.

—De cualquier modo, ya viene la Tercera Guerra.

—Será la última, ora sí, porque los pocos que quedan, van a estar muy cansados.

—Yo me salgo de México para que no me alcance un cohete soviético.

—Adonde vayas te alcanza.

—No, ya lo tengo todo planeado. Me iré a lo más alto de la Sierra Madre Occidental. Allí no te llegan las radiaciones.

—De cualquier modo no te escapas.

—No, allí no, por su ecología. Lo leí en una revista.

—¿Y para qué quieres ser el único vivo? Yo mejor en un caso así, me salgo para morir y no estarme unos años todo solo y apenado de ser el sobreviviente.

IX

En 1922, en *Campanas de la tarde*, Francisco González León describe así al interior de México:

> Los mismos sitios
> y las mismas calles.
> "Días como tirados a cordel",

277

tan lisos y tan sin detalles.
Cual el tic-tac de un reloj,
isócrona la vida
y monótono el latir del corazón.

Those were the days. Ahora esos sitios y calles combinan intensidad y aburrimiento, crecimiento desaforado y ausencia de estímulos, modernidad epidérmica y tradiciones que languidecen, emigraciones incesantes y utopías del sedentarismo. Producto de este cambio, Juan Gabriel conoce a fondo las operaciones psicológicas de todo aquello que sin ser la capital, ha dejado de reconocerse en la definición clásica de *Provincia*. La industrialización alcanzó y liquidó al terruño, modificó los usos de los tiempos muertos, sembró de antenas la patria chica, inició la tolerancia al conjuro de la explosión demográfica (desde la sacristía ya no se observan con claridad los enredos en los multifamiliares), y —algo muy importante— diversificó el tedio. Aún late con monotonía el corazón (persiste la ausencia de alternativas), pero un inmenso popurrí de sensaciones ha reemplazado a la vida isócrona.

En provincia, y en los sitios de la capital infestados de ánimo provinciano, es importantísima la función de la música comercial mexicana, que rectifica cualquier idea triunfalista sobre *lo in* y *lo out*, y compensa a través de sus novedades de la falta de novedad genuina. Estas melodías en serie, estas letras que bien podría haber escrito el oyente, son antídotos simultáneos contra lo muy reciente y lo anacrónico, y en las ciudades de un millón de habitantes, o de cien mil, niegan la presunción minoritaria: sólo hay una moda y lo anterior es polvo. Pues fíjense que no, aquí nada desaparece del todo, nunca se pierden de vista el danzón y el bolero, y se compran los discos viejitos o se atiende a las telenovelas, con el cuidado devocional que antes usaban las élites para ir al teatro.

Juan Gabriel es representante típico y fruto singular de esta nueva cultura provinciana, y con él culmina lo ya capitalizado por los conjuntos tropicales: la renovación de los gustos sobre el telón de fondo de lo aparentemente igual. El no se dejó intimidar por la vanguardia, o por los fantasmas de la sintaxis, y ha confiado en las musas, como en los buenos tiempos, pero en algo ha cedido a la época, y ha manufacturado su inspiración, la ha protegido de la voracidad de las grabadoras, la ha distribuido entre los cantantes debidos, la ha forzado para casi cubrir simultáneamente todos los repertorios. El Idolo es una industria muy vasta y una subcultura a su manera, que afianza el sentido del espectáculo de esa provincia cuyo sentimentalismo es el nuevo Pozo de la Mexicanidad. Y en Monclova, Zamora o Tapachula, cafés y bares presentan a jóvenes imitadores con nombres que son plegarias del éxito por reflejo: La Sombra de Juan Gabriel, La Voz Gemela de Juan Gabriel, El Otro Yo de Juan Gabriel. Estos sosías son exactos en su reproducción, se desgañitan con el mismo ímpetu; presumen de su cercanía con la casa matriz, y reciben su cuota de chistes sexistas y de público complacido. *Te pareces tanto a mí, que no puedes engañarme*.

El hilo conductor en el auge de Juan Gabriel es su voz, alejada de cualquier técnica de los cantantes profesionales, y a tal punto identificada con el material, que si interesan las canciones, interesa esa voz, y si se acepta esa voz, el oído se rinde ante las canciones. Una vez más el Idolo conduce al límite lo ya iniciado. Daniel Santos y los cantantes de la Sonora Matancera edificaron casa aparte de la trepidante solemnidad de barítonos y tenores, y Agustín Lara, José Alfredo Jiménez y Armando Manzanero han probado que el compositor de fama no es buen o mal intérprete de sus canciones: es único. (Así se oyó la pieza el día de su nacimiento.) Pero la voz de Lara apenas vendió discos, José Alfredo y Manzanero un poco más, y el Arrabal de Daniel Santos, María Luisa Landín y Bienvenido Granda es exactamente lo que se ve: cuartuchos con vírgenes auspiciadas por veladoras, bares usados por los solitarios para musitar el desengaño, cabarets en donde se cuela la tragedia aprovechando los descansos de la orquesta, calles que resplandecen en la madrugada, prisiones del alma y de la Comandancia.

En cambio, la Provincia evocada y convocada por Juan Gabriel no es ubicable, va del bar a las tres de la mañana a la fiesta de quinceaños, de Nogales a Ciudad Neza, del travesti al diputado, de la lonchería al radio de transistores que acompaña a las prostitutas. Y la fama de Juan Gabriel se acrecienta con la voz: fiado tan sólo a sus intérpretes, sin el sonido que taladra y persuade, el Idolo nunca habría sido una versión confiable del México de masas.

X

Para ampliar el público, Juan Gabriel se concentra en la canción ranchera, ya desde José Alfredo no la evocación campirana, sino la mexicanidad embotellada, la tempestad en vaso de tequila, el compendio en tres minutos de las emociones de la parranda, del machismo humillador, del machismo vencido. Juan Gabriel mezcla la herencia de José Alfredo y el repertorio de conjuntos norteños como los Alegres de Terán, y produce en serie polkas, redovas, rancheras. Las sinfonolas sobrevivientes se atestan, los mariachis enriquecen su repertorio, y los traileros sostienen su insomnio gracias a las capitulaciones y recapitulaciones que interpretan Lola Beltrán, Lucha Villa, Lupita D'Alessio, Rocío Dúrcal, La Prieta Linda, Beatriz Adriana. *Fue un placer conocerte / y tenerte unos meses / aunque esos meses fueron / el principio y el fin*, y en 1978 todos entonan "Juro que nunca volveré":

> Podría volver,
> pero no vuelvo por orgullo simplemente.
> Si te juré nunca volver debes creerme
> que cumpliré, y mi promesa es no volver.

Estadios y palenque colmados, tumultos en Fresnillo o en Los Angeles, clubes de admiradoras, motines alrededor del camerino, viajes a España. Juan Gabriel se desmesura, y en 1981 publica a plana entera en *El Heraldo*, el poema "Supérate", dedicado a la conciencia juvenil:

> No vivas por vivir porque es muy triste,
> Pues eso realmente no es vivir.
> Quien nada sabe, es nada y sólo existe
> y vale lo que vale su existir.
> Tú pídele a Dios que te ilumine,
> a ese Dios que siempre está contigo.
> No creas en el Dios que inventó el hombre
> para tener al hombre a su dominio.

Los versos transmiten la experiencia de un nacido-para-ganar: esfuérzate y serás como yo: *Mas tú debes seguir siempre adelante / Naciste en el más bello país*. La vida es asunto de la voluntad, del ansia de llegar, burlándose del destino, de *un Dios que imita mal al verdadero*. El Idolo comparte su sabiduría vital:

Demuéstrale a tus padres ese orgullo
de haber nacido de ellos por amor,
y vivirán felices y orgullosos
de haber traído al mundo un triunfador.
Cuando eras tú un espermatozoide
llegar a la matriz tu meta fue.
Cuán grande tú serás pues lo lograste,
lo cual quiere decir que *eres un rey*.

La Embriaguez de la Gloria: en 1983 Juan Gabriel revela su lado político, confiesa su predilección por el Partido Acción Nacional y, al nombrársele en la ciudad de Brownsville Mister Amigo, se pronuncia por la integración de México con Estados Unidos. A las declaraciones suceden críticas inclementes y Juan Gabriel, alarmado por las acusaciones de "traición a la patria", asegura no haber dicho jamás algo semejante ("Me malinterpretaron. Yo quiero mucho a mi país"), y durante un tiempo grita 20 o 30 veces "¡Viva México!" por actuación. Sin necesidad de lo anterior, muchos periodistas lo persiguen, lo vuelven motivo de choteo y de superioridad moral instantánea. Juan Gabriel es el pocho, el Tránsfuga de Nuestros Valores al que se le puede llamar simplemente "Juanga", el recipiente de la homofobia.

Para eso a ella le falta/ lo que yo tengo de más. El público no se da por enterado de las diatribas, se decepciona con las películas supuestamente basadas en la vida del Idolo (*El Noa-Noa*, *Del otro lado del puente*), adquiere los discos, y conduce a la apoteosis a la canción "Querida", en algo o en mucho vinculada a la épica de las vastas extensiones reducidas a diario por la demografía. *Queriiida*, el inicio es dulce, la voz asciende y se enardece y es como si de golpe se disolvieran fronteras rígidas entre lo que una sociedad admite y festeja, y rechaza y condena. *Dime cundo tú, dime cuando tú,/ vas a volver*..., y se ha viajado mucho desde las acrobacias vocales de Jorge Negrete, y los desplantes mariacheros de Javier Solís.

XI

Ciudad Juárez, septiembre de 1986. La plaza de toros a lo que da, y Juan Gabriel entre los suyos. "Estoy feliz de hallarme entre ustedes." El de ahora es otro desagravio implícito, uno más de la serie iniciada hace un año, con motivo de la publicación de un libelo doblemente sórdido, *Juan Gabriel y yo*, obra de la perfecta vileza de un Joaquín Muñoz, "secretario" del Idolo, que divulga anécdotas "íntimas" o imágenes "comprometedoras". Como nunca, se desprecian las leyes en materia de respeto a la vida privada, y la prensa amarillista se extasía y publica algunas fotos hasta el hartazgo.

En el encono contra Juan Gabriel actúa el odio a lo distinto, a lo prohibido por la ética judeo-cristiana, pero también se manifiesta el rencor por el éxito de quien, en otra generación, bajo otra moral social, hubiese sido un paria, un invisible socialmente. "¿Cómo se atreve a atreverse?" Toda proporción guardada, el caso de Juan Gabriel es semejante al del escritor Salvador Novo. A los dos, una sociedad los eligió para encumbrarlos a través del linchamiento verbal y la admiración. Las víctimas consagradas. Los marginados en el centro. Ante el acoso, Novo se defendió con el uso magistral de la ironía y la creación del ubicuo personaje irónico también llamado Salvador Novo; Juan Gabriel con el sentimentalismo de doble filo y la fabricación de un gusto popular.

En el momento del escándalo, muchos se apresuran y dan por liquidado al Idolo, ya no más ejemplo televisivo, ni modelo a seguir. Pero resulta que lo único verdaderamente no admisible es el fracaso, y saciado el morbo, el público todavía está allí, en el palenque, en la compra de discos, en las demandas radiofónicas, en la plaza llena en Ciudad Juárez, que irritará a los censores. Si en la atención va incorporado el orgullo local, lo fundamental es que esas canciones sí llegan, sí afectan, son asunto vital y cotidiano, no de amor o economía, sino de enamoramiento desde la falta de recursos, que no es lo mismo. Ahora Juan Gabriel cautiva o conquista el escenario, varía de ritmos y de sentimientos, elogia pasiones contrariadas y satisfechas, y no disimula su entusiasmo por ser él mismo, el niño del orfelinato, el adolescente que soñaba la celebridad junto a los discos, el joven que no aprendió a escribir música y retenía para mejor oportunidad el tumulto de melodías y letras que iba urdiendo, el triunfador perseguido por la homofobia, el hijo adoptivo de millones de jovencitas, el fenómeno para muchos incomprensible, que ahora, a petición popular, repite "Querida", y sonríe con íntima y pública satisfacción, "no por vana jactancia ni prurito de gloria", sino porque la calidad del arrebato a su alrededor, evoca el tiempo en que se amaba a las estrellas en su totalidad, no por partes como ahora. El aplauso sincero es nostalgia del aplauso sacralizador, y el aura de Juan Gabriel es la fama a pesar de todo.

XII

Ciudad Juárez, septiembre de 1987. Es la hora de la transmisión de *Nuestro mundo*, programa dedicado al espectáculo, y en la casa del compositor Juan Gabriel, el periodista Guillermo Ochoa interroga con alborozo: ¡Caramba! No todos los días alguien, sin pregonarlo con abuso, regala un edificio, instalaciones electrónicas al día, y el salario para un staff amplio durante un periodo prolongadísimo. Juan Gabriel, el hijo del orfelinato, le obsequia a la ciudad la escuela donde vivirán becados 125 niños con aptitudes musicales. El Idolo lleva invertidos 1 300 millones de pesos, y se hace responsable del mantenimiento del lugar, con todo y sueldos. Al cabo para eso trabaja el año entero en conciertos y palenques, y es el vendedor número uno de discos.

Ochoa pregunta y Juan Gabriel guardando distancias, contesta, canta, oculta a trechos su satisfacción. Ochoa interroga a la maestra que recogió en la calle a Alberto Aguilera, cuando vendía periódicos a los 5 años, y ella, habla con amor de su amigo, de la mamá comprensiva y de la casa donde trabajaba de sirvienta (ya adquirida por el Idolo). La cámara recorre las alegres facciones de los beneficiarios, y el público televidente absorto, se reconcilia con el Escándalo Viviente. El dice que no se puede nunca creer mucho, porque todos saben su origen. No hay nada que comentar. Es su vida, y esta vez es su generosidad.

Dancing:
El Hoyo Punk

Las manos quietas, por favor
El smoking, fase superior del imperialismo

HASTA ESE INSTANTE, el fenómeno había sido monopolio de las clases altas. Pero durante la Segunda Guerra Mundial, en Los Angeles, California, en los ghettos mexicano-americanos, una nueva especie, los pachucos, populariza las relaciones entre estética y ética en materia de vestimenta, revoluciona el guardarropa, vuelve objeto bélico a los zapatos, instrumento de provocación a las camisas, y sujeto de gigantomaquia a pantalones, sombreros con plumas, solapas, tirantes, valencianas. Su exageración no deja duda: un traje puede ser también comportamiento disidente, otro discurso del rechazo.

Al oscilar entre dos culturas entonces diferenciadas de manera radical, el pachuco hace del atavío su método para alejarse al mismo tiempo de los orígenes familiares y de las metas que le impone la sociedad que no lo acepta. En 1940 o 1942, en los barrios angelinos, el pachuco imagina conductas de ''extravagancia moral'', desplegadas en la vestimenta, en la rebeldía, en la moda que de tan perseguida se torna subversión, en la distancia irónica ante lo típico mexicano y lo típico norteamericano. Se desea una sociedad nueva fusionada en torno a un idioma mixto (que será el spanglish) y a un vestuario que evoca y transforma el colorido de las ferias del pueblo mexicano y del verano turístico de Norteamérica.

El pachuco reta a la sociedad que lo excluye y, sin decirlo explícitamente, se va alejando de la sociedad que lo engendra. Una es su obsesión: el aspecto rumboso y dandy que inaugura realidades. Colón con sombrero de pluma, tirantes y valencianas fantásticas. Adán expulsado del paraíso de la nostalgia paterna y detenido a la puerta del edén racista de sus empleadores. Magallanes que compensa la educación que no tuvo y la educación que se le niega gracias a los métodos aleatorios en el habla y en la conducta.

En México en cambio, y por razones obvias (un racismo menos declarativo, la pertenencia a una sola cultura), el pachuco que surge en los arrabales de la capital es sinónimo de gigoló, el figurín estrambótico que baila boogie-woogie, el cómico involuntario que se disfraza de imitación de gringo, el tímido que usa esa ropa para ser audaz, el seductor envaselinado, échele un *look* a los tirantes que sostienen la ambición de clasificarse como objeto erótico, enceguézcanse ante las camisas como llamaradas, la oposición a los encierros psicológicos del clasismo, que sólo concibe a la elegancia como subproducto de la abundancia. Así, lo que en Estados Unidos fue desafío, en México se le catalogó como mímica grotesca o pintoresca, y mientras en Norteamérica las razzias, la represión laboral y el linchamiento aplastaban la ilusión de ser distintos, en México el pachuco se incorporó a la mitología del dancing. Esele, mi Tarzán; ésele, mi Tin-Tan.

Punk: El fin de los "colores naturales"

Mañana es sábado, día de baile, y el chavo atiende con rigor científico el aparador. Ya no soporta su ropa, y le urgen trajes consagratorios, nuevos emblemas del ascenso del ego en medio del descenso de los recursos. Ave César, los que buscan empleo verifican la eficacia de sus fachadas personales.

El escaparate es inmenso, o así lo contempla quien se desespera ante los precios. Vamos a suponer —murmura el chavo— que tengo dinero. ¿Qué me queda bien de todo esto? ¿Qué va con mi personalidad?. . . Ah, jijo, este saco sí aguanta, es enorme, dos tallas más grande que la mía, las solapas casi ni se notan, y si lo combino con pantalones blancos muy holgados pareceré cantante de Miami. Me lo voy a llevar. . . No te precipites, mejor date otra vuelta, prosigue con tu peregrinación inquisitiva y adquisitiva, sumérgete en el drama hamletiano cuyo nudo y desenlace son los aparadores. Y después acepta la sentencia en la pared: esto se me vería padrísimo, pero no tengo dinero.

De la existencia como asedio a las vitrinas. En este paisaje los utopistas por excelencia son los aparadoristas, cuyas ofertas son promesas de movilidad psicológica: camisas brillantes y floreadas, cortes unisex, máscaras de monstruos que defienden chamarras de colores en demolición, trajes me-cae-que-a-toda-madre que despliegan muñecos coronados de palmas doradas, cinturones de peso completo o de rancho texano, zapatos de tacón alto que acrecientan, combatiéndola, cualquier sensación de pequeñez. Desde las aceras, los chavos elevan el dasafío de sus pantalones blancos y la conspiración de sus camisetas con pregones.

Eramos tantos que parecíamos pocos

Los chavos lo confiesan desde la ropa: si moda es status y uso de la moda es autobiografía, llamar la atención es adquirir status: uno pasa inadvertido si se viste como pidiendo empleo en una oficina de gobierno. Fíjense de reojo en esta chamarra detonante. (Si quieren verla de frente, usen lentes ahumados.) Quien la trae puesta, está al tanto de las consecuencias de la ropa gris que su padre jamás abandonó. Adviertan esta camiseta cuidadosamente desgarrada: deja al descubierto lo preciso, lo bastante, lo que está de más.

En los años del desarrollo incompartible se inauguró otra etapa del "atuendo de pobres". La industria del vestido lanza la moda exclusiva para millones, el pret-a-porter. Hasta ese instante, la moda popular se definía por la humildad con que se aceptaban los retrasos. Pero el pret-a-porter acorta las distancias entre el Ultimo Grito de la Apariencia y los Ultimos-en-saberlo, y por eso en 1971, en el festival de rock en Avándaro, los pobres urbanos (desde ese momento, *la naquiza*), ven en los gustos comunes una genuina destrucción de barreras sociales. El espejismo de la igualdad no dura mucho, pero al disiparse se desvanece el antiguo conformismo ante la ropa. *Si ya no me pongo ese traje, abandono esas costumbres. Si me sigo vistiendo tan calmadamente, repetiré la vida de mi padre, o las ilusiones de mi madre.*

En el "cambio de piel", la guía es el gran viaje circular de la "americanización", de las márgenes de la sociedad a la periferia del consumo. Y en Avándaro, al cabo de tres días de maravillosas incomodidades, la naquiza le da públicamente la espalda a sus tradiciones, es decir, renuncia a los ideales "mexicanistas" de padres y abuelos, y "desarraiga" su conducta eligiendo un nuevo estilo de bravatas y resignaciones. Miembros de una-clase-en-ascenso (del jacal con radio al departamentito con TV), los nacos de Avándaro se sorprenden integrados al espectáculo, son *espectaculares* por vez primera y a escala nacional. Lo rápido cuesta el doble: ahora los nacos tardarán otra década en absorber individualmente la modernidad. Un homenaje más a la promoción de las desigualdades al rango de institución republicana.

En los años setenta, se vislumbra nacionalmente una *fuerza social distinta*, ya lejana del sueño ortodoxo del proletariado. En el apiñamiento, los chavos aceptan la tiranía del consumo. *El naco* aparece en la escena nacional y, en el barullo, elige la insolencia idiomática como tarjeta de presentación, en ocasión del entierro casi unánime del Habla Decente ("vete a la chingada" es aplauso con una sola mano). El habla del sometido se vuelve de pronto el metalenguaje de la asimilación, y a partir de Avándaro la naquiza admite —no con palabras sino al cabo de la multitud de represiones— la irrealidad de las alternativas. Sin salida, muchos de ellos se deciden por la actitud colonizada de segunda mano, o por los ritos de la autodestrucción.

Punk: viaje hacia el fin del maquillaje

Algunos todavía se les quedan mirando, pero los adolescentes de cabellera verde, naranja y rojo no se inmutan. Ya nomás faltaba que en el largo trayecto de su colonia al hoyo punk alguien los fiscalice y se asombre. De lo único que debían espantarse, pendejos, es de su asombro. Ya no les queda, y si a eso vamos, ustedes no andan mal en el departamento de las fachas. Con esos andrajos sin estilo, ¿cómo les quedan ganas de fisgonear, murmurar, criticar a señas, alzar las cejas, escandalizarse? Y además, ahora que me acuerdo al metro sólo se viene a gozar la falta de espacio, a ver a la multitud ahogarse en la multitud.

Sí, así no es mi pelo, señora, pero a usted se le vería horrendo. Antes, Dios sólo elegía unos cuantos colores para las cabelleras, pero eso fue cuando la creación era en blanco y negro, y no se soñaba con el technicolor. . . Y ya no sigan dando explicaciones, mejor atiendan al *struggle-for-life* en estos cajones humeantes donde estallan y se recomponen los cuerpos, a los vencidos se les retiene por dos estaciones más, y los triunfadores se incrustan en el pecho de la humanidad.

En el Metro uno se incorpora, entre empellones y magulladuras, al orden nuevo de la ciudad, a sus laberintos y pagos forzosos.

A eso se va: a vivir cada minuto con odio, indiferencia o relajo, a impacientarse ante la paciencia propia. Los chavos de las cabelleras multicolores prosiguen su diálogo, mientras en el vagón doscientas, trescientas, quinientas personas luchan por respirar, obtener un sitio, manosear a quien se deje, hallarle el lado divertido o filosófico a tan efímera fosa común.

Contra la contaminación contamos contigo

¡Puta madre! ¡Otra vez! ¡Es la tercera en un mes, me cae! Se abren las puertas del automóvil con antena, y los tipos armados encañonan a los jóvenes. *¿A ver pendejo, cuánto te pagan por conectar mota? ¿Quién te la pasa? ¡Responde, cabrón! ¿En cuánto la revendes? ¿Quiénes son tus clientes? Acepta que eres drogo y traficante, o te rompo todavía más la madre. . .* Los chavos se desesperan, apenas contestan, rechazan débilmente los cargos, entregan lo que traen. ¿Qué le van a hacer? Las redadas son las nuevas levas, el tributo por el uso de las calles.

Se aleja el auto, y los chavos se quedan inmóviles, hartos, desesperados. A los dos minutos uno se aleja corriendo, y el otro se sienta, harto de huidas. Pinche suerte la suya. El se dejó venir por la línea Zaragoza, la línea del Gran Escape, harto de su casa cerca del Aeropuerto, fastidiado ante la incompatibilidad de floreros y jets. El desertó de los billares El Aguila y de las reuniones del día entero con los cuates de la cuadra, y se mudó a otra colonia igualmente distante de todo, donde añora billares y amistades.

No, si la policía, la cabrona tira, le ha robado al chavo su final consuelo, la indistinción entre *calle* y *casa*. Todavía él se siente bien en la calle, pero la tira se la expropia cuando le da la gana, le hace sentir que lo propiamente suyo es el trayecto entre la calle y la casa, si esto existe.

Cómo le hago para llegar al cuarto, piensa el chavo sin aguardar la respuesta interior. Por eso se educó para la indiferencia, por eso ni le hizo caso a las experiencias ejidales de su padre, ni oyó sus anécdotas de la llegada a la Mexicotera, y por eso compartió la pieza con otros ocho, y usó pantalones que no le quedaban pero Dios no hace de las mismas medidas a todos los hermanos, y ha caminado siempre como desentumiéndose, y ha vivido con los sentidos pegados al radio de transistores, esquivando el

289

tráfico desde la plegaria de una bicicleta, vagando sin agarrar ni aire, de fábrica en fábrica, de comercio en comercio. Para eso aprendió a controlarse, y adquirió la expresión nómada de la plebe tradicional, para no llorar cuando no se trae un peso en la bolsa, son las dos de la mañana, duele todo el cuerpo por los golpes, y la casa está a veinte kilómetros de distancia.

Punk: las tribulaciones de un peinado fuera del salón de belleza

Es la vigésima ronda y a la vista del hoyo punk o como se le llame al lugar donde espléndidos aparatos de sonido difunden el rock heavy metal, el grupo ignora la fatiga. A eso vinieron, a recorrer la calle hasta memorizarla, antes de caerle al hoyo. Faltan algunas vueltas, desde luego, désele oportunidad a los paseantes de mirarlos, fínjase indiferencia ante los adolescentes que intercambian datos sobre las próximas tocadas. Los de la indecisión programada se ríen, conversan, se detienen, esperan a alguien que no llega porque nadie lo ha citado, y uno supone en ellos intenciones parecidas a la del estratega Josué frente a Jericó, desean tumbar murallas con el sonido de los tacones, ya caerán en la próxima vuelta.

—Mejor ya entramos.

—Espérate, ¿qué prisa?

El chavo no contesta. Prefiere observar sus pantalones vaqueros a cuyas perfectas rasgaduras dedicó una tarde entera. Así quedaron bien los hilachos que sólo ellos portan con galanura, los harapos luminosos.

—Todavía no te metas. Vamos a dar otra vuelta.

La cola no parece agotarse, ni disminuye la proporción: tres de apariencia digamos "normal" (algo avergonzados), por cada uno que se tomó molestias y combinó la expresión distante con la ropa holgada o ceñida con severidad. En un rincón, descubre a la chava del peinado como de walkiria acosada sexualmente por Odín. Si no me equivoco, ahora dictamina sobre los asistentes, no quién baila mejor, eso no le interesa, sino qué fantasía capilar impera esta noche, quién supo aprovechar los resultados tremolantes del astuto manejo del peine o de la pistola de aire, mira a ésa, qué bárbaro, eso es transformar el polvo en oro, cómo le rinde su horrenda mata de pelo.

¡*Muy impresionante!* Ella considera excepcional a su cabellera, y sin embargo admite el escaso rendimiento de las horas-salón de belleza, de las horas-espejo, de la horas-análisis sin complacencia. Su peinado corresponde al rigor ingenieril que, en otro orden de cosas, nos benefició con la torre de Babel y la torre de Pisa y la torre Eiffel y el Empire State Building, y asciende en espirales hasta el cielo como alegato a favor del orden pero es *todavía concebible*, es ingenioso sin frenesí (como decir "bella sin aura") y se creó aguardando la opinión de los demás, lo que es un error, a lo que deben temerle las obras de arte, en especial las efímeras, es a los ruines efectos de la admiración, la crítica es manejable y la admiración no. Es más corrosiva por inerme, y son perdurables los efectos de su escrutinio.

El mayor atractivo de un hoyo punk —sea éste lo que sea, y pronuncie usted la palabra en uso de sus derechos constitucionales— es la pasarela de reconocimientos, con sus ovaciones implícitas en las miradas. Luego, a lo largo de la velada, sobrevienen el cansancio y el aburrimiento, y se desvanece la magia, pero la llegada todo lo compensa: el examen de arriba abajo sin concesiones, el menosprecio a los vencidos, el torneo de las ojeadas aprobatorias, el aprovechamiento de cualquier tiniebla para remediar las fallas del esplendor. Así sea: que lo punk redima de la grisura cotidiana y en punk convierta a sus adoradores.

Los cholos: "Y nos empezamos a vestir dos tres acá, chidos"

Treinta años después del pachuco, de los barrios chicanos se desprende su continuador, el cholo, y con él varía sensiblemente el trato entre la cultura mexicana y la cultura de los mexicanos-americanos. Antes, el asunto se consideraba unilateralmente: en México (Aztlán) se definía la identidad que perderían los chicanos al asimilarse. Ahora le toca a los chicanos influir sobre su cultura originaria, ejemplificando ante cientos de miles de jóvenes mexicanos el trato novedoso con las tradiciones y la tecnología. Ellos ya lo saben de memoria: es imposible eliminar el fenómeno mundial de la "americanización" (en sus grados diversos) del repertorio básico de reacciones juveniles.

¿Qué son o que han sido *los cholos*? No hay acuerdo sobre el origen del término. Según algunos proviene de un mandato: *show low*, agáchate por precaución, acepta una forma de ser menospreciada y de allí elévate por tu puritito esfuerzo. Otros eligen explicaciones más verosímiles: una voz de origen prehispánico/ un término introducido por trabajadores migratorios chilenos y peruanos/ el primer emperador chichimeca llamado Xólotl, etcétera.

Como sea, desde fines de los sesentas hay *cholos* en los grandes barrios chicanos, con la vestimenta y el corte de pelo ostentosamente anacrónicos, el machismo desafiante de caciques sin pueblo, la afición por la música de los años cincuenta (las *oldies*) vertida desde gigantescos radios de transistores, la pasión por el barrio y por las Jefecitas (la madre y la Virgen de Guadalupe). . . Y el amor erótico por el automóvil, que culmina en el estilo de las *low-riders* californianos, a quienes se llama así por manejar autos pegados al suelo, "bien ranitas", de pintura brillosa y puntitos pegados o cromados con figuras "insolentes" en el cofre o en el capacete (una pareja en animado coito, un dragón a punto de fornicarse a un sapo). A veces las llantas, pequeñas y de rines cromados, admiten focos azules y rojos. ¡Ah!, y las llantas deben verse muy bien, el auto es tan visible como el rostro y mucho más llamativo y personal.

En poco tiempo, el ejemplo se disemina en la frontera mexicana, y en 1974 o 1975 los cholos en Tijuana, Mexicali y Ciudad Juárez, reproducen en lo que pueden a sus antecedentes directos, asimilan ropa y gustos musicales, se interesan por el muralismo de barrio y los emociona el alfabeto barroco gracias al cual convierten en pizarrones las paredes a su alcance. Ellos bailan al amparo de las *oldies but goodies*, y los envíos sociológicos se acumulan en torno suyo: transculturación, delincuencia, represión, cultura de barrio, subcultura. En Tijuana, Mexicali, Ciudad Juárez, Guadalajara o Culiacán, los cholos conocen a lo largo de una década el auge y la extinción progresiva, y mientras, se identifican por el aspecto y no logran impedir que se identifique a todos por la conducta violenta de algunos. La policía les pone sitio con razzias, detenciones, torturas, asesinatos. Si un cholo comete un delito, todos lo han cometido; si un cholo piensa asaltar, todos asaltan. Si no cabrones, ¿por qué no se visten como Dios manda?

A diferencia del pachuco, el cholo mexicano no centra sus preocupaciones en el dandismo ("Véanme. Soy superior a ustedes porque mi fantasía en el vestir es un riesgo y un acierto"), y no le obsesionan las combinaciones cromáticas que las buenas familias juzgan ofensivas. Y el salto cultural y la obstinación psicológica se despliegan en la camiseta blanca de tirantes, en la camisa de franela con los dos botones de arriba abrochados, en los anchísimos pantalones grises o negros, con el corte de los veintes. Los cholos provocan con su conservadurismo, y por ello acentúan la "estética de la fealdad", los cristales de los autos pintados de negro, el peine enorme en la bolsa de atrás, junto al paliacate rojo o azul, los zapatos negros de bola (hush puppies), los tatuajes en brazos y torsos con la fauna y la flora de la imaginación obscena y púdica: serpientes, mujeres desnudas, vírgenes.

Desde su forma de caminar y su vestimenta deliberadamente opaca y nada *flashy*, el cholo mexicano, que no logra milagros mecánicos en los automóviles último modelo que no posee, cultiva sus aficiones viejas y nuevas. Estética defensiva el atavío; estética la creación de un habla exclusiva; estética el uso del muralismo como idioma del barrio y museo efímero de la mística; estética el comportamiento de grupo que debe ser reconocido por el estilo; estética el arraigo en la religiosidad popular que, respetuosamente, convierte al modo chicano, a la Virgen de Guadalupe en símbolo pop, la estrella obviamente cinematográfica que nos esperaba desde el Tepeyac.

A quien se siente cholo tal actitud le proporciona de inmediato un código interpretativo que de otra manera le llevaría mucho tiempo: el cholo ve a sus padres, convencido de que en la frontera la geografía es fatalidad, impotencia, vejaciones; luego se ve a sí mismo y comprueba que la compañía de sus semejantes y la pertenencia a la subcultura atenúan las sensaciones carcelarias de una frontera destinada a posponer o cancelar las esperanzas, y en donde *cholo* es sinónimo de infractor de la ley.

La represión policiaca y la hostilidad social impiden que esta subcultura juvenil desaparezca del todo. (Algo tendrán los cholos de sensacional, puesto que tanto se les persigue.) Todo movimiento juvenil dispone sólo de unos cuantos años de vida, y los de la cholada en algo se alargan gracias a la persecución. A principios de los ochentas hay cholos en casi todos los pueblos de inmigrantes, y aunque el fenómeno va menguando, la prensa y las autoridades lo avivan como pueden. Una o dos generaciones después de los pachucos, los cholos en Norteamérica ya no son seres adánicos, disponen de un aparato de resistencia y corresponden a un proceso de adaptación y diferenciación; en México los cholos no son estrictamente un fenómeno de moda como los "Punks" en la capital sino de sobrevivencia; para empezar son casi siempre primera generación fronteriza y en ellos el deseo de aventura es una variable de la búsqueda de empleo. Han crecido en ciudades en donde el desarrollo urbano no ratifica el progreso sino la fatalidad que aquí nos detuvo, viven el anti-imperialismo (sin así verbalizarlo) como estrategia de entendimiento de la frontera, han recibido una enseñanza histórica superficial y fetichista, a su nacionalismo lo ha encauzado la nostalgia, y su "patria íntima" son los recuerdos familiares y la industria del espectáculo. La integración fronteriza es su desintegración nacional y la Migra es el límite de sus deseos de cosmopolitismo.

En la mejor investigación sobre los cholos (*A la brava ese: cholo y qué,* de Manuel Valenzuela), se advierte con claridad cómo la multiplicidad cultural, política, jurídica y laboral del fenómeno rebasa con mucho el campo del pintoresquismo efímero. El cholismo mexicano ha expresado diversas cosas a la vez:

—el influjo de la americanización en grupos juveniles,

—la cultura de la droga como comprensión autodestructiva de la marginalidad (el rechazo al rechazo),

—la vinculación con las tradiciones como nostalgia familiar,

—la violencia como conducta impuesta desde afuera,

—el nacionalismo como relajo compartido, la religiosidad como ideología nacionalista (¡El cielo es mexicano!),

—la necesidad de vida gregaria con reglas y jerarquías que no necesitan puntualizarse,

—la conversión del barrio en sociedad y nación,

—la invención y el minucioso cultivo de un habla que impide el acceso a los demás y es compensación psicológica.

El habla (la germanía) es a la vez encierro y libertad interna. Extraigo un ejemplo del libro de Valenzuela:

—¿Cómo la washan?, preguntó el Chory.

—Pues te voy a tirar un jale ése, yo me hice cholo porque desde morrillo me empecé a clavar con los vatos, me empezó a caer la garra; washaba a los demás y me gustó, simplemente me gustó.

—¿Tú qué onda, Chory?

—Yo empecé en el barrio con los compas que desde morrillos andábamos cotorreando, haciendo nuestros desmadres y pos hicimos un barrio; me gustaba vestirme de cholo y pues fumar y pistear y ese pedo.

—Nosotros hicimos un club primero. Es que pues antes éramos deportistas a todo lo que da, ¿me entiendes?, pero ya dos tres locos se empezaron a vestir cholos, porque nadie se vestía cholo casi en ese tiempo, y nos empezamos a vestir dos tres acá, chidos, y les empezó a caer la cura y sobres.

En modo alguno el habla del cholo es "desnacionalizada". Es, así, habla de sobrevivencia, de adaptación del mundo verbal campésino a las necesidades de la ciudad y el barrio, de síntetis de hablas regionales. Aquí, cada palabra, dicha de modo conveniente, equivale a todo el diccionario. Otro ejemplo tomado de Valenzuela:

> ¿Sabes qué, ése? Que caí a un borlo acá, a tirar un dancing y echarme unos pistos, pero traía jaira y me salí a echarme un refín, y que guacho que la ruca del resto se escamó y llamó a la placa, entonces yo tripié, nel, pues ultimera y hasta a la pinta voy a dar, así que mejor ahí los guacho, y me desconté pal barrio a turiquear con los homies que la rolan en la esquina del cantón del Chory. Pero antes le dije 'chale, ni que estuviera tan firmes su congal'.

Traduzco como puedo: "Fíjate, fui a una fiesta a bailar y beberme unos tragos, pero llevaba mariguana y salí a fumar, y me doy cuenta que la dueña de la casa se alarmó y llamó a la policía. Aluciné y me dije: Voy a ir a la cárcel por nada, y me largué al barrio a conversar con los amigos que se juntan en la esquina de la casa del Chory. Pero antes le dije a la señora: 'Vamos, ni que fuera tan respetable su casa'."

En Tijuana o Juárez, ciudades que fueron de paso, los cholos, hijos de inmigrantes explotados han crecido sin agua potable y servicios elementales, y se les ha destinado a la explotación. En la capital serían nacos o chavos-banda, y en Juárez o Tijuana son o fueron cholos, no el más intolerable de los destinos para aquellos cuya vida transcurre entre la escasez de opciones: o la chamba ingrata y sin estímulos, o el vagabundeo a expensas de una familia cada vez más irritada o la política de pleno empleo de la delincuencia. Ellos lo saben: no se puede ser cholo para siempre; de algún modo, ya no podrán dejar de serlo.

Punk: "Si ensayamos en la calle, le perdemos el miedo al escenario"

A la medianoche, afuera del Club, dos chavos ensayan unos pasos de baile, acompañados por todas las orquestas que una grabadora contiene. Ella desvalijó el ropero materno y obtuvo un traje inspirado en películas de los años treinta, vaporoso y sutil. El compró su chaleco en un bazar a beneficio de los invidentes, heredó el saco larguísimo de un tío desconocido, y adquirió poco a poco su camisa semitropical, sus calcetines de tierras secas, sus tenis policromáticos. Ambos, con gran detenimiento, desprendieron su peinado del estudio de fotos de *Hola, Life* o los periódicos de la tarde.

La revisión de las rutinas es implacable. Uno dos tres, tú giras y vuelves a mí, y yo te envío y regresas, y ahora juntos. . . Ebrios de su presteza, y anhelosos de pistas giratorias, repiten la pose escultórica del comienzo, aprecian su propio talento y envidian la felicidad del público imaginario.

Al final de la calle, dos chavas con medias solferino y vestidos verdes entablan un pleito sin destinatario visible. Chin, y ahora cómo nos vamos, te lo dije, no te pelees con Boby, porque no traemos dinero. Híjole, mi mamá nos asesina si le llamamos y le decimos que nos espere con lo del taxi. Seguro que nos prefiere fuera toda la noche con tal de no pagar el taxi. . . Ay, no digas eso. Si mi mamá nos quiere. . . Sí, no lo dudo, pero quiere más a sus ahorros. . . Y se consuelan y se ríen del horror que es Boby bailando, se cree Michael Jackson pero más bien ensaya en el atrio de la Basílica los lunes. . . y de pronto regresa Boby, arrepentido, vénganse, vamos al auto, las llevo, era una broma, y lo abrazan. La escena es típica de cualquier lado, pero aquí a las afueras del hoyo punk desentona. . . Y ahora, algo terrible. Se apersonan varias madres en busca de sus hijas. ¿Así que no todos aquí son luciferinos, escépticos, curados para siempre del sentimentalismo, personajes de *Liquid Sky*, habitantes del siglo XXI, fríos, despiadados? De modo que los punk tienen familia.

Bien chido, que quiere decir algo así como bien chido

La de los cholos fue la primera subcultura juvenil que se apartó igualmente de las metas y rutinas de la Nación Visible, y de las presunciones de la Nación de Avándaro, esa brevísima utopía de ideales levantiscos, rock y mariguana que edificaron al alimón los medios masivos y las demandas de una mentalidad nueva, y que mientras duró fortaleció hábitos de consumo con el pretexto de sepultar tradiciones (y viceversa). En sus términos, los cholos fueron lo opuesto al esquema fácil de *jóvenes* contra *viejos*. Su marginalidad era genuina, el desarrollo —en las horas muertas del barrio— de las aspiraciones que se negaban a reconocerse como tales, del amor por las costumbres atribuidas a sus padres que se sustentaba en el alejamiento de la familia.

A continuación, otra subcultura se prodiga en la capital: las bandas, continuación y negación de las pandillas, identidad de calle o de colonia, respuesta comunitaria ante la crisis, embrión organizativo y disciplinario, rechazo y aceptación por mitades de la cultura dominante. Necesidad expresiva y de convivencia, tendencia alimentada por antropólogos, sociólogos y reporteros, realidad multitudinaria, combinación de violencia y solidaridad, las bandas son uno de los mitos difusos de un desarrollo sin progreso, el resumen de esa industria de la metamorfosis que nadie advierte: estos chavos interpretan su experiencia sólo a la luz del presente. "Ya no existe el futuro", declaran, y así en el fondo creen a medias en esta premisa, es real su culto obsesivo por la actualidad a su alcance. Por eso, la jovenaza en la tocada de Ciudad Neza se siente del meritito hoy, si me da la hora le digo el momento en que estoy naciendo, yo no me dejo de nadie ni terminaré en el burdel de Coatzacoalcos, me perfumo para no dejar olfato vivo, y nomás por joder, por no ser modosita o sufrida, despliego el terrorismo de pantalones ceñidos, blusas candentes, senos que desbordan los comentarios sobre mi cuerpo, risotadas, frases de ñero.

Entre las bandas, los punks son los extremistas visuales, los estetas dedicados al autofriqueo. (Si otros se apantallan, órale.) Su *trip* no es superficial, y no repite el numerito de los punks mexicanos de clase alta que hace años quisieron vivir como en Londres o Nueva York, se pintaron el pelo de zanahoria y de solferino, se rebautizaron Pepe Chingada y Tommy Drenaje, se infligieron heridas y se clavaron alfileres en conciertos de rock, resucitaron a Tin Tan e inhumaron a Elvis, para luego no dejar la mínima huella psíquica en el circuito de las discotecas, aquietándose sin presión alguna, la rebelión extinguida en fiestas de disfraces, derrotados no por el rechazo sino por la aceptación, ahora aquí ya nada se nota, y lo que más friquea es la incapacidad de friquear a los demás, sin instrumentos punzocortantes de por medio.

Los punks populares persisten con fiereza. No necesitan estar al día, les bastan los video-clips de Kiss o Duran Duran, los discos de heavy metal, películas como *The Warriors*, *Mad Max II*, o *Escape de Nueva York*, con sus pesadillas del porvenir medieval donde tribus inclementes se disputan con hachas y rayos láser el espacio vital, y el dandismo efectivo exige sudor del combate y polvo del camino.

¡Qué buena onda el futuro! Será igualitario porque ninguno gozará de porvenir y de la fatiga nacerá el donaire, las ruinas serán los signos de prosperidad y bandas milenarias arrullarán con su estrépito del fin de los tiempos. Por eso gusta tanto *Mad Max II*, porque así deberán ser las cosas: la Aldea Global se fragmentará en villorios guarnecidos contra el exterior, cada colonia será fortaleza rodeada de fosos, y juventud equivaldrá a vigilancia bélica. ¡*Alerta!* ¡*Ya vienen los civilizados!* A redoblar la guardia. El punk popular: el universo feudal al alcance de una nueva concepción de las ciudades. El cine de Mel Gibson: *La rama dorada* de los ochentas.

Punk: The Material Girls in the Unmaterial World

En el *hoyo* la fricción corporal es extenuante, en homenaje a las danzas tribales que saludarán al año 2000. El personal no es agresivo ni deja de serlo, no es exhibicionista ni deja de serlo, no es apocalíptico ni deja de serlo. Ya no hay ondas dominantes, eso era antes, cuando se creía que las modas llevaban a alguna parte. Ahora hay de todo: aspirantes a ídolos del rock, fanáticos de las figuras que ya nunca vendrán aquí, conformistas que se pliegan al estilo imperante, chavos-banda y chavos-individualismo, seguidores de Brooke Shields y Tina Turner, reinas de las amazonas y princesas de certámenes de belleza.

La chava del peinado refulgente se da el lujo de sudar. La era tecnológica la respalda al exigir, desde los primeros festivales de rock y los tumultos ante los Beatles, al sudor como prueba de vitalidad contemporánea. Ella suda a cántaros y el peinado amenaza naufragio, en breve se iniciará el desplome, conviene avisar a los vecinos. En un golpe alucinado, la chava restaura el equilibrio, se seca levemente la frente y otea el destino de los demás peinados. Para su desdicha, ninguno ha zozobrado, ni hay en los rostros las manchas que delaten la pésima calidad de los tintes. Pero la vikinga ya no se arriesga. Preferible sentarse y observar. Tanto esfuerzo capilar no merece un desenlace trágico.

La energía del guerrero del pelo oxigenado es encomiable. Analizó con detalle el atavío de Sting en *Dune*, y el del favorito del Homungus en *Mad Max II*, no se decidió por ninguno y adoptó ambos. El sí cree en las ventajas de la apariencia punk, es decir, en el privilegio de vivir desde la facha otra historia, otro rollo, otra ciudad, otro país, otra familia, otro ejercicio de la sexualidad. El punk es promoción fantástica, ensueño de tintes, maquillajes y plástico, ropa destrozada según programa que nos acerca a los misterios del video-clip.

Baila con sobresalto el chavo-Sting, que sobrevivió a la Tercera Guerra Mundial y se dispone a rescatar al Presidente de Estados Unidos en el penal que fue Manhattan, y se opone con vehemencia a cualquier disfraz. El no se oculta, lo que pasa es que en su casa y en la escuela y en el trabajo, le adjudicaron un aspecto que no le interesa, convencional y tonto, y para dejarlo en el camino se tiñe el pelo, se agrega rayas en los pómulos, varía de ceño. Lo suyo no es disfraz, es la técnica para dejar que emerjan las facciones reales, tanto tiempo secuestradas por las pinches normas.

Quiero aplaudir, pero las manos quietas, compréndelo. Estos punks únicamente piden el apoyo de la indiferencia absoluta. Están más allá de las condenas morales, por estar más acá de las recompensas sociales. ¿Quién les dice algo? ¿Quién los califica y exhorta? Ante las reconvenciones más bien se alegran. Quien nada tiene, incorpora también los insultos a su patrimonio.

(1985)

Mexicanerías: ✓
El albur

La vida es un camote, agarre su derecha
(y asegúrese de su identidad nacional)

¡ME LLEVA. . . la cadena de puntos suspensivos! ¡Voto a bríos! ¡Por Jove! ¿En qué pinche puto momento se perdieron las cabronas distancias entre lo que se debe y no se debe decir ante el público y la gente? Al respecto —y aunque pasó inadvertido, como sucede con la mayoría de los hechos históricos trascendentales, debido a la falsa jerarquización que sólo encumbra a batallas y devaluaciones— quizás el Día D ocurrió hace siete u ocho años, en ocasión de un reportaje de *El Heraldo de México* sobre la tarea misionera de un sacerdote en las Islas Marías. El respetable párroco ejemplificaba su experiencia con la historia de un preso que, antes de aspirar a la santidad y creyéndose todavía criminal nato, llegó y lo conminó: "Mire, hijo de su chingada madre. . .". Yo, lector descuidado, caí de pronto en un pasmo circular. Allí frente a mis ojos, publicado en el mismísimo *El Heraldo*, diario conservador si los ha habido, se movía y se petrificaba la frase "Mire, hijo de su chingada madre. . .". Lo supe al instante: las groserías no retornarían al clóset, se desvanecía su proscripción absoluta, y faltaba poco para su metamorfosis humorística en bendición hogareña, tan inevitable que ya ni siquiera las voces de furia y rencor en las riñas desvían a las Malas Palabras de su viaje al interior de las nuevas Buenas Costumbres. A la sacrosanta demarcación de límites de la Patria ("Viva México, hijos de la chingada") sucedió la ternura apenas contenida: "Vivan los hijos de la chingada que hoy pueblan a México."

A devolver las malas palabras al redil de las buenas costumbres muchos contribuyeron, voluntaria o involuntariamente. Por ejemplo los escritores a la caza de vetas carismáticas. . .

301

Samuel Ramos: Aun cuando el "pelado" mexicano sea completamente desgraciado, se consuela con gritar a todo el mundo que tiene "muchos huevos" (así llama a los testículos). Lo importante es advertir que en este órgano no hace residir solamente una especie de potencia, la sexual, sino toda clase de potencia humana (*El perfil del hombre y la cultura de México*).

Octavio Paz: Por contraposición a Guadalupe, que es la Madre virgen, la Chingada es la madre violada. . . Su mancha es constitucional y reside, según se ha dicho más arriba, en su sexo. Esta pasividad abierta al exterior la lleva a perder su identidad: es la Chingada. Pierde su nombre, no es nadie ya, se confunde con la nada, es la Nada. Y sin embargo, es la atroz encarnación de la condición femenina. . . Si la Chingada es una representación de la Madre Violada, no me parece forzado asociarlo a la Conquista (*El laberinto de la soledad*, 1950).

Carlos Fuentes:. . . Nacidos de la chingada, muertos en la chingada, vivos por pura chingadera: vientre y mortaja, escondidos en la chingada. Ella da la cara, ella reparte la baraja, ella se juega el albur, ella arropa la reticencia y el doble juego, ella descubre la pendencia y el valor, ella embriaga, grita, sucumbe, vive en cada lecho, preside los fastos de la amistad, del odio y del poder. Nuestra palabra. Tú y yo, miembros de esa masonería: la orden de la chingada (*La muerte de Artemio Cruz*, 1962).

A la rehabilitación mitológica de "obscenidades", la complementan la urgencia de nuevos recursos cómicos en teatro y cine, la "actualización arriesgada" de las costumbres y las dificultades del culto a las apariencias en medio del hacinamiento y la explosión demográfica. Así, los guionistas sembraron de *pendejos* y *carajos* a los diálogos que se debilitaban; la nueva generación alivianada y los *drop-outs* del Pedregal y Narvarte se pusieron de acuerdo y ahogaron en mentadas-de-madre las "zonas prohibidas" del lenguaje; en *Mecánica nacional* de Luis Alcoriza, doña Sara García, la Abuelita del Cine Nacional, se despachó tres virtuosismos "obscenos" por parlamento, y nadie se jodió seleccionando palabras decorosas mientras conversaba en la muchedumbre del Metro.

Sin extenuarse en protestas y gestos de indignación, la hipocresía social se resignó. ¿Cómo negar la existencia histórica y el papel esencial de ese Vocabulario Maldito? En un plazo de cinco años, películas, obras de teatro, periódicos y revistas aceptaron la madurez auditiva y visual de sus lectores y espectadores, y lo que en principio fue provocación acabó de sello de autenticidad costumbrista. ¿Quién creería hoy genuino un diálogo popular en donde los personajes exclamasen "Me lleva la tostada", "¡ah qué caramba!", "¡váyase mucho a donde vino!" o algún otro eufemismo de antes? Se compadeció a los novelistas de la Revolución, a quienes la censura forzó a intercalar refranes para aminorar la rabia de sus personajes: "Antes que me fusilen, Romualdo, te digo una cosa: tendiendo el muerto y soltando el llanto", y se otorgó un perdón póstumo a los argumentistas del cine sobre la Revolución con sus diálogos tan bien portados. (Todavía en 1958, según cuenta Ricardo Garibay, en el film *La Cucaracha* de Ismael Rodríguez, María Félix se negó a decir "Vaya y trague mierda" y lo suplió con "Vaya y trague de lo que no se vende", y no pronunció la frase: "¡Vente pa' ca', tú que tienes buen culo", sustituyéndola con "Vente a calentar friolentos, tú que tienes buen hornillo".)

¿Qué persona medianamente educada usará hoy "asentaderas" o "posaderas" o "donde la espalda pierde su honesto nombre", pudiendo acudir al muy quevediano *culo*? ¿Quién confiará en la frase de Garibay en *La Cucaracha*; "¡Echenles mentadas, que también duelen!"? Lo cabrón del caso es que las *malas palabras* son menos de las que se pensaba, y la vivacidad del habla depende de la intensidad, el regodeo, el ritmo de las reiteraciones y el uso sorprendente de los adjetivos ("una churrigueresca pendejada" / "Un coño milleriano"). La debacle, para decirlo rápido, el viaje de la metafísica transhistórica a la tipicidad, del autoapantallamiento a la identidad coloquial. Y para acabarla, en la preservación de las palabrotas quizá los cambios de la moral sexual influyeron menos que la necesidad de atmósferas nacionalistas en la conversación. Decir "puta madre" o "¿Cómo crees que yo iba a coger en ese sitio?", equivalió a extender magueyes, cordilleras, sarapes, metates, jorongos, jarritos de tequila. Sin la Chingada, las conversaciones se oyen falsamente nacionalistas, como se ejemplifica en *El norte*, la película de Gregory Nava sobre el destino migratorio de los campesinos guatemaltecos. En el film, un viejo del pueblo instruye a un indocumentado sobre la conveniencia de hacerse pasar por mexicano en México: "Sobre todo, no dejes de decir *chingada* para todo. Allí la usan siempre, a cada minuto." ¿Y cómo si no, ya que de otro modo nos supondrían extranjeros?

303

¡Ay carambas, dijo Judas llegando hasta los otates,
aparéjame las mulas y sácame los petates!

Otra fue la suerte de los *albures*, "el combate verbal hecho de alusiones obscenas y de doble sentido, que tanto se practica en la ciudad de México" (Octavio Paz). Si ya su práctica no alcanzó el status ontológico y turístico de las Grandes Malas Palabras fue por su industrialización. En 1958 publicó A. Jiménez *Picardía mexicana*, cuyas interminables ediciones, ratificaron las ventajas de concederle formas estables al dinámico ingenio popular. Al ataque, los generales japoneses Yanomi Loto Kes, Yokero Tuchiko y Yotago Tui Jitto. El propio don Alfonso Reyes apoyó el libro de Jiménez: "Todos los mexicanos hemos soñado, en cierto momento, escribir un libro como éste, y aun dimos los primeros pasos hacia esa meta. . ." y, uno, en reuniones o en la calle, empezó a oír sin variaciones, los albures registrados en *Picardía mexicana* y en *Nueva picardía mexicana*. Muy eficaces todavía, pero los mismos. La sospecha se infiltró: ¿habrá terminado ya la creatividad de un repertorio fundamental del Alma Azteca?

No es lo mismo la papaya tapatía, que tía, tápate la papaya. Muy posiblemente —no en balde el prestigio de la tradición en sociedades que la recuerdan semestralmente— el minucioso arquitecto Jiménez incluyó las combinaciones albureras más perfectas. Repetirlas con el asombro de las vírgenes en el convento ante el jardinero superdotado fue un homenaje cultural y un límite. ¿Para qué esforzarse en crear nuevos albures si lo recién acuñado ya no cabría en nicho alguno del museo de Jiménez? No la toques ya más, así es la cosa. Fue tal el éxito de *Picardía mexicana* que los albures no consignados allí parecieron meras vulgaridades y la memoria fiel hizo ya institucionalmente las veces del ingenio popular.

Fue tan mujeriego el Duque de Veraguas
que a los treinta y cinco años ya no paraguas

Albur y civilización; los alburemas en las codificaciones lingüísticas; alburología y paremiología. No mames que descobijas. A lo largo del siglo, el albur es la escuela esotérica de iniciación a la sexualidad (los chistes de Pepito, la primera educación a domicilio) y la pornografía nómada. *Dijo el poeta de la honestidad: Mi camino es el recto/ ¿Cómo dijo?* A mayor aprecio mitológico, menor existencia cotidiana. Según lo muestra la prensa popular, digamos publicaciones como *La madre Matiana* en los años veinte, el albur fue táctica para burlar la censura, una de las dificultades predilectas para decir sin tanto problema la verdad sexual. Ataviado de frase inocua o de arcaico, el albur fue respiradero verbal de los reprimidos sexuales (todos) y chiste ventajoso que reafirmaba a quien lo reproducía y a quien lo comprendía rápidamente ¡*La calabaza en Zacoalco crece más que en Lechería*! / ¡*Ay mamá, me huele a luna, si estará cerca la mata*! ¡*Ay pulga, no brinques tanto que no te puedo coger*!

En una sociedad anegada por la sobreabundancia de moralejas y sermones, el albur, se dijo mucho, fue el lado vivaz de la obscenidad, cuyo origen se depositó en la plebe. (Mi hipótesis es distinta: la elaboración de estos retruécanos se debió más bien al ocio de curas lascivos, de abogados hartos del Código de Procedimientos, de literatos fallidos, de médicos de provincia ansiosos de disfrazar sus devaneos literarios, de periodistas forjados en el intercambio relampagueante de cantina. Estos, creo, son los inventores, aunque la fama se les acomode a los discípulos costeños que hace cuarenta o cincuenta años contendían briosamente en esquinas y centros de trabajo a golpes de ingenio sicalíptico.) Así es o así debió ser, y el albur fue el chiste inequívoco que, con tal de complacer a la moral dominante, todos juzgaron equívoco. *Si quieres conservarte fuerte y sano/ cuida lo que tienes en la mano.* La pornografía que no llegaba al libro, la película o el teatro de burlesque se condensaron, febrilmente desde luego, en los chistes y en el albur, en lo memorizable que, en presencia de la Gente Decente, es decir, de la hipocresía reglamentada, era ya *lo indecible*.

Picardía mexicana e investigaciones aledañas (que no excluyeron tesis doctorales) cercaron a tal punto a este territorio del desahogo que pronto se supo la temible verdad: no hay albur nuevo bajo el sol. *¿Con esa boquita comes?* Así fue: los pudibundos ancestros lo habían inventado todo o casi todo, y desde hacía décadas los famosos "duelos de albures" eran las más de las veces enfrentamientos de memoriosos. *Adivina: tiene freno y no es camión/ se pone colorado sin ser vergonzoso/ carece de educación pero se levanta ante las damas.* Adivina. ¿Y si resulta que el celebradísimo ingenio popular depende de la alianza de la ocurrencia y la recordación? ¿Y si ya muchos albures se acercan a su sesquicentenario, aunque sea imposible certificarlo por la ausencia de pruebas testimoniales? ¿Y si el albur es mausoleo de la cultura oral que delatado por *Picardía mexicana*, pasó de creación lingüística a repostería idiomática?

Por detrás se pide y por delante se despacha

La freudianización de la vida cotidiana y las costumbres liberalizadas contribuyen al nuevo prestigio (y distinto desprestigio) del albur. Se ratifica que nada en el lenguaje es temible, pero también, ¡cuidado!, es un juego inconsciente con la homosexualidad; y es la delación inacabable: del humor ambiguo de tus padres y abuelos, de tu sadismo, tu masoquismo, tus traumas, tus pulsiones infantiles, tu psicodinámica retroactiva. Y un peligro más grave se añade al de enterarte de los motivos soterrados de tu comportamiento: saberte fuera de moda, el estilo de tu hombría está fechado. ("Es un macho Luis Aguilar, febrero de 1947") y los albures que tanto te alborozan son consuelo del premoderno, de aquel que copia cuidadosamente los chistes en una libreta para no perderse de ninguno; del que, por hacerle caso al erotismo subterráneo del siglo XIX, casi no participa de las Creencias Aliviánadoras de la burguesía de hoy; de quien desea ser eficaz en las reuniones reproduciendo al pie de la letra los chistes con pedigree.

Por si algo faltara, el comercialismo descubrió en el albur un elemento que ahorraba tramas y desarrollos argumentales. Vi una obra (por llamarla de algún modo), *El coyote inválido*, a la que la censura no dejó llamarse *El coyote cojo*, y que sólo consistía en un duelo de albures, interminable. El público se reía mucho al principio y, dos horas después, agotado, se declaraba incapaz de comprender la delicia eterna de vencer al adversario y encajarle el papel del homosexual pasivo, o de rebajar perennemente a la mujer. No hagan olas y con qué mano te persinas. . . En el cine, el subgénero de "las ficheras" y películas como *Picardía mexicana*, convirtieron el albur en monólogo del fluir de la conciencia, el cómico memorizaba quince o veinte albures y los soltaba sin interrupción, emocionado con su encadenamiento de golpes bajos y trucos copulativos. Se impuso el Mexican Graffitti (*Este es el gallito inglés, / míralo con disimulo, / quítale el pico y los pies / y métetelo en el culo*), los investigadores lexicográficos extrajeron de las pulquerías los pocos albures aún inéditos y, ante el recitado de albures que más parecían rosarios de las ganas sexuales, hubo quienes lo pensaron: no toda la obscenidad popular es divertida, y gran parte de ella es a ratos altamente tediosa.

Lo que va de ayer a etcétera. En los años cincuenta, Ninón Sevilla grabó un disco de canciones "escabrosas" distribuido por la RCA Víctor con cautela y desaparecido prontamente: *Los hermanos Pinzones eran unos mari. . .neros/ que se fueron a Calcuta a buscar algunas. . . playas.* Desde los setentas abundan ostensiblemente los discos que almacenan chistes y albures, cuyas portadas, dibujadas por enemigos del buen y del mal gusto, anuncian los sonoros nombres de Chaf y Queli y títulos tan afortunados como *Anillo vial interior. . .* "Que va por República de Chile, y Chile viene en sentido contrario." Malos actores, pésimas voces, gracejos que se mueren en el camino a la carga. Pero estas grabaciones venden, y se oyen en reuniones familiares. . . Otra vez la curiosidad: ¿es ya el albur un chiste hogareño independizado de la televisión? *A doña Josefa primero la volvieron quinto normal, luego la volvieron chiquita y por último le averiaron el busto . . .*

"Perdone la pregunta señorita, ¿A usted no le gustaría que le inaugurara el Anillo Interior?"

Instalado en vitrinas, transmitido como estafeta inmutable de generación en generación, viviseccionado en los cubículos, al albur todavía le falta la crítica última: el cuestionamiento del sexismo, que incluye la crítica al humor machista. El chiste del albur reside en la humillación femenina y en la feminización de la tontería sexual. Si no divierte instantáneamente, la credibilidad del albur se destruye, sin mayores exámenes. Cualquiera que sea la gracia del albur (no demasiada, a mi juicio), la disuelven las vejaciones sexistas, y, objeción no desdeñable, el poner su eslabonado juego de palabras al servicio de un solo recurso humorístico, según el cual lo más desternillante es la conversación como trampa vaginal. No es lo mismo apalear un techo que techar un palo, ni es lo mismo el humor de una sociedad totalmente reprimida que el de una sociedad modestamente liberada. Alejado de sus funciones representativas, el albur, joya del tiempo libre del machismo, tiende a desmoronarse lentamente.

Y desde entonces, señor don Amadeo
ya ni en la paz de los sepulcros creo.

(1984)

Crónica de sociales:
La admiradora con casa propia

SEGÚN Y CÓMO. Es domingo en la tarde, y ella vino a gozar del amadísimo Julio Iglesias en la Plaza México, así se burlen las amigas (y además, las amigas no se burlan), y queden pospuestos el marido, los hijos, la casa, y el fin de semana en Cuernavaca. Si él me dice "¡Ven!", todo lo dejo. Es el triunfador internacional, de moda en los mismísimos Estados Unidos, que vino a contestar el reto del comunicador Raúl Velasco, quien en su programa *Siempre en domingo*, se quejó y le reclamó a Julio su olvido de México y su error al no darse cuenta de nuestra crisis económica, uno de cuyos primeros efectos es la imposibilidad de pagarle su tarifa normal (dos millones de dólares). Julio entendió la razón más emotiva que económica, y vino a salvar a este público de su ausencia.

Ayer la presentación de gala estuvo de agasajo. En el Hotel del Prado, y a beneficio de la Gota de Leche, la agrupación que atiende a cuatrocientos niños pobres. Velasco, a nombre de todos y cada uno de los mexicanos le agradeció a Julio su presencia, sin la cual las damas de la Gota de Leche no hubiesen visto tal culminación de sus esfuerzos (¡*El salón lleno y la alegría de la caridad*!) Como el show tardó algo, hay tiempo de conversar, y es el turno de un tema predilecto, su peinador Fernando. ¿Qué le pasa? De seguro anda enamorado o quizá sí le obsesiona lo de la máquina de rayos láser para el maquillaje. No le llega y ya la pagó. Pero como sea Fernando está perdiendo la magia. Antes, se reconocía en la calle a las señoras que él peinaba. El otro día, le aseguró a una amiga: "¿Te peinó Fernando, no es cierto?" Y no, la obra de arte era de Michel.

Hoy algo pasó y la Plaza México está medio llena (que no es lo

309

mismo que medio vacía), lo que ella no se explica, en todas partes se aglomeran, en Barcelona y en Japón, y México nunca ha sido la excepción de la moda. Una amiga que vino de París le aseguró que Julio es *la loquiur* en Europa y su representante, Frayle, es el mayor genio de la publicidad que se conoce desde Churchill. Seguro, si el propio Julio declaró: "Los dos españoles más famosos internacionalmente somos Pablo Picasso y yo, y don Pablo está muerto." Eso dijo y ni Plácido Domingo le reclamó.

La plaza está animada. A ella le fascinan las mantas promocionales de SUJI (Sociedad Unida a Julio Iglesias) y del Club Universal Siempre-con-Julio-Iglesias, y su buen gusto patrocina el mal gusto de los compradores de sombreros de maja con rosas rojas de papel o de gallardetes y banderines con el rostro de Julio... Y allí está, maravillosamente anti-climático Raúl Velasco, y le da flojera aplaudirle pero él lanza una frase ingeniosa ("Qué pensaban, que me iba a bajar del helicóptero") y en pago de su risa, ella aplaude. Velasco confiesa su placer, qué bonito hablar en la plaza de toros más grande del mundo, y concluye su reflexión presentando a su amigo "uno de los artistas más grandes que tiene Hispanoamérica en todo el mundo". ¿Y qué haría sin España, Hispanoamérica?

¿De cuántas gentes se compone una organización? De las que el monto del público exija. A policías y vendedoras los complementan y desbordan asistentes, secretarias, ayudantes, meritorios, apuntadores. A ella le asombra el tamaño de esa "infraestructura logística de apoyo", y se distrae acomodándose el cinturón de centenarios y el collar adquirido en Nueva Delhi. El sol es tolerable, Julio actúa en pro de la niñez desvalida y Raúl Velasco no entiende que acusen a la capital por deshumanizada, si aquí hay calor humano, Julio, y te lo van a demostrar con el aplauso. Cómo no ovacionar a quien es fruto de su trabajo, "un hombre que ha sido paralítico y que a base de tesón se ha impuesto en todo el mundo". Por eso, finaliza Raúl, de vez en cuando hay que recordarle: "Oye, ya llegaste muy alto, no te olvides de los cuates."

¡Qué gesto! Mira que no cobrar ni un solo centavo, no todos lo harían. Bien dijo Julio en la fiesta de la Gota de Leche: "Sólo con música y amor se puede conquistar el mundo, no con dinero." Según los envidiosos, a Julio le interesa esta publicidad para conservar el público cautivo de México. ¿Será cierto? Ella lo duda. Si *Hola*, la revista española que prefiere sobre todas las co-

310

sas, traía fotos de Julio cenando con el mismísimo Ronald Reagan. ¡Y en la Casa Blanca! Allí le cantó al presidente de Francia y se sentó a la mesa con los dos figurones. Un tipo así no requiere de los comentarios a su favor en Tecamachalco. Y aquí somos ingratos, en toda la plaza sólo se agitan diez gallardetes con la efigie de Julio.

¡Qué buena orquesta y qué buena sonorización y qué fantástico coro de tres chavas! Aparece Julio en persona, todo de negro, con su aire de vencedor en el mundo de los negocios, con un bronceado que no se adquiere en un fin de semana en Acapulco, como de vuelta de una regata, esperando a su contrincante en el sol, dándole tiempo a su compañera de que prepare los daiquirís. Julio es el estilo sensual que ninguna religión prohibiría, con el repertorio que es un homenaje a la vida a paso veloz, de un aeropuerto a otro, de un auto sport a otro, de una modelo danesa a otra, de un *best-seller* a otro, de la fugacidad de los encuentros a la eternidad del amor. La amiga que regresó de París se pasó una cena explicando el pegue de Julio, un señorito que a punta de buena presencia desplazó a los patanes de melena. Si él tiene o no que ver con su apariencia es cosa suya, pero así a simple vista es la apoteosis de los directivos de las grandes empresas hoteleras, de las agencias de publicidad, de las compañías de importaciones, de los que llegaron pronto y siguen subiendo. Y falta mencionar la voz que hace pensar que las comodidades y el sol y la onda nueva están bien y no ofenden a la tradición.

Quedamos en que ella admira a Julio, le hace bien oírlo, y nomás sonríe cuando su amiga le dice que Julio es un sistema de relaciones públicas entre una canción y otra. El sol refulge y Julio habla. *Gracias, México, de verdad* —asegura— *es cierto que me he ausentado pero no por la falta física crean que no han estado patentes en mi vida. Gracias por venir a esta plaza. Gracias a todo México que en este momento nos está viendo, en esta plaza llena de colorido, de ojos, de gente, de almas...* Y Julio podría seguir y seguir, el verbo se le dio autónomo, y su gratitud es tan expansiva que va absorbiendo todas las palabras.

Quien bien los quiere no distingue entre sus hijos, supone ella, y Julio canta igualitas, sin modificaciones, las baladas de abandono y las de felicidad. A todas les hereda su estilo, el Certificado Iglesias de buena conducta, de pasiones lícitas, de adulterios sanos, de orgías bien comportadas. Si Julio canta, la canción le queda al color de los muebles, y ratifica la santidad del hogar.

311

Ni muy audaz ni muy antigüita, más bien un recordatorio de las vacaciones y de los comerciales hechos en Miami, de los bailes de graduación y de la playa en los días tan luminosos donde se añoran la infancia y la sombra. Qué bárbaro, Julio tiene éxito porque ha tenido éxito y mientras triunfe seguirá triunfando. Ella suspira y Julio canta lo ya cantado en todos los idiomas. Ahora en italiano, "Júrame" de María Grever.

¡Qué bello es soñar! Si las canciones fueran modos de vida . . . Julio presenta a una institución de México, una persona que él adora, quiere y venera, y para quien solicita un aplauso con toda el alma . . . don Pedro Vargas.

La gente, de pie, recibe a la institución que canta "Gracias a la vida". Iglesias anuncia el disco que harán juntos, Pedro asiente desde su hieratismo y ambos se embarcan en un dúo de cariño, de infalsificable amor filial y paternal. Ella observa ahora el medio lleno en la Plaza México ("Ellos se lo pierden") y desatiende el sarcasmo de su amiga ocupadísima reconstruyendo el coraje que estará haciendo Julio. Quién se fija, Julio habla del cariño verdad, delante y detrás de las cámaras, y eso es cierto, a lo mejor quienes nunca salen en la tele nunca han amado, porque les falta la constancia de las cámaras. Ahora, juntitos, los dos se arrancan con "Noche de ronda", Pedro igual que siempre y Julio se trepa rápidamente al éxtasis. ¡Qué oportunidad histórica! Ella los escuchó anoche y se alucinó con la dulzura de Julio y esa gravedad de Pedro que reconocería aun estando sorda.

¡Ah, el dueto!, ella se arregla el pelo y se sube los lentes de sol, y ellos —como corresponde— se ven a los ojos, Pedro empieza con "No me amenaces" y Julio contesta "¿Quién te amenaza, quién te amenaza, Pedro? Se te ve jovencito, qué tío don Pedro, y ya sabes lo que haces . . ."

¡Qué amistad! ¡Qué mutua admiración reconcentrada! La gente ríe, se estremece, festeja las oleadas de afecto y admiración. Ellos improvisan sin perder la expresión de mutuo aprecio y a quién le afligen los huecos en la plaza. Julio filtra las letras con su voz tenue y entonadita, los cánticos prosiguen entre miradas de mutua aprobación vocal, ella se arregla el pelo una vez más, sorprende otro envío de codicia a su cinturón de centenarios y se preocupa levísimamente por el tumulto a la hora de la salida. Pedro y Julio cantan "Cucurrucucú paloma", ella observa de reojo al compositor Tomás Méndez (francamente emocionado),

Julio azucara la canción hasta la dicha, se eterniza la mirada de mutua solidaridad artística, y ella, feliz, se promete llamarle a su peinador el lunes.

(1984)

VII

Carne, carne maldita que me apartas del cielo

Amado Nervo

Instituciones:
María Conesa*

Retrato antiguo para voyeur del pasado

A Martha Ofelia Galindo

Piensan las señoritas al mirarte:
con virtud no se va a ninguna parte.

Ramón López Velarde

DICHOSAS O MELANCÓLICAS épocas anteriores al videotape, al acetato, al cassette y al compact disc. Las divas y las vedettes bailaban y se entregaban a su público, y le cedían su fama eterna o su eclipse duradero a las disposiciones memoriosas: *¡Era maravillosa! ¡Ni valía la pena!* Y a falta de pruebas más contundentes, se le cedía a las legiones de agradecidos o de olvidadizos la tarea de armar leyendas o sepultar nombres en las colecciones amarillentas de programas de mano. Muy contadas fueron las superestrellas del tiempo pre-electrónico que no estuvieron a expensas de la voluntad de los fanáticos. Una excepción magnífica: María Conesa, imagen de la otra Revolución Mexicana, la que se iniciaba en las noches de la capital tomada por diversas facciones, en el momento en que los caudillos y sus segundos hacían de los teatros su campo de batalla erótico, invadían los camerinos, enviaban montañas de rosas, raptaban a las inaccesibles y expulsaban a las demasiado accesibles, seguían jadeantes los movimientos sicalípticos desde la primera fila, y oían complacidos los rumores de amoríos que no soñaban emprender.

Por cuatro décadas, María Conesa dominó la escena mexicana, signo de las falsas y genuinas contradicciones de una sociedad y su espacio de libertades morales. Su ''época de oro'' transcurre

* Prólogo del libro *María Conesa* de Enrique Alonso, Edit. Océano, 1987.

317

en una ciudad todavía entendible y recorrible, en el periodo que va de las postrimerías del Porfiriato a los finales del radicalismo gubernamental. No terminó entonces su desempeño artístico, pero sí su gran significación simbólica, aunque ella fue, hasta el último instante, diligente y estruendosa, negándose con actos y canciones a ser la gloria de cuyos orígenes sólo los abuelos estaban al tanto, la reliquia empolvada. Pero su auge se produjo en las décadas postreras de la moral feudal en México. Allí reinó, entre los cambios que se producían a diario y las visiones inmovilistas que se aprovechaban de los cambios. Allí, en la panorámica de la nostalgia, sigue reinando.

"La concurrencia es insaciable y pide más y más bailes"

Enrique Alonso, artista y notable recreador de la tradición del teatro en México, ha escrito una excelente crónica biográfica, *María Conesa*, donde resume su larga convivencia con la persona, el personaje y el trabajo. Enrique, desde niño admirador de María, fue el confidente de las evocaciones y el legatorio de los documentos privados y públicos. Gracias a él, disponemos por vez primera del trazo biográfico, artístico y sentimental de un personaje indispensable en la construcción de una imagen nacional del espectáculo.

María nace en Valencia en 1890 o 1892 (Enrique no proporciona la fecha), hija de don Manuel Conesa y doña Teresa Redó. La familia muy pronto se translada a Barcelona, donde la danza es el interés precoz de María y de su hermana mayor, Teresa. Como en las películas: un día bailan en la calle y las observa un *talent-scout* de la compañía Aurora Infantil, que, alborozado, convence a doña Teresa, la madre típica, absorbente y voraz, que le permita a sus hijas viajar a la América. Doña Teresa duda, don Manuel observa, doña Teresa acepta y ellas van a La Habana, a Nueva York, y a México, en donde debutan el 11 de enero de 1901, en el Teatro Principal. Al regresar a Barcelona, las hermanitas toman clases y se preparan arduamente, mientras actúan en lugares donde quien paga no es la empresa sino los asistentes, que tasan su consideración de los artistas en las monedas que arrojan al escenario.

Un día, real y melodramáticamente, se cuela la tragedia. Envidiosa del éxito de las Conesa, una cantaora, La Zarina, azuza a su hermano que, ebrio y drogado, entra al palco donde las hermanas contemplan la función y apuñala repetidamente a Teresa. A punto de ser asesinada, María se salva.

Al cabo de unos meses, María se recupera y vuelve al teatro, donde en 1906 triunfa con la zarzuela *La Gatita Blanca*. Imposibilitada de seguir trabajando en España, por la prohibición del trabajo escénico de menores de edad, viaja a Cuba, o mejor, se larga con su padre a Cuba huyendo de la solicitud materna. En La Habana, donde a los pocos días se le llama "Parisina", es la tiple cómica (y sensual) de moda, cuya resonancia artística y económica hace que a la obra *La Gatita Blanca* se le rebautice: *La Gatita de Oro*.

En noviembre de 1907, María se presenta en el Teatro Principal con *La Gatita Blanca*, la obra que la identificará el resto de su vida y que antes de ella interpretaba (la todavía no Doña) Prudencia Griffel. Al llegar a México, la Conesa obra milagros: el género chico, entonces en grave crisis, se salva con su sola gracia y su malicia. Al principio los críticos no le descubren demasiadas facultades, pero a los inconvenientes de la voz los redime la *picardía*, que viene a ser la relación desde el escenario con la concupiscencia que campea en las butacas. Al instante ella lo comprende: en un medio reprimido, las alusiones divertidas al sexo son escenificaciones clásicas del orgasmo colectivo. *Ser audaz* es pronunciar con malicia una frase, y ya el espectador inventará su contenido "verdadero".

La asociación beneficiosa: la vedette y el escándalo. No son los affaires reales o supuestos de la Conesa el fundamento de su renombre, sino la impudicia escénica. Desparpajo en cada vuelta, salidas verbales para el ansia de fornicaciones, miradas insinuantes al ojo de la multitud, desplantes, cuidadosa selección de las letras de sus cuplés: he aquí los datos que inician la Mala (Excelente) Reputación. Incluso Luis G. Urbina (informa Luis Reyes de la Maza en su amena revisión *Circo, maroma y teatro*, UNAM, 1985) que abomina del género chico, va a ver a la Conesa atraído por su fama, y escribe acto seguido un largo sermón:

Me resisto un poco a llamar artista a esta 'cantaora' y 'bailadora' que no hace otra cosa que llevar al tablado actitudes y movimientos provocativos y sensuales[. . .] Su figura no es garbosa, el semblante no es bello, la voz es desaliñada y desagradable, pero de toda la cara, de todos los movimientos, de todo el cuerpo chorrea malicia esta mujer; tiene una desenvoltura pringada de cinismo[. . .] Hasta el Padre Nuestro dicho y declamado así, nos parecería un atentado al pudor.

Pronto, un inspector de teatros multa a María por cantar un cuplé "demasiado indecente". Al día siguiente, respuesta en los diarios, firmada por un grupo considerable de admiradores: se avisa a los inspectores que los tandófilos costearán las reprimendas económicas a su adorada. Y Urbina, acosado por las numerosas réplicas en periódicos, y por la copla donde María lo alude en son de chunga, se rinde:

> Yo hablé mal de unas faldas porque vi se levantaban mucho a la altura de unas rodillas, y que dejaban ver unas piernas esbeltas y bonitas, y las faldas que se levantan así, con música o sin música, me parecen muy provocativas y también muy poco respetables[. . .] Estoy vencido, absolutamente vencido, pero no me causa sorpresa: Ya sabía yo que nada era posible lograr. ¡Abajo la hipocresía y arriba la falda de dieciocho abriles!

Urbina se reserva el desquite moralista. Si el género chico va a persistir, insiste, por lo menos que se le aísle, y se le obligue a las empresarias, las señoras Moriones, a enormes avisos en las puertas: "Teatro para hombres solos. Se prohíbe la entrada a menores de edad", tal y como se usa para prevenir de la existencia de burdeles y cantinas. Pero ya es tarde para la maniobra gazmoña. La Conesa se adueña de las conversaciones, y de los reproches fingidos, su camerino se inunda de flores cada noche, los tandófilos deliran y, por ejemplo, a fines de 1901, en el beneficio (función especial) de María en el Colón, la exigencia del público es tal que el cronista de *El Imparcial* escribe:

> María Conesa se espiritualiza cada día más, es decir, enflaquece; dirán ustedes que esto no viene a cuento, pero sí es pertinente porque el desmejoramiento de la Conesa se debe al excesivo trabajo; la concurrencia es insaciable y pide más y más bailes, como si lo que tuviera enfrente, no fuese una persona sino un trompo de cuerda.

En 1908 María se retira de las tablas por "asuntos de amores" (su casamiento con el aristócrata pulquero Manuel Sanz). En 1909 regresa persuadida por su añoranza del aplauso, y por el mayor sueldo pagado hasta ese momento en México: tres mil pesos mensuales. De esas fechas es la "calavera" de José Guadalupe Posada. Allí María, en pose "descarada", conjunta la picardía y el arrepentimiento, la curiosidad y la lujuria que es *memento mori*.

El Porfiriato acaba entre sollozos y disparos, y la Conesa participa de su agonía. En 1910, al cabo de una temporada naturalmente devastadora en La Habana, María actúa durante las Fiestas del Centenario. El dictador Porfirio Díaz y su muy noble esposa Carmelita Romero Rubio de Díaz, movidos por la maledicencia que encumbra a la Conesa y por la necesidad de darse un "baño de pueblo", acuden al Teatro Principal. A María, que luce con osadía en su vestido de china poblana el águila nacional, se le invita al palco de la Pareja Real. El 15 de septiembre canta en el teatro las estrofas del Himno Nacional.

"¡Ay!, sopla. ¡Ay!, sopla"

Sólo a través de las excavaciones de arqueología cultural se entiende ahora la significación del teatro frívolo o de género chico a fines del siglo XIX y principios del siglo XX. En la ciudad de México, socialmente reducida, o en las mucho más estrechas ciudades de provincia, este teatro es de un solo golpe diversión, espacio de contactos sociales y sexuales, escaparate del virtuosismo artístico, bolsa de valores de las reputaciones, origen de modas en vestuario y canciones, confirmación de prejuicios moralistas, templo canónico de la belleza y de la gracia, sitio de descarga verbal y visual de los anhelosos de acoplamientos. María, reina del género chico, es quien mejor capta las angustias soterradas de un público sólo feliz en la apetencia.

Sensualidad y procacidad. La apoteosis del género chico es la zarzuela *La corte del faraón*, para un público exclusivamente masculino. Canta el coro de viudas:

Al marido después de la boda,
nada, nada se debe negar,
pues con él en la casa entra
toda,
pero toda su autoridad.

Y aunque llanto al principio
te cueste,
que él te trate con mucha
dureza,
si le sabes seguir la corriente...
al final bajará la cabeza.
Sé hacendosa, primorosa,
dale gusto siempre cariñosa;
muévete
para lo que pida
dispuesto ya esté.
Cuídalo, mímalo,
no le digas a nada que no.

Con perspicacia, María capta el secreto de *La corte del faraón*: ya es hora de hacer del espectador un cómplice más activo en contra de la censura, hay que convertir sus carcajadas en instrumentos contra la ñoñería. Sin el doble y triple sentido, ni las conversaciones, ni el arte de la seducción, ni el humor, conocerían el riesgo que es diversión. Una canción es una trampa para inocentes. Si no se reconoce el albur, se nació ayer. Si se reconoce suprimiendo la risa, se es muy hipócrita. Si hay risa y hay intenciones de pecar esa misma noche, se es un degenerado.

María, aseguran generaciones de testigos y feligreses, hace del doble sentido un arte. En el modo en que ella conduce la letra de las canciones, se filtra la revelación sexual. En sus movimientos, se anticipan las reacciones ante el deseo. En su mirada, se desliza el *sí* para la muchedumbre y para cada individuo. Imaginen y descifren lo ya entendido por multitudes. María canta "El abanico español":

Tengo para el verano
un abanico que mi chulo me
compró,
y este cuerpo serrano
para lucirlo como manda el
mismo Dios.
Aire que es cosa buena,
aire que me enajena.
No te pongas sofocao que no
hay de qué.
Pasa, niño, que allá va lo que
se ve.

322

¡Ay!, sopla. ¡Ay!, sopla.
¡Ay!, va la chulapa de verdad.
¡Jesús! Qué demonio de sopor.
Esto es pa morir, ¡vaya calor!
¡Ay!, sopla. ¡Ay!, sopla.
¡Ay!, da que le dale que le das.
No pues más con el sopor
es pa morir. ¡Vaya calor!

¿Quién duda de las intenciones de la canción? De seguro la letra complementa los giros de la "rítmica y eurítmica cintura", el envío de miradas que "hacen ruborizar a la lascivia", el "servil dejo libidinoso de reptil" de la orquesta, la ansiedad que es rendición previa de los asistentes. En el fondo, y como siempre, la admiración de un público no es única ni principalmente sexual. Se celebra el donaire que representa el reto, la huida permanente ante el acecho, la habilidad de la voz y del cuerpo, la escenificación del galanteo. La vedette es la coqueta, la que provoca, incita, pervierte con el guiño, adula los instintos, y se da a querer. Y María Conesa, según la leyenda que es memoria agradecida, es el clímax de la seducción, verla es apetecerla, apetecerla es admirarla, admirarla es resignarse a la posesión simbólica. Ella canta "La pava" y la concurrencia se agita: en los hombres, frustración complacida; en las mujeres envidia que toma nota.

En un jardín de ensueños
me persigue el pavo real
y tras de mí, risueño,
canta su canción sensual.
Entre mis plumas preso
de amor se quema,
saboreando un beso que es un
poema,
y cuando el beso acabó
le gusta al pavo que le digas así

ESTRIBILLO

Pavo, de mis gracias esclavo,
dame el pico, mi pavo, para
vivir.
Pavo, de mis gracias esclavo,
dame el pico mi pavo para vivir.

En una sociedad delimitada por el confesionario y el ¿qué dirán?, por la hipocresía extrema y la creencia en la virginidad psicológica de las Señoras Decentes, la Conesa, y todas las grandes y pequeñas vedettes, son salidas catárticas que se esperan con fervor. Son emblemas de una convicción íntima de los asistentes: la aventura empieza fuera de mi casa. Y de una certeza: el lenguaje en clave (así la clave sea tan obvia) induce al escalofrío de gozo. Mientras más intolerante es la censura, más regocijante las letras concupiscentes o francamente obscenas (según la época):

A Pepín, que es un muchacho
muy juicioso,
su papá le ha comprado ayer
un pito,
modernista en el bazar,
y hoy Pepín entusiasmado,
como es cosa natural,
con orgullo enseña el pito
que es una preciosidad.

De *Cuplés del bastón*.

Ellos saben de qué se trata y ella está al tanto de que los sacudimientos en el sillerío son recepciones del mensaje. Para imaginarse a aquel público, lo primero es recordar cuáles eran los límites de su pensamiento erótico, y las normas de su aprendizaje de la Decencia. Sólo a fines del siglo XIX surgen las grandes provocadoras que no son calificadas de inmediato como prostitutas. Los curas las mencionan como muestra del debilitamiento de la moral, las señoras se santiguan ante su sola mención, pero el espectador ya está al tanto de algo esencial: la Conesa *actúa* la coquetería, y lo que vemos se dedica a todos, no a mí en especial. Y el centro del juego es la candidez revestida de puerilidad y apuntalada por la malicia.

Una postal de principios de siglo nos aclara el procedimiento. Allí María lanza su mirada de asombro contenido, de aquietamiento sensual que es ofrecimiento y, por lo mismo, fortaleza de castidad, lo que está tan a mi alcance nunca podrá ser mío. La pureza que no lo es, la devastación orgásmica que no se produce, la insinuación que es callejón sin salida:

Una tarde en la buhardilla
un gato se presentó,
y subido en una silla,
su pasión me declaró.
Y aunque soy muy chica,
le dije: 'fu, fu',
lo cual significa:
'¿A qué vienes tú?'
El, muy decidido,
contestó: 'Miau, miau',
y éste es traducido:
'No tengas cuidado',
pero al poco rato
viéndome traidor,
no diré lo que hizo el gato,
que me da mucho rubor.

De *La Gatita Blanca*.

La inocencia esplende, la inocencia acepta las ovaciones, la inocencia finge ignorar la maravillada decepción de quienes más la aman entre más huidiza les parezca.

"Chon kina chon kinachon kina kina naka saki yoko aka sako dake koy"

Entre 1911 y 1916 la gente de la capital de la República duda en si ir o no a los teatros, y al cabo los valientes y los curiosos se deciden. (Alguna vez, Agustín Lara comentó: en su primer día en la ciudad de México, todo soldado revolucionario cumplía dos anhelos largamente acariciados: uno, ir por la mañana a postrarse ante María Guadalupe, en el Tepeyac, y otro, ir por las noches al teatro a conocer a María Conesa.) Con amena sabiduría, Enrique Alonso reconstruye ese periodo, seguramente el definitivo en la construcción del mito María Conesa. Si su trayectoria en el Porfiriato consolida sus dones para la provocación, su actuación durante el ir y venir de caudillos y tropas, la sacraliza: ella es la santa de los tiempos del supremo relajo, de los soldados que bailan "El pagaré" hasta las seis de la mañana, de la indiferencia ante la muerte que no suprime la timidez ante la belleza, de los destrozos que son reparaciones del honor mancillado de los campesinos.

María viaja a Europa, y decide regresar a tiempo de convertirse en la figura que esencializa la parte frívola del caos, el cuplé que sigue resonando en medio de los hechos trágicos. Hoy, sus anécdotas nos precisan lo que, desde la perspectiva de la sociedad de masas, es tan difícil de entender: la intensa aglomeración que también llamamos Revolución Mexicana, la cercanía de todos con todos, la promiscuidad social, el remolino que no sólo era espiral de muerte sino de placeres voluntarios y a la fuerza. Alonso evoca a María en los teatros Colón, Fábregas, Iris, Principal y Lírico, en zarzuelas y en el género nuevo, la Revista Política Mexicana, donde las alusiones obsesivas hacen las veces de opinión pública que sale al encuentro de temas y chistes de ese día, que todo lo chotea porque nadie advierte la solemnidad de los poderes:

> Entre los cambios constantes, algo no cambia: el teatro, donde es raro el día que se suspenden las funciones (a los gobiernos les convenía mantenerlos abiertos porque fomentaban la impresión de normalidad). Además, los soldados que llegan a México necesitan sitios donde divertirse, donde aflojar las tensiones de los campos de batallas.

En cuanto una tropa entra en la ciudad, suele acudir a los locales un emisario que informa: "Por orden de mi general Fulano de Tal que no se suspenda la función, pues esta noche vendrá al teatro con su Estado Mayor."

Hay que acudir —morbo es puntualidad— al teatro. Esta noche María Conesa actúa en *Las musas latinas*, y quizás al arriesgado espectador le toque verla quitándole con navaja al general Pancho Villa los botones de su uniforme, o quizás la aplauda cortándole una punta del bigote al general Juan Andrew Almazán, o quizás se le escuche en *La República lírica* convocando al escenario al jefe del Estado Mayor de don Venustiano Carranza:

> Dicen que a Juan Barragán
> el puesto le viene guango;
> mejor hiciera don Juan
> en bailar conmigo un tango.
> ¿Lo duda usted? (*A uno del público.*)
> ¿Sí? ¿Lo aprueba usted? ¡Olé!
> Pues ya pueden todos creerse de mí;
> aquí todos piensan lo mismo
> que usted.

Si la política no es también chistosa, entonces tanta muerte es incomprensible. El paisaje humano es una nueva naturaleza. Echenle una ojeada al reparto: marejadas de inmigrantes; las señas omnipresentes de la lucha de facciones (cada familia aporta su cuota de muertos, desaparecidos, emigrados); encuentros de alto riesgo en esquinas y cantinas; oportunismo a raudales; risa conjunta en la misma platea de bárbaros y civilizados; gritos de júbilo destinados a los vencedores sucesivos; chismes sólo verificables en fosas comunes; fusilamientos donde la única preocupación de la víctima es no tirar la ceniza de su puro; barullo incesante en torno a la Silla Presidencial. Y la necesidad de estabilidad administrativa y psicológica que se sobrepone a los disparos incesantes, y eleva cada noche a María Conesa a las alturas de las alegorías desconocidas de la Revolución.

La temible cercanía de clases que es la vida en años de guerra, es también industrialización de las facultades de mando. Mientras unos generales sólo piensan en ganar la guerra, otros imaginan con detalle los castillos que edificarán en la paz. A María Conesa le toca estar en el centro del escándalo que Enrique Alonso describe minuciosamente, los robos y crímenes de la Banda del Automóvil Gris, uno de los fenómenos policiacos y políticos de este siglo mexicano. María no fue cómplice del general Mérigo, nada tuvo que ver en el reparto de joyas de la banda que asaltaba residencias al amparo de un general famoso, y su influencia sobre la policía. Y sin embargo, a estas alturas da igual y siempre dio lo mismo su falta de méritos en el asunto. A ella se le asocia, vaga y precisamente, en aquel sólido antecedente de la corrupción contemporánea, con delincuentes que perecerán envenenados en la cárcel, con acusados de la dirección de los asaltos que producen la gran película con ese tema, con rumores que desplazan a los periódicos, con desaparición de pruebas testimoniales. El caso de la Banda del Automóvil Gris no estigmatizó a María Conesa: solidificó de nuevo su fama con el escándalo.

Alonso sigue la carrera de la Conesa hasta el final, menos melancólico de lo previsto. Unos días antes de morir, en 1978 María actuó todavía en *La verbena de la paloma*, la obra con la que se presentó en México en 1901. Yo la recuerdo en los últimos años con la voz temblorosa, el semblante ajado, la sonrisa iluminada, la actitud de quien espera el amor disfrazado de mera admiración. Y contemplo la maravillosa postal de 1921. Allí María, la estrella de *Las diosas modernas*, ceñida por la corona de uvas y sosteniendo un racimo en la mano, es el ensueño báquico, la alegría dionisíaca, la promesa de la dicha pagana en ámbitos regidos por la intolerancia, la felicidad de la mirada sin otro destinatario que el dueño de la postal, la boca abierta y anhelante. De modo inevitable, le aplico los últimos versos de la "Fábula dística", que López Velarde le dedicó a la bailaora Tórtola Valencia:

> En la honda noche del enigma ingrato
> se enciende, como un iris, tu boato.
> Te riegas cálida, como los vinos,
> sobre los extraviados peregrinos.
> La pobre carne, frente a ti, se alza
> como brincó de los dedos divinos;
> religiosa, frenética y descalza.

La leyenda de María Conesa es un doble homenaje al arte "frívolo" y a la fe pagana de sus espectadores.

*tambores y el bongocero y la voz del locutor: "Respetable públi-
co. A continuación, el fruto prohibido de Tahití bailará un juramento al dios de la luna." Yo como todos he visto el madral de
mujeres buenísimas, pero como las exóticas ninguna, será que
estaba yo en la edad del hoyo y la trinchera, pero nomás verlas y
órale, y no es que soñara en conseguírmelas, sabía que nomás
nunca, pero eso me alebrestaba peor.*

Tongolele lo hipnotizaba. Era de no creerse. Ella se desplaza-
ba con frenesí estatuario, sola y acompañada por sus deseos y los
de todos, en el perfecto acoplamiento de soledad y multitudes,
tan rítmico y compartido (tan apremiado por la excelencia) como
jamás serán los actos sexuales que —en la pérfida memoria— se
desdibujan, tristes o desacompasados o fuera de foco o despil-
farrados en el jadeo o interminablemente breves. Ella intensifi-
caba el movimiento, las percusiones subrayaban la entrega, y el
pópolo la ceñía con gemidos masturbatorios, con vocablos que
festejaban el placer sin complacer, con la monótona palabrería del onanismo que deposita a los pies de la diosa incienso y
semen.

Figura en paisaje con vibraciones

Ese cómico, Adalberto Martínez, al que llaman Resortes, hace
del mambo lo que le pega la gana. Obsérvenlo en su Olimpo del
entresuelo. Pantalón abajo de la cintura, rostro decorado apaya-
sadamente, mirada de fiesta a costa de alguien, y gula ante las
caderas de su acompañante, si la deja de ver un segundo deberá
preocuparse de su salud mental. Resortes surge de la carpa, allí
aprende lo que nunca olvidará, es cómico porque sabe bailar y
baila para acompañar su comicidad. Simón. El cine lo descubre
(la inmejorable criatura graciosa del Arrabal) y el teatro frívolo lo
encumbra, el primer habitante del nuevo ritmo, el dueño de un
estilo que, complaciente, une las disciplinas del circo y del dancing con las exigencias de la Gallola. Resortes es un espectáculo
normativo. Bailo rápido mi alma para comerte mejor.

Aaaaay Mamachiiita! Resortes acepta al mambo como una batalla, hay que vencer al oponente que no es la chava ni son los
mirones ni son los otros reyes de la pista, sino la música, que
agrede multiplicando dificultades, complicando los giros y las
vueltas, desdeñando las hazañas gimnásticas del boogie-woogie o

el coito paralizado del danzón. Y al fin de la batalla, Resortes grita y uno lo reconoce. El, como los actores Miguel Inclán y David Silva, y los cómicos Cantinflas, Tin Tan, Chicote y Mantequilla, intuyó desde sus interpretaciones de vagos y vendedores callejeros, lo expresado por Raymond Radiguet: "Más que los rasgos, la voz acredita a la raza."

Gracias sobre todo a Resortes, se nacionaliza el estilo del mambo. Lo que en Cuba es rítmico y hasta cierto punto suave, en México se vuelve trotador, circense y de exhibición. En las coreografías de Resortes, derivados nítidos de los aleteos de brazos del payaso de circo que finge estar al borde del abismo, se inicia el tránsito de un baile de mortal abrazo a uno centrado en las contorsiones de la ley del mayor esfuerzo. El mambo es el ejercicio que da *caché*, el gusto de estrenarse como habitante de la Vida Nocturna. Pérez Prado inaugura mambos como himnos, y a la noche siguiente todos los bailan en cabarets de pobres y de ricos, mientras las damas acumulan fichas o estallan sus vasos contra el piso anunciando las mutaciones del estado de ánimo. . .

El ruletero ve a Resortes, lo estudia y lo reproduce con esmero, prisa contra plagio, energía contra imitación.

—No, *amigo, si el mambo era para bailarlo muy bien o mejor ni intentarlo. . . Nosotros seguíamos al maestro Pérez Prado, adonde fuera, adonde anduviera, adonde dijera "Yo soy el icuiricui, que sí señor, el icuiricui". Le admirábamos hasta el guardarropa. El se quiso poner a la altura de su música, y se enfundó unos trajes anchísimos, adviertan todos que aquí hay tela de donde cortar. Y nos parecía sensacional verlo dirigir de lado, manejando las secciones de su orquesta a puntapiés, así merito, y aprovechando su voz para imitar sonidos de selva, Aaagh! Uggh! También cantaba un poco, bueno, por lo menos con chiste, todavía ahora que lo veo en películas me acuerdo de una tía que me aconsejaba: "Si no sabes hacer gestos ni lo intentes. . ." Yo trabajaba, ya le dije, pero como entonces los estudiantes eran la novedad del país, aguantaba disfrazarse de estudiante, bastaba conseguirse un suéter de la porra universitaria con su escudote y enfrascarse la noche entera en el Mambo Universitario o en el Mambo del Politécnico, sin fallarle a concurso alguno, con los números a la espalda y la resignación de los perdedores un segundo después de la mentada de madre a los jueces. Yo llegaba en la tarde a casa de mi chamaca, ensayábamos y si podía, me iba a dos de las funciones del Margo. Eso para usted, porque si hoy*

cuento que fui mambolero, se me ríen los cábulas. ¿Usted sabía
que a mamboleros y mamboleras nos pagaban 10 pesos diarios y
una torta? En aquella época iban con nosotros cuates que termi-
naron de altos funcionarios, me cae. Pero ya desde entonces
bailaban de la chingada.

El mambo anuncia lo que no va a suceder y actúa lo que jamás
acontece: la felicidad ni ocurre ni se oculta. El mambo espía sus
propios aturdimientos y exhorta, seduce, es velozmente letárgi-
co, la hazaña corporal que la indiferencia convierte en un ''irla
pasando''. Con saltos y expresiones adustas, los mamboleros anticipan esta noche las piruetas del colchón, la calistenia del deseo
cedido o alquilado.

—*Lo que aguantaba mucho era el recorrido por güilas, puto-*
nas, horizontales, vírgenes de medianoche. Ibamos de un lado a
otro por San Juan de Letrán, Fray Servando, 20 de Noviembre,
Vizcaínas, todo era pura zona roja. Yo estaba tan habituado que
me ponía firmes nomás oír los nombres de esas calles: el Organo,
Rayón, Pajaritos. Y los precios de las chavas eran de rebaja, de
barata, de oferta. El peligro era agarrar premio, pero ya la cosa
no era fúnebre y el que no arriesga no trepa al monte.

No confinen a este compañero en algún ghetto de la memoria
perdonavidas. Nada de estimarlo porque representó al pintoresquismo de su época. El, sin pedir permiso, vivió la Edad del
Mambo creyendo que se trataba de otra cosa, y jamás se identificará con los seres estrafalarios que se agitan en el vacío de las recons-
trucciones fílmicas. Lo que hizo le gustó. Lo que dejó de hacer no
lo inquieta. No cambió el mundo y no supo bien a bien lo que le
pasaba, pero se divirtió y giró interminablemente guiado por orquestas magníficas. No lo congelen en el azoro, el pasito
mandarín y el sudor de alivio. Si él no quiere bailar mambo de
aquí a la eternidad es porque le fastidiaría muchísimo convertir en
obligación sus ensueños más íntimos y perturbadores.

Ahora vemos a través de un espejo, oscuramente. Entonces
sabremos lo que quiere decir ''icuiricui''.

Mexicanerías:
El chico de la Ibero

HOLA NACOS, lávense los oídos
porque les voy a dar un consejo, yo,
el chiquitiguau, el hijín. O sea yo.
Si quieres salir de naco, (o de naca, ¿no?)
Eso es una bronca *vess*?
debes agarrar la onda
de un chavo que es popis *vess*?
Hay que seguir mis consejos (o los de papi)
yo soy un niño burgués.
De niñas yo tengo el resto
que hablan hasta en japonés.

ESTRIBILLO

No seas naco, no seas naco,
aliviana tu patín.
Ya salte de la pelusa
y vive como el hijín.
No seas naco, no seas naco,
aliviana tu patín
tienes que agarrar el rollo
y vivir como el hijín.
¿Ya te lavaste las orejas, naco?
¡Qué bueno, eh! Entonces despeja tu
cerebro. O sea.
Si estás oyendo el radio
pon atención a la música, naco.
Si oíste esto
quiere decir que no eres naco.
Si no lo oíste, eres naco

335

No que naco. . . eres. . . najayote
que es el colmo del naco ¿vess?

Canción "El Hijín" en el disco *El mundo
de Luis de Alba* CBS DCS 864.

El local es absolutamente impracticable: la Arena Neza en la infi-
nita Ciudad Nezahualcóyotl. Un público ora sí que familiar viene
a ver la sucesión de sketches *Vida, pasión y despiporre (Tal cual,
Vess? Precios nacos)* de Luis de Alba. Cincuenta pesos asiento
numerado, veinticinco pesos gradería. Dos o dos mil quinientas
personas. Mecánicos que examinan la carrocería de sus semejantes. Señoras cuya edad es desmentida y triplicada por la apariencia. Niños que piden autógrafos para ejercitarse en la lectura. A
las descripciones arquetípicas de la gente de Neza agréguese la
horma o pátina que favorece el culto a la lejanía. Aquí todo
queda lejos de todo, y la suprema y regocijada indiferencia deriva —entre otras cosas —de la santa alianza de calles sin asfaltar y
agua intermitente y loncherías y misceláneas y vientres prolíficos
que al rato poblarán las primarias de los alrededores. Si se añade
la seguridad de que nadie los toma en cuenta se entenderá por
qué su aspecto comprime kilómetros y kilómetros de soledad
aglomerada y por qué para ellos la TV es el vergel en el páramo,
el idilio que compensa de la vigilia. Ver televisión es olvidarse
del infierno. Ver *en vivo* a un cómico de TV es acortar distancias.

(En Ciudad Neza el tiempo a la disposición es distinto, la espera distiende y manipula, la vida es aquello que ocurre entre un
punto y otro, entre la casa y la chamba, entre la chamba y el
placer, entre el placer y la reproducción, entre el chiste y la risa;
la vida es ese cúmulo de horas o de años invertidos en elegir la diversión, en comprobar que efectivamente uno ya se quedó allí,
salir de allí es asunto que requería de mucho más tiempo, de no
demorarse uno tanto naciendo donde nació, creciendo con quienes creció, aprendiendo lo que aprendió, casándose con quien se
casó, teniendo los hijos que tuvo, resignándose como se resignó.)

El cómico Luis de Alba contempla a su auditorio y, de nuevo,
sabe que acertó histriónicamente, ha creado uno o varios personajes, le ha dado su nombre a un estilo insolente de hablar, ha
introducido expresiones piadosamente efímeras como *chiquitiguau y pipirisnais* y —el mayor defecto de los cómicos es la gracia
de sus admiradores— descubrió una fórmula monosilábica,

vesss?, cuyo uso le ha permitido, *vesss?*, a una considerable multitud de jóvenes con pretensiones despóticas sentirse naturalmente ingeniosos y celebrables.

La pesadilla telecondicionada: un país al unísono dice *Vesss?* ¡Qué buena onda, vesss!, y uno se harta de asentir forzadamente al ingenio en serie que espera sonrisas de aluvión. Una oferta de temporada pedagógica de los jesuitas, la Universidad Iberoamericana, se ha incorporado a las instituciones arquetípicas, y no tanto por la influencia omnímoda del sector privado como por lo gracioso de decir *vesss?*, y cachondear la *v* y alargar la *s* hasta sacarle brillo, subrayando la reproducción irónica del tono de las colonias residenciales *vesss?*, donde nadie le confía al habla el secreto del status *vesss?*, qué contraste entre riqueza financiera y pobreza lingüística. Ya ven, con sólo reproducir un sonido y ensartar unas cuantas frases, se descubre el sentido del humor *nice* en una época de conciencias (de clase) separadas.

Helas! Ya ningún burgués cree que lenguaje es prosapia, ni adula cada sílaba de sus frases con la pompa cedida por el actor Joaquín Pardavé a su personaje finisecular don Susanito Peñafiel y Somellera, ni le infunde a sus monólogos las ansiedades culturales de los esquizofrénicos que interpretó Arturo de Córdova, victimados por la ausencia del psicoanálisis. *C'est fini*, *It's all over*, ya se agotó el estilo ponderado que degustaba las palabras y las extraía de la oración y del diccionario para dejarlas resonantes y prestigiosas al pie del balcón o en el vértice del juramento o en el bullicio del salón o en la recepción de Palacio, eso ya murió, quien tiene más de diez tarjetas de crédito prescinde de la dicción respetable y una cosa no tiene que ver con la otra pero hijín nosotros nos pasamos a la lógica formal por donde te conté. *Vess? O-sea-no?* (La buena onda de ser junior, el aliviane de estudiar para comunicólogo y elegir qué camisa me queda con este libro de Umberto Eco.)

Segundo acto: El Chiste Político
(se repite con leves variantes)

El Indio Maclovio, otro personaje de Luis de Alba, llega a la capital con dos amigos de su pueblo.

—Entrenle indios (*carcajadas del público*). Soy guarín pero me fijo. ¿No están viendo que son bien méndigos estos bueyes? (*Carcajadas. Le arrojan pesos. Maclovio los devuelve.*)

337

—Es que me gusta ayudar a los jodidos (*carcajadas*). Que se pongan contentos los indios, los macuarros.

Las risas celebran su verdadero origen: el autoescarnio.

Dramatiza Maclovio:

—Ahí, en ese lugar cuya devolución exigimos, están enterrados nuestros abuelos. Ahí están enterrados nuestros padres. Ahí están enterrados nuestros tíos. . . (*Hace una pausa, reflexiona.*) Ya estuvo que no nos van a devolver nada, con tanto güey que tenemos ahí enterrado (*carcajadas*).

¿De qué ríe el público popular que colma el teatro? ¿De sí mismo? ¿De sus abuelos, padres, tíos? ¿De la imposibilidad de tierra que los mandó a Neza? Todo comentario en este caso eludo, imposible inquirir por los efectos de estos siglos y estas décadas donde la demagogia y el agravio eran los mayores reconocimientos de existencia. ¿Y cómo examinar la sensación profana de no hallarse frente a la tele, ante el aparato que transforma *lo visto* en *lo permitido*? Cuando puede la gente va a estos teatros a saber lo que no se permite en la tele, y se sienten afortunados oyendo las palabras que no escuchan los millones encandilados en salitas o recámaras, *esos chistes no*, dijo la censura, preservemos los espectáculos para familias, aunque las familias de cuando en cuando nos cambien por ese territorio sin comerciales, donde las risas enlatadas se ven sustituidas por otras risas igualmente enlatadas, pero que se creen autónomas y voluntariosas así emerjan con exactitud mecánica cada que se requiere.

Los chistes son tan previsibles que hace mucho dejaron de serlo convirtiéndose en barniz de la resignación: murmuraciones sobre la carestía, las grandes estafas, etc. Sí hay variantes: acrece la "irreverencia" contra los funcionarios y a todos les consta la corrupción oficial. Administración pública es igual a bribonería.

—Nos dieron comida charra.

—¿Cómo es eso?

—Pura riata.

Maclovio le grita al funcionario: ¡PINCHE VIEJO MAMÓN!, y la gente ríe, feliz del ajuste de cuentas. Inmutable, el funcionario (típico farsante agrario o sindical) lanza un discurso. Al terminar, los compañeros de Maclovio aplauden y éste interviene:

—No aplaudan cuando estos bueyes hablan, se aplaude cuando dicen "El Señor Presidente y la chingada", allí se aplaude.

Viene el sketch basado en la transculturación, en el espíritu colonial. Maclovio increpa a un compañero:

—¿No sabes hablar inglés? ¿No sabes hablar inglés? Ay pinche macuarro. Este sí que es bien nopal.

Por *dicha* los asistentes entienden la proximidad de la dicha. Se ríen porque van a reírse, les da gusto saber que seguramente la están pasando a gusto, la diversión futura es la mayor diversión ofrecida por el presente (la alegría es el recuerdo cordial de las alegrías pasadas), y los rostros se encienden con la gravedad de quien, acostumbrado a entretenerse con lo que le den, ha llegado a entretenerse sin motivo aparente. Así de circular es todo.

Tercer acto: El funcionario se robó el telón

El cómico funda su humorismo en la complicidad: mis chistes no son los mejores pero a ti qué más te da, no tienes sentido del humor, y sólo te ríes de lo que está a tu alcance: los albures, la coprología, la humillación de la mujer y de lo femenino. Conste: yo te complazco y tú no te pones exigente. El convenio renovado utiliza las técnicas antiguas y los movimientos del cómico pretenden formas sensuales, la procacidad por fe y no por demostración, no hay mayor elegancia en la miseria que recordar el coito. Hay recursos infalibles: los ataques a las autoridades (menores o del otro sexenio), las adulaciones a los poderosos, las insinuaciones de homosexualidad. A un público jubiloso de antemano, un humor con placas conmemorativas.

Es la hora del número cumbre, el Chico de la Ibero, el Hijín, el símbolo de la clase que triunfó porque nunca ha dejado de hacerlo. La camiseta de Luis de Alba tiene de un lado a Tweety y del otro la inscripción desafiante: "Soy de la Ibero. Ves?" El monólogo afrentoso se inicia:

—Nacos, cuando vayan a los teatros o espectáculos públicos, lávense las patas, vesss? (*risas intensas*). . . ¡Hola nacos! Fíjense, como soy demócrata, ya los estoy oliendo de cerca y me vale (*risas intensas*). . . ¡Qué buena onda! Yo estudio Antropología en la Ibero. Estoy escribiendo un libro que se llama *Vida, comportamiento y manera de vestir de la najayotada jedionda*. . . Híjole, puro naco en su jugo. ¿Hay alguien aquí de la Universidad Nacional Autónoma? (Una voz afirmativa.) He aquí un naco integrado, los nacos integrados no tienen chofer ni papi como yo y comen tortas de las de a cinco pesos, pero no les hacen daño, sus organismos están acostumbrados (risas intensas). (El cómico sonríe, ve el horizonte). . . Con los nacos la verdad no sé que onda. . . Pero con nosotros, las chavas son lo máximo, lo más posh, o sea, nos adoran. Como Colón que era burgués, porque era geno *vess*?. . . Psss, qué onda. Yo estaba en mi casa y vi a mi papá. El tomó su freeway y yo tomé el mío para llegar a la recámara. . . (Se queda viendo al público y olfatea.) Ya no aguanto el olor (extrae un desodorante y corre por el escenario aplicándolo). Ora sí *vesss*? Naco con aroma de bosque. ¿Les olió feo? Pues sí, pues acostumbrados al Metro. . . Yo compré la arena de Neza y mañana (canta):

> Que los nacos de la tierra nacolines no serán
> que para entrar en la arena las patas se lavarán.
> Nacos bañaditos y limpios, sí, ya parece (sardónico)
> para viajar en el Metro problemas ya no tendrás.
> Sólo bonitos olores, y nacos no encontrarás.

Nunca, si cómo no. En serio, ya no va a haber nacos, los van a mandar quitar. En serio, ¿qué onda? O sea ¿no?. . .

— Voy a mandarles cortar las patas a las señoras de las colonias proletarias para que así vayan al mercado sobre ruedas. . . Nacos, les voy a enseñar a ligar como se debe. Les voy a presentar unas modelos que traje de Checoslovaquia. (Rechifla de incredulidad.). . . ¿Ah, sí? Como se burlaron de mí, ora que salgan las mexicanas. . . (carcajadas).

¿Por qué es tan eficaz este humor violento? ¿De dónde viene la risa unánime de los presentes y millones de ausentes? ¿De la burla y el desprecio que se les arrojan? ¿Del poder paralizante de la voz *naco* que en última y primera instancia no designa conducta sino fisonomía? ¿De que ellos no son iguales a los seres ridiculizados o de que aún siéndolo, les da gusto ser tomados en cuenta? Quizás inicialmente el sentido del personaje del Chico de la Ibero no era el show de racismo y clasismo y se mofaba del niño bien, del junior (el más abyecto de los personajes engendrados por el desarrollismo). El humor del personaje se volvió racista al ser así lo percibido y conducido por un público formado y entrenado en el racismo como la expresión visual del clasismo.

Lo que son las cosas en este país de la igualdad: la parodia del niño bien no recae sobre él sino sobre su víctima y un insulto límite se masifica hasta la apoteosis (así uno no toma en cuenta a los nacos, sólo se ríe evocándolos). A la clase media le resuelve el problema de su repertorio de insultos. Entre la raza de bronce *naco* resulta ya término ofensivo cuya garantía de permanencia es el autoengaño: quien lo recibe no lo siente dirigido a él, no le concierne ni se lo apropia, en todo caso alude a alguien que no es él, no puede ser para mí porque yo la paso a toda madre, lo de *naco* va para otros, le queda a mi compadre, a mi sobrina, a la hija de la vecina que está muy feícita la condenada. *Aliviana tu patín*: en el humor sobre el color de la tez y las apariencias faciales se perpetúa y se vierte el odio de una colectividad contra sí misma. Y a falta de aristocracia, buenos son los juniors.

Al ring sube un niño que baila imitando a Luis de Alba. —¡Qué buena onda! ¿*vesss*? Un mininaco. . . Ora sí, ahí les va un chiste, el que lo agarre bien y el que no me vale.

Termina el espectáculo. Luis de Alba y sus actores regalan una docena de balones, los asistentes se levantan presurosos, a la caza de esta última gracia. Los rostros anhelantes se ameritan en la espera, felices e implorantes, unos segundos antes de que la luz y la obtención de los premios disuelvan sus pretensiones de esta noche.

(1978)

Crónica de sociales:
El arca en San Jerónimo
o Emmanuel en Metrópolis

*The minute you walked
in the joint,
I could see you were
a man of distinction,
a Real, Big Spender,
good looking, so refined. . .*

De *Sweet Charity*

. . . *Y REPOSÓ EL arca en el mes duodécimo a los 31 días del mes, sobre las cumbres del antiguo y remozado pueblito de San Jerónimo.* Esto ocurrió en el año de gracia de 1986, en el mítico Sur de la capital mexicana, la Zona de Oro según los publicistas, en donde el buen ánimo es concesión de la mirada (¡Viva el nervio óptico!), que nos permite gozar de condominios agigantados por la envidia, de restaurantes en donde el ingrediente esencial de cada platillo es la credulidad del cliente, de privadas y cerradas distantes de la calcutización que es la demografía de la fealdad, de sistemas de seguridad electrónica que no impiden los robos pero hacen las veces de bitácora social. Y en la cumbre de la Zona de Oro, pletórica de discotheques y boutiques, reposa la sala Metrópolis, la más reciente configuración del Pacto entre lo Alto y su clase preferida.

Y vinieron a Noé, al arca, de dos en dos, de toda carne en que había espíritu de vida. Si de por sí la alegoría del arca como selección de las especies es siempre bienvenida, su eficacia mejora en épocas agónicas. Da idea de selección y salvación simultáneas, de suerte personal y buen juicio ultraterreno. Todo de un golpe. ¿Cómo no se le ocurrió a los publicistas? ''El Arca de Noé'' es un slogan más íntimo que el de ''la capital del espectáculo'', y frase de más calidad que aquélla de "propositivo escaparate del arte, la cultura, la sociedad, el deporte, la ciencia, la técnica, la industria y el comercio" (del folleto promocional). Y, además, la alusión bíblica encauza de inmediato a las conversaciones por el rumbo de la mística del capitalismo. Un nite-club como el espacio del resguardo, el sagrario que usa del show para proteger a la conciencia, llueve naturalmente afuera por eternos cuarenta días y cuarenta noches, y de no ser por su monotonía el diluvio podría ser un happening comercializable. "Los que se ahogan no tenían yate", murmurará filosóficamente un empresario.

A las diez de la noche, la avenida San Jerónimo está superpoblada, autos en doble fila, Mercedes Benz y Ford Cougars y Le Barons y Chryslers y Caprices y Corsars, y por lo menos tres inabarcables Limousines como fortalezas del siglo X. Allí están la guardia, el puente levadizo y el foso de nuestra admiración. Hay cola para entrar, y los *happy many* que reservaron a tiempo se sonríen unos a otros con el éxtasis de Narciso asomado al estanque de sus posibilidades adquisitivas. *Corónese tu frente con los hermosos rayos de Occidente*, y ofrende tu felicidad aquí, en el nuevo templo a la fe de la burguesía en su permanencia, que se añade al club de los símbolos de la-durabilidad-de-clase, en donde figuran Perisur, el Hotel Camino Real, el Palacio Legislativo, los fraccionamientos exclusivos.

¿Quién habrá sido el Pavlov de los reflejos comunistas?

Los propietarios del lugar, ingeniero Jorge Rojo de la Vega y licenciado Abraham Neymann son parte de un grupo corporativo que maneja constructoras, inmobiliarias, arrendadoras y promotoras (y que aquí invirtió, aseguran, más de 2 500 millones de pesos), y como empresarios dinámicos que son, acatan las reglas del manejo de masas selectas ya probadas en Las Vegas, Tokio y Atlantic City: lo grande si grande dos veces persuasivo; el tamaño de un lugar es la propaganda subliminal que nunca se agota. Y Metrópolis se extiende a lo largo de tres mil metros cuadrados de construcción en dos plantas. Y aún le sobran al predio, por si algo faltase, 6 200 metros cuadrados con capacidad para albergar a 2 450 automóviles (que llegarán de dos en dos, uno supone, para alimentar la alegoría del arca en medio de las tormentas de la austeridad).

¿Cómo se inició el proyecto? Disponemos de la versión de los propietarios, inequívoca fábula del esplendor que niega a la penuria. Un día, el ingeniero Rojo de la Vega y el licenciado Neymann decidieron hacer algo en pro de nuestra ciudad capital, haciéndose "eco del llamado del Señor Presidente de que los inversionistas tengamos fe en el país". ¡Ah!, pensaron, urgen proyectos retadores, pero realistas ante la crisis. ¿Cómo cuál? ¡Ya sé! ¿Qué te parece un espacio polivalente que satisfaga la necesidad cosmopolita del Distrito Federal, una de las megalópolis del mundo contemporáneo? Allí acudirán los mexicanos, y los turistas que no cuentan con alternativas para disfrutar de la vida nocturna en la capital. ¡De acuerdo! Edificaremos el centro que México esperaba.

Sólo faltaba por solucionar un requisito. Tiene la palabra el ingeniero Rojo de la Vega:

> Teníamos nosotros alrededor de 150 nombres, y como cosa curiosa de la imaginación y la intuición de los niños, un día llegó mi hijo Jorge y me dijo: Oye papá, ¿y por qué no le pones Metrópolis, que es la ciudad de Supermán? Y haciendo acopio de nuestros propósitos de hacer del lugar la capital del espectáculo y de lo que estábamos haciendo por nuestra ciudad capital, se nos hizo un nombre acertado.

¡Santa e ineficaz kriptonita! Lo que el país tuvo que viajar de los polvosos cabarets de Villa Chica al deslumbramiento de la Metrópolis del show-biz.

Andar ahora sin tarjetas de crédito, es como ser hereje en la Nueva España

Me autocritico: a primera vista, creí a Metrópolis arquitectónicamente, uno más de los centros de convenciones en espera de multitudes de Iowa y Texas, convencidas que los bailes que amenizan su cena son los mismos que Moctezuma utilizó en la recepción de Cortés. Edificios sólo hechos para albergar edificios, "cajas chinas" enemigas de la sorpresa, ciudades-jardín del deleite siempre interrumpido, barricadas de la Revolución del Do-It-Your-Self. Ya entrado en detalles, cambio de idea y veo súbitamente humanizado a Metrópolis, no un monstruoso hipercubo comercial, sino un acto de confianza en las multitudes de las colonias residenciales, ya hartas de la crisis y sus violencias acumulativas. ¿Qué nos vamos a pasar los meses y los años encerrados frente al televisor enumerando crímenes y robos? ¿Qué envejeceremos dormidos sobre nuestras posesiones? Hoy salimos, el próximo fin de semana también, y le cae a pareja que se raje.

Cada detalle es más significativo que el anterior, y menos que el siguiente. La marquesina exalta el soberano título de METRÓPOLIS, la fuente eleva al cielo su pretensión de espejismo en el desierto de la urbe sin agua, y la construcción prodiga las obsesiones geométricas del desarrollo funcional. Al pórtico, informan los dueños, lo cubre una caparazón prismática de armadura de acero y vidrio-espejo templado que garantizan su resistencia. Todo amplio, que el cliente se despreocupe, no está solo en el mundo, hay miles como él para quienes *burgués* no es insulto sino elogio, que han venido aquí para evitar relatos humillantes. Ya nadie le dirá a la hora del deportivo, o del encuentro casual en la escuela de los hijos o de la comida con los socios: "¿De veras no has ido a Metrópolis?" En previsión de miradas de asombro, él y ella sí asisten, para ver y gastar y acumular experiencias, es decir frases hechas que el tiempo pulirá hasta volverlas pensamientos originales: "El lugar está bien, sin duda, y le metieron lana, ¿pero sabes qué?, el vestíbulo no tiene chiste, ni apantalla ni es cordial. Es arquitectura de paso, no más. Como que tienen demasiadas ganas de que uno consuma de inmediato."

Si a los voyeuristas sociales se les permiten las generalizaciones, diré que el público ni me decepciona ni me eleva a los cielos del snobismo forzado. La clientela mayoritaria del sitio es, si las apariencias no son disfraces para eludir asaltantes, la burguesía que algo promete o que hizo lo que pudo, los que se quedaron Aquí porque su cuenta Allá es insuficiente, no los grandes capitalistas, sino los que les siguen, los empresarios medios, los herederos de aquellos gobernadores y aquellos secretarios de Estado, los contratistas beneficiados de modo irregular, los ejecutivos medianos de las grandes empresas, los líderes sindicales cuyo prestigio o desprestigio no excede el círculo de conocidos, los comerciantes a la sombra del rigor de la Secretaría de Comercio. Y, desde luego, la nueva especie, los yuppies de México (por YUP, de Young Urban Professionals), los abogados, ingenieros, arquitectos, médicos, cuyo éxito profesional se mide en relojes cartier o piaget (con carátula de lapizlázuli) y brillantes en los anillos, las esclavas, las argollas, los alfileres con logo, y cuyo gran logro cultural es el salto de Irving Wallace a Milan Kundera. Los Yuppies son todo lo que le queda a la sociedad de vanguardia belicosa, los sostenedores de los últimos sueños de grandeza, tenemos fibra y la vamos a hacer, no nos vence la malaventura ni tiene por qué, la adversidad es monolingüe, dejada, contentadiza, sedentaria, cobriza, sin American Express en el extranjero, aglomerada, avara, temerosa del lujo. Y los Yuppies de México (y sus esposas que son psicólogas, comunicólogas, historiadoras de arte, sociólogas, amas de casa con puntos de vista muy críticos sobre la enajenación de Televisa) hacen de lugares como Metrópolis sus campamentos temporales. ''Por lo menos ayudemos a los que no quieren que esto se vuelva un pueblote resentido.''

El ágora de la ciudad banquera

Son las once de la noche, y el mayor estímulo de la sala es ver a tanto redimido del ascetismo involuntario. Por favor, esta noche ni una queja, ni discusiones sobre la cuenta, ni cálculos ahorrativos. Gastar sin timideces es confiar en la clase, una sociedad para el derroche es el prerrequisito psíquico de una sociedad para la prosperidad. Y contemplen con detenimiento el lugar. Son 2 800 metros cuadrados de superficie, con cupo para 1 500 personas en seis niveles, sin columnas o soportes de la bóveda que estorben la mirada (el folleto informa de los estudios de isóptica para obtener desde cualquier ángulo la perfecta visibilidad del escenario, y de las columnas metálicas perimetrales con armaduras intermedias, que propician los grandes claros).

Aquí no cabe un alma. Algunos se retiran con tal de no compartir la mesa, y los 1 500 o 1 600 parroquianos observan las cadenas de globos, los muros en colores verde, gris y uva, el batallón de meseros, las tres grandes pantallas que repiten videoclips de Diana Ross en Las Vegas, la sensación de ultramodernidad que dimana de la gran cabina de sonido, el ir y venir de las parejas, que no acaban de persuadirse de que ya saludaron a todos los conocidos, la cantidad disminuida de smokings, la escasa ostentación de joyas, la unificación de la moda femenina a cargo del análisis de las propiedades científicas de Madonna, de Meryl Streep, de Brooke Shields, de Goldie Hawn, de Melanie Griffith, de Kathleen Turner, de Daryl Hannah, de Daniela Romo. Los meseros reciben órdenes y contraórdenes, se afanan en ir y se demoran en volver, satisfacen las precocidades y las jubilaciones alcohólicas, revolotean en torno del prometido, anhelado, velozmente digerido

MENÚ
Cena de Gala

* * *

Paté del Chef a la nuez

* * *

Bisque de langosta al Pernod

* * *

Filete al horno con salsa de champignones

* * *

Pastel San Silvestre

* * *

Café

Las 12 uvas de la felicidad

—Faltan doce minutos para que sean las doce de la noche.

Por vez primera durante la velada, enardecimiento. Aún si, en esta legión de especuladores que fueron o quisieron ser empresarios, no despierta mayor entusiasmo el llamado presidencial a la productividad, nadie se abstiene de los ritos, y el año inminente promete ser distinto, de seguro le irá peor a los demás, pero yo soy de otra pasta, murmura cada jefe de familia, mientras admira la dicha en su *booth*, (en su gabinete) (en su mesa), no faltó nadie, vino mi hija con su novio, y mi hijo trajo a su pretendida, y en nuestra época una familia unida es la que cinco o seis veces al año se adiestra en la convivencia. ¿Para qué más seguido? O quién sabe. El paterfamilias musita una promesa: este año pasaré más tiempo con ellos, si no acabarán viéndome como un fantasma, e ignorarán mi sacrificio y mis desvelos.

—Faltan siete minutos.

Se colocan los gorros, se arrojan las serpentinas, se recurre a los silbatos. Y en un segundo el ritual hermana a estos asistentes, con los celebrantes de todas partes. No hay sino una manera de recibir el año, con resignación y relajo, con el estallido pesimista de la esperanza. Varían, digamos, los satisfactores, pero ya a estas alturas todos están convencidos de las promesas contenidas en un cambio de cifras, este periodo abundó en malas vibraciones, en lo sucesivo ya no cometeremos errores, ya no viviremos en la posposición, ya no.

—Faltan dos minutos.

El empresario se dice: estudié bien mis inversiones. El Yuppie se murmura: gané clientela de prestigio. El hijo de Aquel Señor Gobernador se felicita: aproveché bien la herencia de papá. Y no es necesario ser telépata: los aludidos gritan sus triunfos, se los dicen en el oído a sus mujeres para que los escuche la sala entera, se felicitan de un extremo a otro, casi proclaman por el micrófono el estado de sus cuentas bancarias.

—Diez, nueve, ocho, siete, seis, cinco, cuatro, tres, dos, uno. . . Feliz Año Nuevo 1987.

Por unos minutos la sala se convierte en el paisaje de la autocomplacencia, del orgullo de haberla hecho, del legítimo amor familiar, del cariño acuñado por la pareja al saber que el adulterio pasó de moda, de las sensaciones confusas y poderosas de ese llegar a la meta que es otro año, de esa victoria sobre el sano juicio que es creer en el nuevo año como espacio autónomo, un orden sin mayores vínculos con el anterior. Y a lo largo de la euforia y el afecto que hermanan súbitamente el recinto, un mariachi despide a 1986 con ''Las golondrinas'', canta ''Las mañanitas'', toca ''La negra'', ejecuta ''El jarabe tapatío''. El sonido mexicano recibe a los que pasaron el año huyendo de él.

Deseo seguir abismándome en el dulce panorama de una burguesía que se ama a sí misma, pero me lo impide un experto presto a informar sobre la sofisticación del sistema de sonido, que es de John Meyer, sólo usado en las principales salas del mundo, con tres grandes consolas de audio, la principal tiene cuarenta y cinco canales y las dos auxiliares veinte canales cada una. Y en el interior de la sala hay cuatro bocinas ambientales, y la batería de diez que prodigan fidelidad estereofónica. . . La explicación me satisface, pero perdí la oportunidad de sumergirme en el seno de la colectividad victoriosa. El júbilo amaina, la

compostura se impone, la fiebre orgiástica se disipa sin consecuencias, y la comunidad de los rescatados de las fiestas caseras y
poquiteras ante el televisor y las cervezas, vuelve a ser la suma
mecánica de individualidades. El reventón de clase se queda en
ceremonia de graduación.

El estilo es el nombre

Si Emmanuel A Secas no es el cantante de la época o de la temporada, sí es algo semejante y distinto: el cantante del sexenio, el
vocalista ligado ya, lo quiera él o no, a la memoria que se tendrá
de los días de Miguel de la Madrid, con sus promesas que se disi-
pan en la oscuridad, la apatía que construye ídolos o gobernadores a pedido, la inercia que suplanta a la voluntad política y económica. En cierto sentido, Emmanuel Así Nomás representa con
eficacia corporal los puntos de acuerdo entre el gusto oficial de
estos años y la moda juvenil, es el enlace entre el sentimentalismo de los miembros del Gabinete Económico y el de los clubes
de admiradoras. *Todo se derrumbó dentro de mí, dentro de mí.*
Por eso, permítaseme la profecía: con júbilo similar se recorda-
rá al repertorio de Emmanuel y a las glorias de este sexenio.

Hoy concluye Emmanuel su temporada en Metrópolis (20 días
a reventar, afirma con orgullo un capitán de meseros), y la gente
lo aguarda con el respeto que se le debe a una referencia del propio status. Cualquiera puede oírlo en disco, y cualquiera verlo en
televisión, pero sólo los previamente afortunados lo admirarán
en este sitio, con tantos recursos al alcance. Los jóvenes esperan
con impaciencia, y los adultos con sano morbo. Es el cantante
que sí puede entrar a su hogar, la audacia tolerada en la era
posfreudiana, el sonido tranquilo a disposición de ilusiones en serie.

Antes del ídolo, el videoclip que certifica el ímpetu contemporáneo. Allí Emmanuel es Valentino en *El Sheik*, es el ame-
nísimo vampiro que asalta a una joven en el panteón, es el indígena revolucionario... El telón se alza y Emmanuel sigue
vestido de indito, y los integrantes de la orquesta se proponen
modernizarlo. ¡Qué gracioso! El baila como los pobres concheros, sin advertir que esa onda ya pasó. Insiste en el baile de los
viejitos y por fin se le convence: en *The Computer Age* lo mejor
es ser chavo-disco, chavo-velero, chavo-programado para hacerla.
Y el aplauso al converso a la era tecnotrónica.

Uno tras otro los alaridos de reconocimiento saludan a las canciones y logran el milagro de especificarlas, no se trata de una sola porque hay quienes las separan y les otorgan matices, mensajes diversos, inocencias y perversidades intransferibles. La voz de Emmanuel es vehículo inmejorable para las sensaciones que ocurren sin que se les advierta, las ganas de la sensualidad sin complicaciones y sin estorbos ideológicos, las rimas fatales (*en tus pechos diminutos/ se desbordan los minutos*) que no importan, porque el oyente no atiende a la letra sino al prejuicio de que el sentimiento es una atmósfera totalizadora, y sólo lo que está de moda y les fascina a muchos, enamora y da status (se esté al tanto o no del término). El milagro persistente: Emmanuel emite el producto a modo de canción y sus oyentes lo multiplican volviéndolo melodías y letras numerosas. La voz es suave, hecha para transmitir desexualizadamente proposiciones temibles, para difundir el sueño hipnotizador de los comerciales donde grupos juveniles se esparcen en cámara lenta en praderas o cascos de hacienda. Por el conducto de la voz levemente criolla la serena indolencia reemplaza a la energía erótica, y el público, por supuesto, lo agradece.

¡Qué padre canta!, dice ella. ¡Aguanta mucho!, afirma él. Y es hora de enriquecer la frase de Joan Báez: "El cantante es más importante que la canción", aseguró, y así debe ser, pero hoy la tecnología es más importante que el cantante, por supuesto que la canción, y para el caso obsérvense los efectos de ecos, reverberantes y ecualizadores. "Con los recursos que hay en Metrópolis —se insiste en el folleto promocional— se ayuda a los artistas a no esforzarse a más del 50%; el equipo hace el resto." Y al sonido lo eclipsan los 19 sistemas de efectos de iluminación, a base de bancos de Dinners, de la computación que aloja 600 luces para espectáculos. Sobre el foro apuntan 383 lámparas, más 200 colocadas sobre los rieles.

Emmanuel ni arrebata, ni deprime a su público. Lo suyo es conectarse con el estado de ánimo del auditorio y allí quedarse, sin exigir y sin complacer. Es como lo oyen, como sus movimientos extraídos de clases de alumnos remotos de Marcel Marceau, como su disposición a reproducir exactamente las canciones sin un gesto ni una inflexión de más. Así de servicial es la memoria. Pero esta vez la tecnología lo alza en vilo, le da la oportunidad de conjurarse como imagen portentosa, en rojos intensos y verdes fulminantes. La tecnología es el secreto, es el hechizo, es la oferta de fin de siglo y los cantantes son los meros profetas anunciadores de esta consumación mesiánica.

"Como un romántico suicida, un suicida, toda la vida"

La potencia orgásmica existe en la iluminación, en el sonido, en las habilidades técnicas, Emmanuel concluye el show, el dueño de Metrópolis asegura que "El lugar llora", alguien a mi lado comenta sobre los 1 500 millones de pesos que se ganaron en esta temporada. "Exageras con ganas", le asegura su esposa. "Nada me encantaría más, responde la computadora humana, pero lo más posible es que aquí cada persona se gastó esta noche por lo menos de cien a ciento cincuenta mil pesos, y el jefe de familia pide otra botella a cargo de su pasión rencorosa por la tecnología.

Emmanuel en el Zócalo
o la falsa conquista de Tenochtitlan

Lo calcularon bien los organizadores. Tanta promoción y tanta ausencia de diversiones estremecedoras y tanta necesidad de oír gratis al Idolo, dieron por resultado la transformación de un concierto cortesía del Departamento Central en una mínima obligación amistosa y familiar. "Hay que ir", se dijo el jefe de casa y condujo su tribu hacia el metro. "¡Hay que ir!", gritaron las adolescentes y los jóvenes. "Va a estar él, lo podremos ver, a lo mejor nos da su autógrafo." Y de golpe, en apenas veinte minutos, de 6.40 a 7.00 de la noche, la vasta explanada de la Plaza de la Constitución se colmó por la acción de las vertientes humanas, los cazadores del aura perdida, los fanáticos de esa ráfaga de gloria que es ver a lo muy costoso sin pagar un peso.

Emmanuel recibe a 1987 en el Zócalo, decía la invitación, y el sábado 3 de enero no tenía caso preguntarse quién era Emmanuel para recibir, él solo y a las siete de la noche, al año nuevo, o —mejor aún— qué se creía el Zócalo para contener durante un rato a Emmanuel. Y la duda metafísica dio igual, porque cerca de cien mil personas (que la policía redujo a quince mil) impusieron con rapidez el orden de las masas, moviéndose con irrita-

ción y astucia, instalándose frente al templete, ansiosos, divertidos, esperanzados.

Lo calcularon mal los organizadores. Si aún se cree en la división
entre pan y circo, cúmplanse algunos requisitos, por ejemplo:
visibilidad, distribución adecuada del espacio y cortesía no dis-
ciplinaria. Desde el primer minuto la pésima iluminación convirtió al show en una trampa, en donde se precipitaron de modo
simultáneo el público y las autoridades. ''Siéntense por favor,
siéntense. Hagan caso. Dejen ver. Si todos nos portamos bien, la
pasaremos bien'', decía el nerviosísimo locutor desde los altavo-
ces. ''Tengan un bonito comportamiento cívico. . . Emmanuel,
su amigo Emmanuel, les pide que tomen asiento en la plaza para
disfrutar del concierto. . . Siéntense por favor, no nos obliguen a
suspender el acto. Ustedes son los primeros interesados en que
todo sea como es debido.''

Pero una muchedumbre ignorante de sus propias dimensiones
físicas, y ávida de las sensaciones que la oscuridad desvanece, no
se intimida con la persuasión escolar, y en el Zócalo la algarabía
se disolvió en la agresión, los de atrás anhelaban la cercanía,
querían tocar con sus propios ojos el Acto Gratuito (¡Ah, la sinestesia de las multitudes!), y no dispersarse con todo y admiración en las tinieblas. El asedio se centuplicó, mientras los de
adelante resistían a puntapiés, a mentadas, a golpes de puño y
verbo, con el heroísmo de lo inevitable. Los de atrás arreciaban, deseosos del milagro físico, de traspasar los muros humanos y llegar a la
primera fila, venciendo la absurda oposición de la carne o levitando, y
los de adelante pagaron con creces el privilegio de la contigüidad.

La ferocidad del anticlímax se adueñó del acto, el gentío se pe-
leó con el gentío y la multitud se sublevó contra sí misma. ¿Y
quién compite contra cincuenta mil acontecimientos simultáneos y únicos? Detrás de la malla metálica, moderno como el comercial que se filmará pasado mañana, con sus pantalones de
cuero negro, surgió Emmanuel entre paisajes de hielo seco y las
llamadas de atención de su equipo distribuidor de carisma:
''Siéntense, no empujen, para atrás, con que cada quien dé un
pasito para atrás todos estaremos cómodos. ¡Siéntense!'' ¿Pero
quién oye cuando todos conquistan la meta en el mismo segundo? A las 7.05 dio principio el concierto, y ya su carácter era pós-

tumo. Emmanuel fue recibido con los pocos aplausos del desgano. ¿A qué vino? Si lo interesante era el otro espectáculo, el desastre organizativo, la imposibilidad de un espectáculo gratuito.

En un costado de Palacio Nacional, la gran pantalla distorsionaba con exactitud el show que no ocurría, y al que sólo algunos atendían en la imaginación, desde los periscopios fantásticos de cien pesos que invocaban a lo visible ("No le haga a la jirafa, joven, mejor llévese su telescopio para que vea de cerquita"), desde la impresión de acoso que nulificaba gestos y canciones de Emmanuel, su anhelo de inducir el aplauso rítmico, a la multiplicación coral de las canciones. "Ahora. Todos conmigo. ¿Qué pasó con ese ánimo?" El ánimo estaba allí, vigorizado, pero ya sólo atento a la sobrevivencia, *dónde está el niño, ¡búscalo pendeja!*, quien se libra del peso físico de la explosión demográfica, *mis zapatos y mi bolsa, hijos de la chingada*, la presión se solidifica, y el cronista objetivo desaparece sustituyéndolo el espectador alarmado, *se desmayó una chava, llévensela*, y lo más extraordinario visualmente es la capacidad de absorción de la pequeña catástrofe, se escucha a Emmanuel sin atenderlo, se soporta la carga sin dejar de oír, el caos no nulifica el relajo y el relajo no se extiende debido al caos.

Entre luces de bengala, que asustan, y gritos de auxilio, que reconfortan, se anticipa con velocidad el fin de fiesta ortodoxo, que se combina con un apocalipsis de bolsillo. Se oyen, triunfantes, los acordes de uno de los himnos de la crisis (en la versión de Franco). Emmanuel inicia "Toda la vida", Emmanuel deja trunca "Toda la vida" para retirarse apresuradamente, y la batalla por el espacio vital se intensifica. El locutor Paco Stanley confía en detener la marejada lanzando frases que únicamente captan los reporteros. La ínfame turba de nocturnos fans derriba un costado de la cerca de alambre, que defendía a Emmanuel de la impávida idolatría, y los policías se lanzan a la pedagogía sanguinolenta. Ese cráneo sí se ve. El orden con sangre entra. Durante unos minutos se prodiga el uso del cinturón y de la macana, los alaridos mezclan dolor e insultos, y luego todo vuelve a su sitio, o a su falta de sitio.

Ante las hileras de zapatos perdidos, cada quien elige al cálculo, y se beneficia o maleficia según su necesidad o su codicia. El gentío se dispersa, y dos o tres horas más tarde la experiencia ya habrá sido narrada y asimilada (y las conclusiones no serán propiamente artísticas).

Esta obra se terminó de imprimir
en Abril de 1988,
en Ingramex, S.A.
Centeno 162, México 13, D.F.

La edición consta de 5,000 ejemplares